優渥叢書

如何運用簡易

波浪理論

抓到漲停板

從波段規則、滿足點到如何計算一次學會，
我要賺飽30%才放手！

麻道明、周松◎著

CONTENTS

前　　言　看懂主力操作，是散戶短線獲利的祕訣　　　　　　005

第1章

為什麼會漲停？從波段、上漲速度、市場訊息……解讀！

1-1　盤面分析元素有3個：數據、分時圖和K線圖　　　　008
1-2　用掛單、成交密度、上漲速度，來分析波段漲停……　　013
1-3　解讀曲線、量峰、偏離的重要市場訊息　　　　　　　　025

第2章

從分時圖看懂波段上漲變化，抓到最佳買點！

2-1　各種分時走勢的基礎：圓角、尖角與鋸齒波　　　　　　032
2-2　用8種常見波段圖，有效預測主力在攻擊或試盤　　　　039
2-3　看懂5組特殊的分時型態，不錯過任何一個買入訊號　　078
2-4　技術分析大補帖——完整版14種漲停分時圖譜　　　　107

第 3 章

主力買入與出貨的秘密武器
──漲停板操作法

3-1	開盤即漲停的個股,大多直線拉板、氣勢十足	*134*
3-2	在接續的漲停板中進場,有3個操作要點	*142*
3-3	用漲停分時圖,看穿主力的5種出貨手法	*152*
3-4	為何漲停又跌停?都是主力操作的結果	*167*

第 4 章

高手如何從日線看趨勢線、分時圖
──買賣點選股法

4-1	用分時抓買入時機:6種買入法大解密	*184*
4-2	用分時抓賣出時機:11種賣出法大解密	*201*

第5章

搭上最後主升段衝刺波，狂賺30%——實戰分析18個案例

5-1	什麼是衝刺波？是怎麼形成的？	222
5-2	【實戰分析】主升段賣出的12個案例	241
5-3	【實戰分析】主跌段買入的6個案例	251

第6章

小心邪惡的第五波（漲停鎖不住），是逢高賣出的關鍵

6-1	不漲停的3種經典分時	258
6-2	不封盤的2種經典分時	270
6-3	主力操控下，個股不漲停的背後邏輯	279
6-4	散戶必看！漲停失敗盤面識別法	298

前言
看懂主力操作，
是散戶短線獲利的祕訣

股市如戰場，生死決鬥、浴血奮戰。這裡雖然沒有槍林彈雨的場面，但是戰鬥非常激烈，可以感受到人仰馬翻、片甲不留的殘酷場面。戰場中一批人倒下，一批人又衝上去繼續奮戰。

股市如江湖，贏者王、敗者寇。這裡雖然沒有刀光劍影的場景，但可以領略到血雨腥風、明爭暗鬥，稍不小心就會以遍體鱗傷收場。就這樣，一批人退隱江湖，一批人又混跡江湖，如此綿延不斷。

無論股市戰場，還是股市江湖，漲停分時盤面就是多空雙方戰鬥廝殺的現場，它是主力背後行為最直接的表現，主力的一切操作計畫都在分時盤面之中，而分時盤面又反映主力的操作意圖。換句話說，所有的K線、型態、趨勢、波浪等，都會經由分時盤面表現出來。

同時，分時盤面反映K線、型態、趨勢、波浪的內在本質。投資人置身於股市，只有透過分時走勢這扇窗，才能夠洞察主力背後的運作邏輯和操作意圖。所以，投資人對漲停分時盤面的分析尤為重要，要從分時盤面入手，去領略主力意圖。

為了幫助廣大投資人準確掌握漲停分時盤面技術，從分時盤面中捕

捉市場機會和迴避風險，筆者根據多年的實戰經驗和市場規律，總結出本書，以便為投資人提供有力的幫助。

　　全書共6章：第1章為漲停盤面精解，講述集合競價盤面的核心問題，分析盤面掛單、密度、速度的意義，看懂盤面背後的主力真實用意。第2章為分時波形分析，掌握分時盤面的基本波形、經典波形和型態，和常見的分時實戰圖譜，確實提高投資人的實戰操作技能。

　　第3章重點講述各種經典分時型態，以便讀懂各種板形的主力操作意圖。第4章為分時買賣技巧，靈活運用分時操作技術。第5章為分時衝刺波，掌握衝刺波實戰意義，選擇短線最佳買賣機會。第6章為漲停失敗盤面，瞭解股價為什麼不漲停或漲停失敗，掌握其背後的邏輯和主力意圖，成功迴避市場風險。

　　本書內容新穎、邏輯縝密、圖例新鮮、分析透徹，是投資人「眾裡尋他千百度，得來全不費功夫」的一本炒股指南書。

　　本書從漲停分時盤面入手，為投資人解開一個個技術謎團，讓你在投資路上多一分安全，少一點風險；多一份收益，少一點虧損。如果你是入市不久的股市新鮮人，它將成為你提升實戰技術的領路人；如果你是久經沙場的老股民，它將助力你快速奔向財富自由。如果你還在黑暗中摸索，它就是一盞指路燈；如果你已經看到一線光明，它會是你起飛的助推器。不管你在股市中遇到何種失敗挫折、迷茫困惑、傷感辛酸，本書將成為你不離不棄的伴侶，一路陪伴你走向成功。

　　全書注重實戰分析和操作技巧，力求提高投資人的實戰操作能力，鞏固和掌握捕捉漲停的操盤技法。投資之路有曲折，希望本書助你跨越每一道坎。

麻道明

2023年5月於深圳聯合廣場

第 *1* 章

為什麼會漲停？
從波段、上漲速度、
市場訊息……解讀！

1-1 盤面分析元素有 3 個：數據、分時圖和 K 線圖

　　盤面就是在股市交易過程中，觀察交易動向的窗口。概括起來主要有 3 個方面：盤面數據、分時盤面、K 線盤面，它們是分析判斷股價未來變動趨勢和走勢強弱的重要依據。

　　分時圖是以時間分、時為橫軸，以股價波動為縱軸的二維平面圖。分時圖對超短線而言，有極重要的意義。漲停盤面是從漲停板角度，去研究分析分時走勢的基本規律，從而確定買賣行為。

　　(1) 盤面數據：包含盤面掛單和撤單、盤面壓單和托單、成交密度和速度等。盤面數據變化所產生的訊息，都能反映背後主力的操作意圖，以及未來股價的運行趨勢，所以投資人需要認真分析。

　　(2) 分時盤面：包括分時氣勢、分時買賣點、量價結構、分時波形等。分時盤面直接呈現了股價走勢，也是股價最初始的訊息。深入分析分時盤面，有助於在亂象中梳理出清晰的走勢邏輯。

　　(3) K 線盤面：包括標誌性 K 線、K 線組合型態、K 線持續型態、K 線整理型態等。K 線是所有技術分析的基礎，如果離開 K 線，其他任何技術分析將無從入手。K 線簡單易懂且博大精深，讀懂 K 線語言，對於研究主力後市動向十分重要。

人們常說：「生活中的人際關係很複雜」。而股市漲停盤面中的盤面數據、分時盤面、K線盤面三者之間的關係更是錯綜複雜，有千絲萬縷的聯繫。這對缺乏實戰經驗的朋友來說，看不清理還亂，不知道從哪裡入手。三者之間，有時相互一致，密不可分；有時走勢背離，相互矛盾；有時頭緒紛繁，條理淩亂。

比如，同樣的盤面數據，在不同的分時和K線中，產生的結果不一樣；同樣的分時盤面，在不同環境下的K線中，結果也不一樣；相同的K線型態，背後的數據和分時走勢，也有天壤之別。

由此可見，單憑分時圖決定買賣，容易犯因小失大的錯誤。反之亦然，單看日K線也不行，忽略細節容易犯大錯、顧此失彼。對於一個成功的投資人來說，一定要深入研究分析漲停盤面的意義。

圖1-1中，(a)圖為網達軟件在2023年2月24日的分時走勢圖，股價小幅開高後單波拉漲停，盤面氣勢強盛。這種盤面如果不出現在弱勢反彈中，次日的溢價機率高。(b)圖是南華期貨在同一天的分時走勢圖，開盤後股價穩健走高，午後成功封漲停。可以很直觀地看出，兩檔股票的分時走勢不一樣，後市也會有明顯的差異，需結合日K線綜合分析。

這兩檔股票都是一根漲停大陽線，沒有什麼明顯的區別。但是看了兩股的分時圖後，所反映出來的技術含義就完全不一樣。(a)圖快速單波漲停，看起來盤面十分強勢，但盤中換手不充分。這種盤面如果發生在加速階段，仍有進一步拉高的動力，短線有溢價機會；如果出現在盤整區或反彈行情中，短線不應該有太高的期望。

(b)圖雖然走勢緩慢，看起來缺乏上攻力度，但表示主力控盤程度高。這種盤面如果發生在盤升行情，意味後市有走趨勢性行情的可能，適合中線操作；如果出現在盤整區當中，短線的溢價不會太高，因為是慢節奏的。

上面兩個實例雖然K線相同（都是漲停大陽線），但分時走勢完全

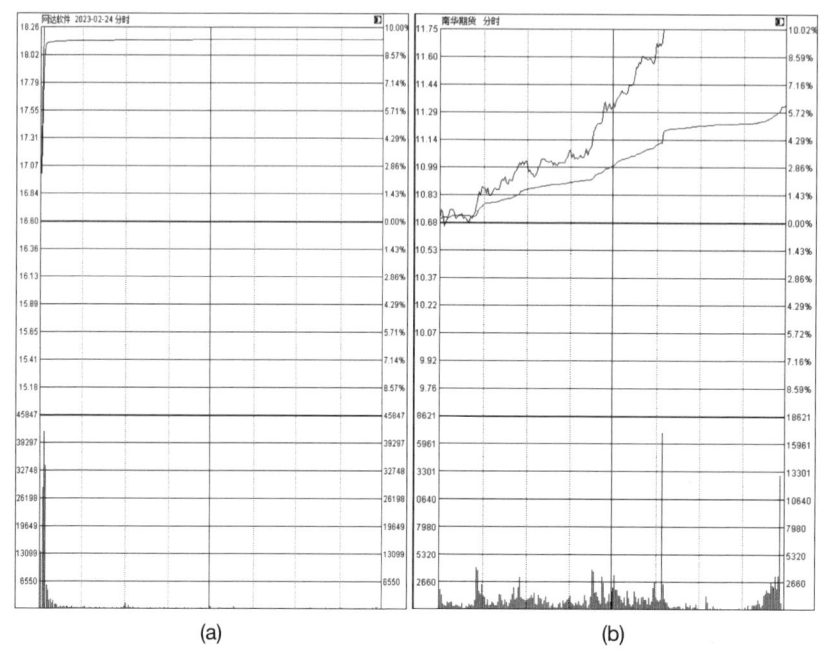

▲ 圖1-1　網達軟件和南華期貨分時走勢圖

不一樣，後市往往就有不同的走勢。股市中即使是兩幅走勢十分接近的分時圖，也很難走出相同的結果，所以不同個股需要個別分析。

　　圖1-2(a)是江蘇華辰2023年2月24日的分時走勢圖，開盤後股價一直維持震盪整理，午後兩波拉漲停。結合K線分析，屬於修復性的漲停，後市持續不強，追漲宜謹慎。

　　(b)圖是美利雲在2022年10月28日的分時走勢圖，也是午後兩波拉漲停。分析K線型態，屬於突破性的漲停，後市有爆發性，股價出現6連漲停板（以下簡稱連板）。

　　這兩個實例雖然分時走勢十分接近，但K線所處的位置和屬性不同，所以不能一概而論。

　　在實戰操作中，日K線分析要參考分時的走勢，而分時研判也要看

第 1 章　為什麼會漲停？從波段、上漲速度、市場訊息……解讀！

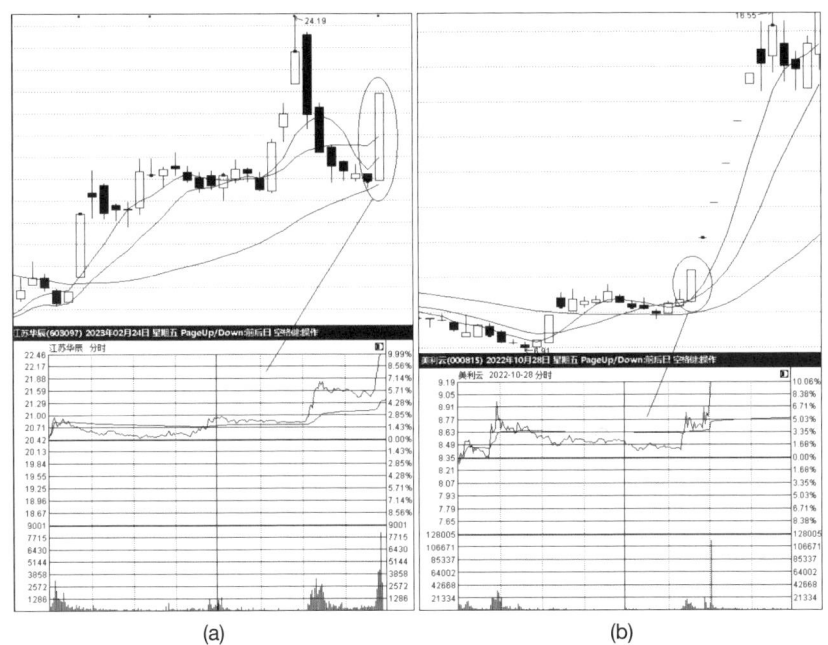

▲ 圖 1-2　江蘇華辰和美利雲日 K 線和分時走勢圖

日 K 線的型態、結構，以及趨勢、盤面強弱、所處位置等，這些因素往往決定著後市股價的運行力度、強弱和方向。

圖 1-3 牧高笛該股在 2022 年 10 月到 2023 年 1 月的行情中，先後出現 5 個漲停板。可以清晰看到同樣的漲停大陽線，在不同時段所產生的技術意義不同。所以，要研究漲停背後的邏輯、漲停分時盤面，經由盤面細節進一步洞察主力的操作意圖，才能制定出科學的操作策略，否則容易導致交易失誤。

11

如何運用簡易波浪理論 **抓到漲停板**

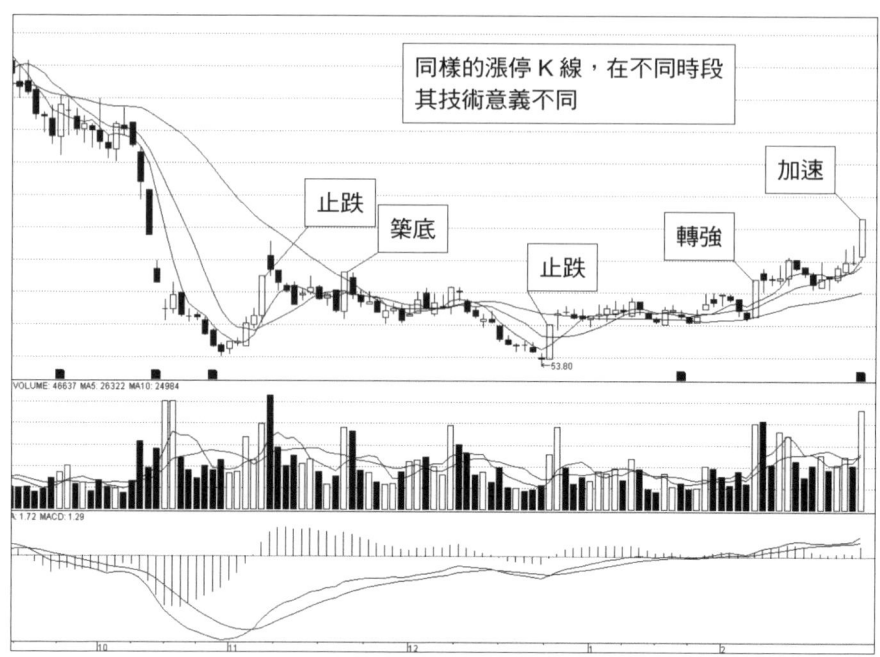

▲ 圖 1-3　牧高笛日 K 線圖

1-2 用掛單、成交密度、上漲速度，來分析波段漲停……

　　分時漲停盤面要素包括大單掛單、成交密度和上漲速度這三方面。大單掛單的出現，是主力向漲停發起進攻的訊號；成交密度的大小，反映出主力發動攻擊後，市場的回應程度；而上漲速度的快慢，提示該股的漲停屬於什麼性質（吸籌、拉升或出貨）的漲停。

一、大單掛單與成交

　　所謂的大單是相對的，因個股的股本結構大小而不同。一般大型股在2000張以上，中型股在800張以上，小型股在200張以上。當個股在分時盤面上，突然出現連續或斷續的大單掛單時，就要注意了。一旦這些大單開始成交，表示主力可能要拉升。大單可分為以下4種情形。

1. 壓盤式掛單

　　這種掛單方式在委賣檔中，如果連續出現三檔以上的大賣單，其目的是想讓市場知道該股上方賣壓很大，讓盤中散戶選擇賣出，這是主力在拉升前進行最後的試盤。壓盤式掛單有以下3種方式：

(1) 遞增式壓盤掛單：在委賣檔中，出現三檔以上的遞增式大賣單，即第二檔的掛單比第一檔的大，第三檔的掛單比第二檔的大。這種盤面的目的是想告訴市場，上方的賣壓越來越大，股價難以上漲，如果不趁早賣出自己手中的籌碼，那麼後面會越來越困難，如圖 1-4。

委比	-25.50%	委差	-1587
卖五	8.88		1797
卖四	8.87		359
卖三	8.86		858
卖二	8.85		840
卖一	8.84		51
买一	8.83		1436
买二	8.82		147
买三	8.81		377
买四	8.80		306
买五	8.79		52

(a) 大型股

委比	-48.67%	委差	-237
卖五	169.50		314
卖四	169.49		19
卖三	169.40		15
卖二	169.31		5
卖一	169.30		9
买一	169.02		79
买二	169.00		40
买三	168.99		2
买四	168.60		2
买五	168.36		2

(b) 小型股

▲ 圖 1-4　遞增式壓盤掛單

(2) 遞減式壓盤掛單：在委賣檔中，出現三檔以上的遞減式大賣單，即第一檔的掛單最大，後面兩檔依次減少。這種盤面的目的是想告訴市場，只要吃掉第一檔的掛單，後面的賣壓就越來越小，主力一旦吃掉第一檔大單，往往市場就會立刻出現跟風盤，後面的掛單會在很短時間內被一掃而光，股價會快速上漲，如見圖 1-5。

(3) 混合式壓盤掛單：在委託賣出欄中，出現上述兩種情形之外的壓單方式，如前大後小、前小後大或穿插性的壓單，實戰中這種現象最為普遍。通常，會不時出現大賣單壓盤，當掛出的大賣單被大買單吃掉時，股價向上拉升，說明買盤積極，向漲停板衝擊。

委比	-15.86%	委差	-7069	委比	3.83%	委差	11
卖五	12.54		928	卖五	22.46		7
卖四	12.53		1186	卖四	22.45		5
卖三	12.52		3353	卖三	22.44		6
卖二	12.51		4655	卖二	22.43		20
卖一	12.50		15701	卖一	22.42		100
买一	12.49		11066	买一	22.41		104
买二	12.48		2933	买二	22.35		5
买三	12.47		837	买三	22.32		15
买四	12.46		676	买四	22.31		2
买五	12.45		3242	买五	22.30		23

(a) 大型股　　　　　　　　　　(b) 小型股

▲ 圖1-5　遞減式壓盤掛單

2. 托盤式掛單

這種掛單方式在委買檔中，連續出現幾檔非常明顯的大買單，其目的在於告訴市場下方接盤力量強大，不用擔心股價出現下跌，可以放心買入該股。當上方的賣單被吃掉後，盤面又會出現類似的大買單，其重心會不斷上移，反覆多次，直至漲停。托盤式掛單有以下3種方式：

(1) 遞減式托盤掛單（單一式）：在委買檔中，出現一檔明顯的大買單，阻止股價的下跌給投資人安全感，產生「一夫當關，萬夫莫開」的視覺衝擊力，這種掛單通常在被賣盤打掉以後，還能反覆出現。通常大型股在10000張以上，中型股在3000張以上，小型股在500張以上，這些托單可以出現在任一價位，但在整數價位上出現的可能性較大，如圖1-6。

(2) 遞增式托盤掛單：在委買檔中，出現三檔以上的大買單，第二檔買單比第一檔的大，第三檔買單比第二檔的大，給人金字塔式的穩定感。有時候這種掛單也出現某種遞減式排列，其意在於顯示主力實力雄厚，號召市場與主力一起參戰，如圖1-7。

委比	24.34% 委差	14549
卖五	2.35	3690
卖四	2.34	4891
卖三	2.33	2885
卖二	2.32	8960
卖一	2.31	2185
买一	2.30	12020
买二	2.29	11537
买三	2.28	7190
买四	2.27	3605
买五	2.26	2808

(a) 大型股

委比	60.27% 委差	264
卖五	228.32	1
卖四	228.31	13
卖三	228.30	34
卖二	228.29	20
卖一	228.28	19
买一	228.27	330
买二	228.26	12
买三	228.25	4
买四	228.22	4
买五	228.21	1

(b) 小型股

▲ 圖 1-6　遞減式托盤掛單

委比	-15.68% 委差	-12087
卖五	4.63	3806
卖四	4.62	4418
卖三	4.61	4423
卖二	4.60	23356
卖一	4.59	8580
买一	4.58	888
买二	4.57	1565
买三	4.56	6642
买四	4.55	11395
买五	4.54	12006

(a) 大型股

委比	70.75% 委差	832
卖五	109.21	3
卖四	109.20	18
卖三	109.19	19
卖二	109.18	11
卖一	109.10	121
买一	109.04	27
买二	109.03	87
买三	109.02	83
买四	109.01	260
买五	109.00	547

(b) 小型股

▲ 圖 1-7　遞增式托盤掛單

(3) 混合式托盤掛單：在委託買入欄中，出現上述兩種情形之外的托單方式，如前大後小、前小後大或穿插性的托單，實戰中這種現象最為普遍。通常不時出現大買單托盤，又不時出現大賣單壓盤，當上方掛出的大賣單被大買單吃掉時，股價向上拉升，說明買盤積極，向漲停板衝擊。

3. 夾板式掛單

　　這種掛單方式是指主力在委買、委賣兩檔中，分別在某一個價位掛出大單，使買賣盤面上顯示出上有壓力、下有支撐的夾板式盤面格局，讓市場在某一段時間裡始終在一個「夾板」限定的空間成交（有單層和多層兩種掛單法）。夾板一旦撤離或是被大單打掉，就是主力向漲停發起最後進攻的訊號，此時要不惜一切代價追漲買入，如圖1-8。

委比	-21.83% 委差	-897	委比	7.33% 委差	687
卖五	8.76	321	卖五	6.71	1909
卖四	8.75	260	卖四	6.70	766
卖三	8.74	260	卖三	6.69	394
卖二	8.73	299	卖二	6.68	1264
卖一	8.72	1363	卖一	6.67	7
买一	8.71	46	买一	6.66	1052
买二	8.70	282	买二	6.65	2494
买三	8.69	1190	买三	6.64	581
买四	8.68	73	买四	6.63	756
买五	8.67	15	买五	6.62	144

(a) 單層夾板　　　　　　　　　　　　(b) 多層夾板

▲ 圖1-8　夾板式掛單

4. 連續式掛單

　　這種掛單方式是指在委買、委賣兩檔中，密集掛出連續的委買和委賣大單，顯示出市場參與者的籌碼特別充足，買賣氣氛十分熱烈的盤面。這種盤面告訴大家，如果是大型股，表示各路資金雲集於此，多空雙方分歧明顯，欲想攻擊漲停，多頭必須付出極大的努力；如果是中、小型股，則透露出主力不想單獨拉升，欲借市場集體力量去推進股價上漲。連續式掛單有以下兩種方式：

　　(1) 對稱性連續式掛單：在委買和委賣檔中，除了價位的連續性此特徵外，還有一個特徵就是掛出的大單基本對稱，比如買盤是五檔四位

數，那麼賣盤也往往是五檔四位數。這種盤面的掛單通常在五檔買賣檔全部掛滿，如同蜂窩一樣一個連著一個，給人一種水潑不進、風刮不進的感覺，如圖1-9。

委比	2.63% 委差	6910	委比	-27.17% 委差	-823
卖五	3.42	22061	卖五	5.91	141
卖四	3.41	23241	卖四	5.90	472
卖三	3.40	28289	卖三	5.89	293
卖二	3.39	27452	卖二	5.88	840
卖一	3.38	27048	卖一	5.87	180
买一	3.37	13294	买一	5.86	432
买二	3.36	59168	买二	5.85	131
买三	3.35	29866	买三	5.84	218
买四	3.34	18204	买四	5.83	156
买五	3.33	14469	买五	5.82	166
(a) 大型股			(b) 小型股		

▲ 圖1-9　對稱性連續式掛單

(2) 非對稱性連續式掛單：在委賣盤上出現連續式掛單，在委買盤上則是市場的自然接盤掛單；或者在委買盤上出現連續式掛單，在委賣盤上是市場自然盤掛單。

這裡盤面透露出兩種相反的訊息：賣盤力量極大或買盤力量極大。據實戰經驗，委賣檔上的連續式掛單一旦開始被吃掉，漲停的機率遠遠高於委買式連續掛單。原因是前者是主力的對倒盤，屬於主力主動性攻擊行為；而後者則是在主力誘導下的市場力量的買盤，上漲的力度自然不如前者。因此，當賣檔連續式掛單一旦被主力吃掉，漲停就一觸即發，如果發現主力攻擊就要第一時間搶進，如圖1-10。

5. 大單掛單特別提醒

(1) 以上4種大單掛單形式經常交錯出現，不一定是單一形式，這是

委比	-63.40%	委差	-5502
卖五	6.18		1098
卖四	6.17		1687
卖三	6.16		1072
卖二	6.15		1652
卖一	6.14		1581
买一	6.13		577
买二	6.12		184
买三	6.11		168
买四	6.10		524
买五	6.09		135

委比	91.96%	委差	13293
卖五	14.59		29
卖四	14.58		146
卖三	14.57		211
卖二	14.56		190
卖一	14.55		5
买一	14.54		5518
买二	14.53		1266
买三	14.52		1045
买四	14.51		1284
买五	14.50		4761

(a) 上連續式掛單　　　　　(b) 下連續式掛單

▲ 圖 1-10　非對稱性連續式掛單

主力的操盤習慣和個性使然。

(2) 大單掛單的成交應該也是被大單吃掉，如果是小單去啃掉這些大單，則該股漲停的機率會大大降低。因為這不代表主力行為，即使漲停也沒有連續上升的動力。

(3) 如果委賣盤是散戶的掛單，主力在下方托盤護著，主力意圖就是等散戶來拉動減輕壓力，僵持時間長，一旦從容地被吃掉，就有可能進行拉升。一般在最後半小時突破，一旦出現就有可能拉漲停。

二、成交密度與漲停

成交密度是指股價拉升中所出現的成交頻率，在 1 分鐘的單位時間裡成交的緊密程度。它是一個單位時間概念，這個密度的大小與該股能否漲停，以及漲停後的走勢都有直接的關係。一般而言，成交密度越大，說明參與者越多、成交越活躍、漲停的機率就越大；反之，漲停機率越小。成交密度有以下兩種因素：

1. 掛單密度與成交密度

一般而言，掛單的密度越大，則成交的密度也越大。從目前滬、深兩市的電腦主機自動撮合成交的間隔度看，1分鐘裡的成交密度最大可以達到20筆，即每1分鐘顯示20次成交記錄。成交顯示越接近20筆，其成交密度就越大、漲停的機率就越大；反之成交密度小、交易稀疏、漲停的機率就越小。

圖1-11為上海雅仕2020年6月19日的分時走勢，開盤後沒做任何整理，直接出現兩波式拉漲停。在分時成交中，成交密度大，1分鐘（9:40）達到20筆，成交量明顯放大，股價快速漲停。

2. 掛單密度與成交張數

有時候掛單的密度不大，成交的密度卻不小，分時圖走勢也是一條光滑的曲線，這往往是一種假密度表現。此類成交是由密集的小單組成的，這種小單在大部分情況下是散戶交易行為，並不是主力的主動性買盤所致，所以其漲停的機率小。

圖1-12金陵體育在2020年6月19日的分時走勢中，1分鐘成交密度只有4筆，股價也出現小幅拉高。但掛單密度不大，成交量很小，大多是10張以內的小單子，且股價上竄下跳。說明主力並沒有真正拉動股價，所以持續走高的可能性不大，除非在大盤或板塊十分強勢的情況下，才有可能尾盤跟風漲停。

三、上漲速度與漲停

上漲速度是指股票在其攻擊漲停過程中的快與慢。一般而言，股價上漲的速度越快，其漲停的機率就越大；反之，則越小。

這是因為上漲速度反映出主力向上攻擊的決心，速度越快，盤面氣

第 1 章 為什麼會漲停？從波段、上漲速度、市場訊息……解讀！

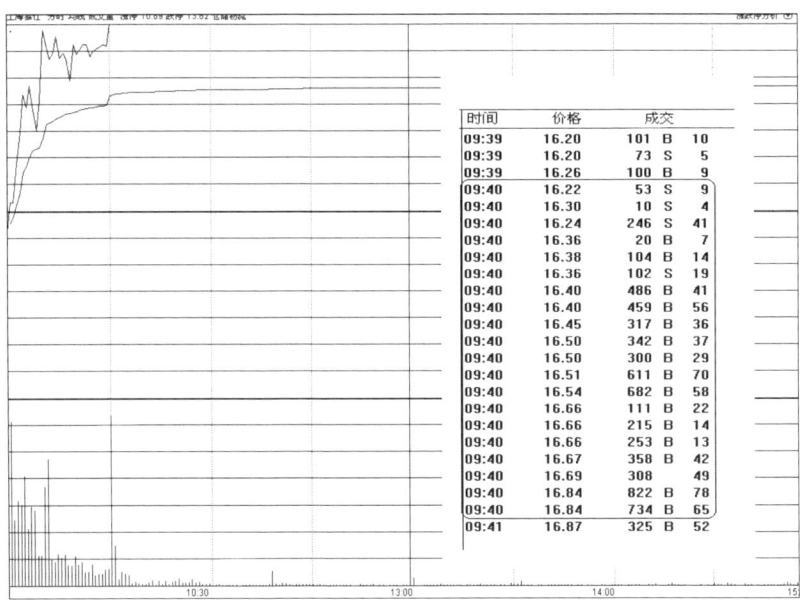

▲ 圖 1-11 上海雅士分時走勢圖

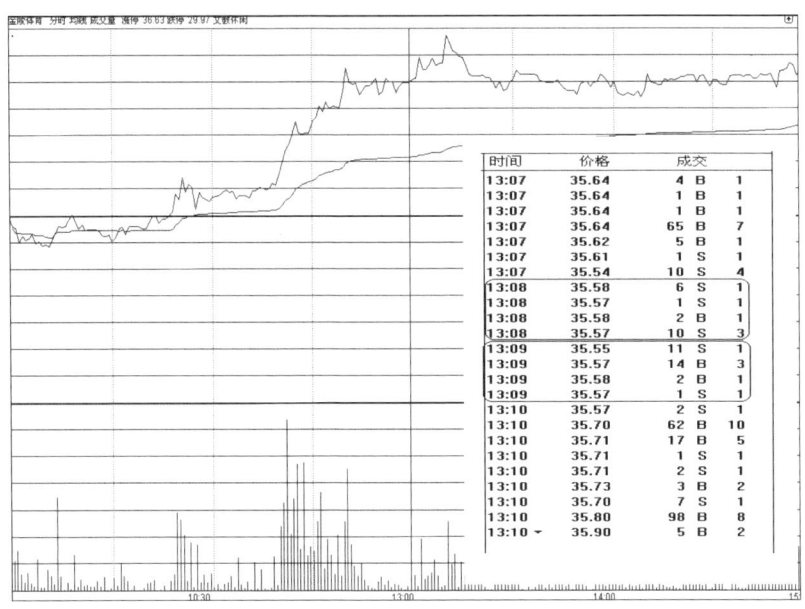

▲ 圖 1-12 金陵體育分時走勢圖

21

勢越強,表明主力決心越大。尤其是拉升階段中的漲停,主力已經吸足籌碼,想經由快速上漲擺脫成本區。同時,也是穩定市場其他籌碼的一種好方法。上漲速度有以下兩種走勢:

1. 跳躍式上漲

跳躍式上漲是指股價經過一段盤整之後,突然快速上漲。這種跳躍,往往是用一兩筆大單快速敲開掛在上方的大賣單,然後一路掃貨而上,股價呈現出跳躍性的上漲。分時圖呈現出一條接近90度的上衝線直至漲停,經常形成分時跳空現象。有時候也會上衝到某一價位時繼續盤整一段時間,然後再次跳躍直至漲停,呈現波段式拉升走勢。

圖1-13為新力金融2020年6月19日的分時走勢,經過一段推升走勢後,從9:51開始加速拉漲停,出現跳躍式拉升,幾乎接近90度上行,分時走勢出現多個「跳空」缺口,盤面非常強勢,短期新高可期。

2. 斜坡式上漲

斜坡式上漲是指股價從某一個價位起漲後,中間沒有明顯的停頓,沿著一定的角度推升。這種上漲看似沒有跳躍性上漲的速度快,但由於其上漲途中沒有明顯的盤整平台,所以整體的上漲速度也很快。

它與跳躍式上漲的區別是:跳躍式上漲好比撐竿跳,斜坡式上漲如同爬樓梯。前者底氣充足一氣呵成;後者運籌帷幄步步為營。

圖1-14為英科醫療2020年4月9日的分時走勢,股價開平後沿45度角穩步推升而上。分時中沒有明顯的回檔走勢,也沒有跳躍式分時「缺口」,即使偶爾出現跳空也很快被回補,盤面走勢十分穩健,尾盤封於漲停,這是一個穩健的漲勢訊號。

需要說明的是,大單掛單、成交密度和上漲速度三者之間,是相互關聯、相互滲透的關係。在大多數情況下是同時出現或交替出現的,但

第 1 章 為什麼會漲停？從波段、上漲速度、市場訊息……解讀！

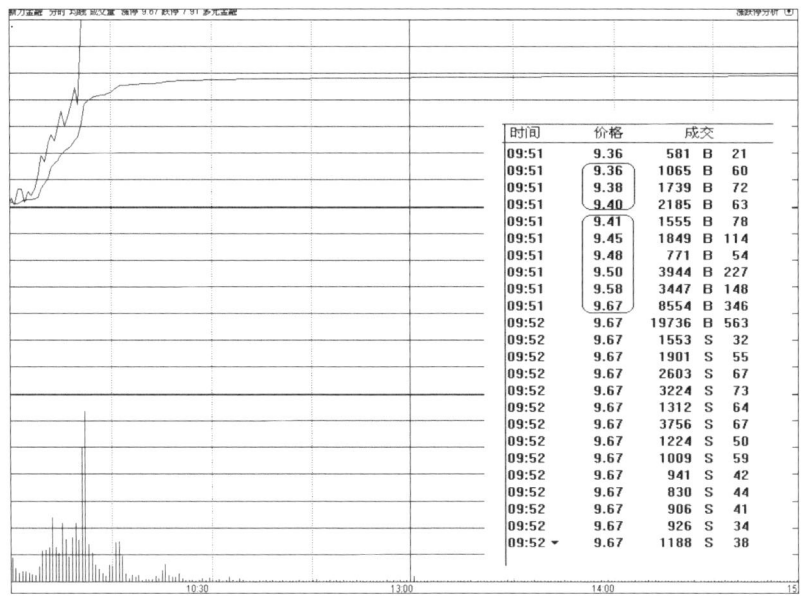

▲ 圖 1-13 新力金融分時走勢圖

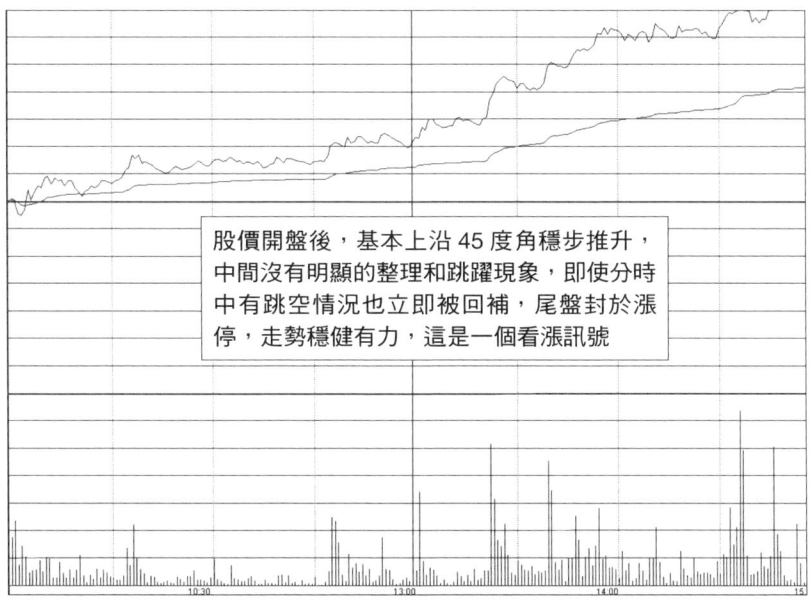

股價開盤後，基本上沿 45 度角穩步推升，中間沒有明顯的整理和跳躍現象，即使分時中有跳空情況也立即被回補，尾盤封於漲停，走勢穩健有力，這是一個看漲訊號

▲ 圖 1-14 英科醫療分時走勢圖

23

在特殊條件下,只要一兩個要素出現,也可以使股價漲停:

(1) 小型股在上市一段時間後,往往可以不用大單成交就能使股價有效漲停。

(2) 小型高價股在被主力控盤後,通常能在成交密度很低、上漲速度很慢的情況下攻擊漲停,因此可以忽略成交密度。

(3) 超級大型股通常成交密度很大,但上漲速度不快,往往很難有效衝擊漲停,因此也可以忽略成交密度。

四、漲停連結操作法

漲停連結操作法是指,當已經擁有一檔漲停板的股票時,在漲停的當天賣出,然後再買入一檔有機會也能在當天漲停的股票,這就要用漲停時間錯位法的技巧,做出準確的買賣操作。通常可以用以下幾種錯位法進行漲停板的連結:

(1) 賣出一波式脈衝型漲停股票,買入兩波式漲停或階梯型漲停股票。

(2) 賣出小斜坡型漲停股票,買入大斜坡型漲停或震盪型漲停股票。

(3) 賣出階梯型漲停板股票,買入震盪型漲停板股票。

(4) 混合型賣出(脈衝型、小斜坡型、階梯型),混合型買入(大斜坡型、震盪型、階梯型、後市脈衝型)。

1-3  解讀曲線、量峰、偏離的重要市場訊息

一、分時曲線

1. 含義

　　分時圖中有兩條線，分別是即時價格線（白線）和黃色均價線（黃線）。白線是由股價瞬間波動形成的，上下波動非常明顯，可以反映當天主力的意圖，是做多還是做空，或者震盪還是選擇對倒，但必須結合K線盤面分析。黃線是根據每筆成交量按照移動加權計算的價格反映，表現的是當日平均成本，上下波動平緩。

　　分時曲線與K線均線的道理一樣，白線向上脫離黃線較高時，通常會向下回檔向黃線靠近；而白線向下跌離黃線較遠時，通常會向上反彈向黃線靠攏。有的散戶追漲當日被套屬於第一種情況，就是在白線向上脫離黃線太遠時追漲買入，結果買入後當日股價下跌回檔。

　　如果這個時候，該股在日K線圖上股價位置又向上遠高於5日均線，那麼短線被套的可能性較大。一般分時圖的走勢都是如此，只有在漲停或者接近漲停、跌停或者接近跌停這些比較極端的行情中，可以不受曲線的影響。

2. 強弱

　　將白線和黃線組合在一起,根據兩條線的不同位置,可以觀察分時盤面的強弱。

　　白線始終在黃線上方,則為強勢盤面,當白線回落到黃線附近,往往出現彈升走勢,偶爾向下跌破黃線,短時間內重新拉回黃線之上為強勢,說明黃線對白線構成支撐,這也是超短線投資人要尋找的個股。

　　白線始終在黃線下方,則為弱勢盤面,當白線回升到黃線附近,往往受阻回落,偶爾會上穿黃線,短時間內重新回到黃線以下,黃線對白線構成壓力,這些股票也是需要極力迴避的個股。

　　白線和黃線同時向上運行時為強勢盤面;反之,兩線同時向下運行時為弱勢盤面。

3. 糾纏

　　白線和黃線經常糾纏運行,白線一下子在黃線上方,一下子在黃線下方,這是大多數股票的分時圖走勢。就像遛狗,小狗一下子在主人前方,一下子在主人後方。這時反映出多空雙方力量基本上處於平衡狀態,以觀望為主。

　　在常態行情尤其是盤整中的個股,小陰小陽夾雜的走勢,可以在分時圖中採取這種做法,那就是在白線掉在黃線下方較遠的位置買入,在次日白線在黃線以上較高的位置賣出。這是短線實戰能力較強的投資人,在盤整中博短差的簡單做法,比較適合做短差,實戰經驗不豐富的散戶可能不適合。

4. 穿越

　　白線和黃線經常出現穿越現象,也即交叉走勢。當黃線處於向上傾斜運行時,白線向上交叉黃線為強勢訊號,白線向下交叉黃線為回檔訊

號；當黃線處於向下傾斜運行時，白線向下交叉黃線為弱勢訊號，白線向上交叉黃線為回測強勢訊號；當黃線接近水平運行時，交叉訊號方向性不強，為糾纏狀態，盤面處於震盪。

二、成交量峰

1. 技術含義

量峰是指在股價交易過程中，由密集性持續不間斷成交所產生的成交量，而形成的縱向或橫向排列的量柱。攻擊量峰是指主力在股價交易過程中，不間斷地持續投入大筆資金，積極買進或大單賣出所造成的股價，在特定時間段發生劇烈波動的現象。攻擊所產生的持續力較強，股價瞬間波動幅度較大，呈現不間斷的特點。由股價在特定時間段持續攻擊時所產生的成交現量，就是攻擊量峰。

2. 盤面特點

攻擊量峰由於持續買進或賣出的驅動力，因而其量峰結構表現為以下三大特徵：

(1) 瞬間爆發：量峰形成之前會產生溫和放量的過程，屬於突發性瞬間爆發形式。

(2) 縱向放大：量峰形成時，呈縱向放大特徵，沒有橫向的延續性。

(3) 大單成交：量峰形成時的現量結構，通常由多筆密集的大單或特大單即時成交而組成。

3. 主力意圖

根據實戰操盤，主力發動攻擊量峰的目的有3個：一是拉升的需要，二是洗盤的需要，三是出貨的需要。

(1) 拉升：當股價經過一段時間的低迷之後，主力順利完成建倉計畫，然後開始主動性攻擊拉升，以脫離持倉成本區。此時表現在盤面中，就會出現股價上漲時的攻擊量峰結構，說明主力主動不間斷持續投入大資金積極買進。股價處在向上突破後的拉升階段，尤其是在經過由大底部區域向上突破過程中，主力必須果斷主動拉升，以脫離持倉成本區，因而較易出現攻擊量峰。

(2) 洗盤：股價經過一輪初步拉升，剛剛脫離持倉成本區，在進行大幅拉升之前往往在盤中經由「對敲」手法進行打壓。這種對敲打壓的行為，就是常說的「洗盤」。主力利用洗盤手段來清洗不穩定的籌碼，此時也會出現攻擊量峰。

(3) 出貨：股價處在階段性整理平台或波段性高位，尤其經過一輪大牛市之後的歷史性高價區域，主力會想盡一切辦法達到出貨的目的，因而會瘋狂採用攻擊性出貨手段拋售，此時較易出現攻擊型量峰，這是一種快速出貨的手段。經過攻擊性出貨動作的股價趨勢，會迅速出現破位下跌的型態，股價從此向熊市轉變。

4. 買賣時機

(1) 追蹤買進機會：當攻擊量峰出現時，如果股價處於剛剛向上突破或上升通道之中，說明主力已經在積極地投入資金操盤。此時應根據股價的其他相關技術系統，迅速做出買入決策，迎接股價上升趨勢。

(2) 波段賣出機會：當攻擊量峰出現時，如果股價已經過一個大波段行情或一輪大牛市級別的拉升行情，並處在歷史性高價區域，說明主力已經在大規模出貨。此時投資人應及時賣出，以避免陷入弱市大整理趨勢。

三、偏離幅度

什麼叫偏離幅度？目前還沒有具體的概念。根據經驗，就是白線與黃線的偏離差距，或者稱為乖離程度。一般情況下，白線在沒有擺脫黃線之前（大漲或大跌），黃線對白線走勢有牽制作用。也就是說，當白線距離黃線太遠時，有向黃線回歸的要求。可以參考以下4種情況：

(1) 白線與黃線的偏離幅度很大，股價似乎馬上垂直飆升，但是卻沒有量能的配合或量能稀鬆。這樣的分時盤面出現回落的機率是很大的，大家最好不要追買進場。

(2) 白線與黃線雖然出現偏離現象，但是量能配合完美，每一次拉升都有量能的堆積，每一次回落也有一定的幅度。但是，如果白線每一次回落都淩駕於黃線上方，說明黃線已經形成一個有力的支撐。這是強勢股的表現，有時候也是開始啟動的訊號。

(3) 白線與黃線沒有出現明顯的偏離，價格的每次波動都在黃線附近，一旦脫離黃線或有抬頭之勢，可作為短線啟動的訊號。同時，也要注意黃線的變化，如果出現有效跌破，應迅速賣出。

(4) 白線在黃線上下寬幅波動，時而上時而下，日K線多收於小陰小陽，說明處於盤局狀態，操作意義不大。

漲停是能在任何大盤背景下發生的股價激烈波動現象，讀懂漲停板的盤面語言，是正確操作漲停股票的最佳捷徑。漲停板固然與其基本面、消息面有著重要的因果關係，但這種因果關係是經由盤面語言表現出來的。盤面語言是股票波動的終端語言，掛單決定成交，成交決定分時，分時決定K線，K線決定型態，型態決定浪形，浪形決定趨勢等等。

正確解讀漲停板的盤面語言，就是站在股票交易金字塔的塔尖，大有一種「會當淩絕頂，一覽眾山小」的豪情和自信。經常抓住漲停板的股票，會使自己的投資生涯快樂無比、成就喜人。

第 2 章

從分時圖看懂波段上漲變化,抓到最佳買點!

2-1 各種分時走勢的基礎：圓角、尖角與鋸齒波

一、3種基本波形

　　解讀漲停分時盤面時，必須對拉升的基本波形有所瞭解，否則盤面分析將無法入手。股價拉升中的分時波形有很多種，有直線流暢的、有上竄下跳的、有平坦呆板的。以圓角波、尖角波和鋸齒波這3種基本類型最有代表性，其他各的分時走勢都是這3種基本波形的變異，如圖2-1。

▲ 圖2-1　3種基本分時波形示意圖

二、圓角波

這種波形攻擊性強，但持續性一般，大多為市場行為。通常出現在洗盤後拉升或持續拉升階段，往往換手充分、主力控盤良好，股價處於良好的強勢上漲階段。其特徵是在每一波的上漲或下跌中，都會出現一個「圓角」，這種圓角是買賣雙方的力量從不平衡逐漸到平衡的過渡。

圓角波的出現多為市場自然成交的結果，無論是上升還是下跌，買賣雙方的力量都有一個不平衡—平衡—不平衡的過程，其間的價格過渡相對平滑，一般為股價的上升或下跌的分時語言。圓角波還會延伸出圓角短波、圓角脈衝波和圓角長波這3種波形。

1. 圓角短波

圓角短波是以市場力量為主的吃貨或跟風圖形。當上方有賣盤壓單時，主力會先行吃掉一些賣盤，但又不完全吃掉，目的是讓市場看到主力的動作，以吸引市場跟風盤介入。圓角短波在高位出現時，就有主力出貨嫌疑，在低位出現時則可以適當關注和跟風。

2. 圓角脈衝波

圓角脈衝波是主力和市場共同大力買入的行為。當上方壓單很厚時，主力仍然採取先行買入的策略，以吸引跟風盤的介入。當賣壓掛單被越來越快地吃掉時，就會產生向上衝高的巨大慣性，於是就產生「脈衝」走勢。

這種脈衝當然是主力資金在快速跳躍式地吃掉上方的層層掛單，在分時圖上就出現了一段接近90度直線拉升的脈衝波形，這就是圓角脈衝波。圓角脈衝波是主力集中力量，經由把股價迅速拉高來脫離成本區的「吃貨＋拉升」行為。

3. 圓角長波

圓角長波則是介於圓角短波和圓角脈衝波之間的波形。它在實戰中比較常見，往往在整理型態的頸線位置出現，具有吃貨、洗盤和拉升的共同性質，是主力與市場共同作用的行為。值得注意的是，在相對高位所形成的圓角波，往往有主力出貨痕跡，所以圓角波出現後，股價就離下跌不遠了。

三、尖角波

這種波形攻擊性強且持續性好，大多為主力行為。通常出現在拉升過程中，小型股、熱門股中較為多見，股價處於持續上漲階段。

尖角波的特徵是在每一波上漲或下跌中，都會出現一個尖銳的銳角，這種尖角波是大買單或大賣單突然成交的結果，其間沒有任何過渡。尖角波可分為尖角短波、尖角長波和尖角脈衝波這3種。

1. 尖角短波

在分時運行中，經常出現主力吃貨的尖角波，大多發生在相對低位，稱為「尖角短波」。這種波形一般較短，第一個尖角波與第二個尖角波會有一個時間間隔，這是因為主力把上方的賣單吃掉後，還要等待新的賣單掛出後才能吃第二口。同樣地，下跌中出現的尖角波通常是主力出貨的跡象，其運動特徵與上漲時一樣，只是方向相反。

2. 尖角長波

在主力拉升過程中，常出現一種「尖角長波」。這種波形一般較長，第一個尖角波與第二個尖角波的時間間隔很短，這是因為主力急於把股價拉上去，不給市場有從容吃貨的機會。同樣地，在下跌中出現的

尖角長波大多是主力出貨所為，有時候也是市場恐慌盤的結果，只不過方向相反而已。

3. 尖角脈衝波

　　尖角脈衝波是所有上升波形中最強的一種波形。尖角長波是僅次於尖角脈衝波的拉升波形，它所出現的頻率遠高於尖角脈衝波。尖角長波形成的漲停板或大陽線，也往往意味後市繼續看漲。但是，如果之後出現以圓角長波拉升的大陽線或漲停板，就預示市場有資金介入。

　　那麼為什麼低位沒有市場資金介入呢？這是因為當一檔股票在剛剛啟動時還沒有引起市場資金的關注，只有該股走高後才會引起關注，這時才會有跟風盤的出現，於是圓角波便形成了。

　　值得注意的是，股價上漲途中尖角波的上漲通常具有持續性，如果一檔股票先出現尖角波的陽線，往往意味著後市還能繼續上漲。而之後如果出現圓角波的陽線，則可能預示著股價很快就會轉入下跌。這是因為尖角波是一種主力行為，而圓角波則帶有市場行為，其買力自然不如主力強。

四、鋸齒波

1. 市場含義

　　鋸齒波是分時中最常見的一種走勢，這種波形攻擊性弱，但持續性好。多為機構股的盤面語言，在盤升行情中較多見，常出現在大型股、冷門股之中，表明主力處於吸籌、洗盤、推升階段。

　　鋸齒波指無論是在上漲還是下跌的分時圖上，都呈現出類似鋸齒狀態的走勢，也就是說股價在微幅波動中的上漲、下跌或橫盤走勢。鋸齒波有以下市場含義：

(1) 主力在吸籌階段，特別是控盤後常會將股價控制在一個很小的區間。每天盤面五檔買賣盤都掛有很大的買賣單，賣出的籌碼主力有多少接多少，股價長期在一個狹小的區間裡波動，這期間多數散戶無法忍受這種折磨而堅持持股，所以吸籌階段的鋸齒波目的就是以時間賺籌碼。

(2) 出現鋸齒波走勢的股票，通常處於吸籌階段，但是少數洗盤末期的個股也經常出現鋸齒波。所以當一檔股票整理之後，分時圖出現鋸齒波走勢就是告訴大家，盤面已經整理充分將要開始上漲了。

(3) 出現鋸齒波的股票往往都看起來無精打采、死氣沉沉。而此時主力正悄悄地耐心建倉或洗盤，對於中長線投資人來說，這時是抓黑馬的最好時機。當然必須等待一段時間，一檔股票如果前期有過一段時間的橫盤整理，通常在3個月內會有一波拉升動作。

(4) 很多時候，多數股票都是以鋸齒波的走勢運行的，所以某一天如果發現分時圖走勢不再出現鋸齒波，那麼就說明行情已開始變化，即將進入下一個階段。當然，有些股票會馬上進入主升段，也有一些股票會小漲一下反覆洗盤，總之行情的性質已經轉變。所以，只有認真體會，才能對盤面保持敏感。

2. 形成原因

這種走勢的出現，通常為市場在主力誘導下的成交痕跡。其特徵是無論上漲還是下跌，股價都沿著一個方向斜行，斜行中的波動幅度非常小，如同鋸齒一般顫抖著運行。

為什麼說鋸齒波是在主力「誘導」下形成的呢？這是因為主力掛單所致。比如主力在某個價位買單和賣單，形成一個「夾板式掛單」模式，結果市場吃掉一部分賣單後，有人一看只有少量壓單，於是選擇買入，反之也是一樣的道理。

鋸齒波也有3種延伸：鋸齒斜波、鋸齒橫波、大鋸齒波（也稱為魚

刺波，即波動幅度較大的鋸齒波）。鋸齒波的形成原因有兩種：

(1) 主力在力不從心時，誘導市場來「幫忙」完成任務：所以即使鋸齒波把股價推向漲停時，通常在第二天股價也會有一個回落過程。反之，由鋸齒波導致股價的下跌，往往也會在後面出現一定幅度的反彈。所以一旦股票出現鋸齒波時就要注意了，後面很可能有一個相反的走勢即將出現。

(2) 主力刻意而為：特別是主力想在一個極小的空間裡給市場自然換手，就會在買賣價位上各自掛出大買單和大賣單，形成一種「夾板式掛單」，使市場的成交價在「夾板」中進行，在分時圖上就出現鋸齒波型態的橫盤走勢。通常，鋸齒波是一種誘導市場在某一價位進行自行換手的盤面語言。

注意，這種橫盤的鋸齒波如果在分時圖的相對高位出現縮量走勢，是典型的洗盤行為，洗盤結束後還有向上一衝的動作。如果是放量橫盤，則可能是主力出貨行為，要提高警覺。

如果在上漲過程中出現鋸齒波，特別是中小型股中由非鋸齒波上漲（尖角波、圓角波）到鋸齒波上漲時，就要注意了。這說明買力嚴重不足，股價即將出現下跌。還有一點也是非常明確的，就是當一檔股票在相對的高位先出現一根大陽線，之後便是縮量下跌狀態的鋸齒波時，那一定是主力在出貨。

五、特別提醒

圓角波、尖角波和鋸齒波這3種分時圖形，在大多數情況下不是單一出現的，它們往往在一天的走勢中交替出現，但以其中一種波形為主，其他走勢為輔。需要注意的是，當一種波形被另一種波形所替換時，就意味著股價即將出現變盤行為。抓住這種變盤的瞬間訊號，實戰

操作時會很有幫助。

在這3種基本盤面語言中,往往有一種語言是當時最重要的語言,比如有時候是掛單語言,當盤面頻繁地出現「掛而不交」的現象時,說明主力自己不想交易,想讓市場來替主力買賣。當盤面出現「不掛而交」的現象時,則往往是主力自己在埋頭交易,不想市場參與買賣的盤面語言。有時候從一、二筆重要的成交語言中,就能大致判斷出主力對該股的真實意圖,而分時圖的轉折性走勢,也會給大家以恍然大悟的提示。

所以3種基本盤面語言不能單獨運用,須要綜合分析。但需要注意的是,3種盤面語言在不同時段以其中一種語言最有價值,那麼只要抓住這種最有價值的語言,來判斷當天的走勢就可以。當某一天的盤面突然出現了最關鍵的一種盤面語言提示後,其可以作為我們在今後一段時間的操作上的標誌性的判斷依據。

2-2 用8種常見波段圖，有效預測主力在攻擊或試盤

分時走勢盯盤、觀察是分析盤面變化的必要手段。分時線中出現的型態、異動、波形、量峰等變化，是判斷主力操盤痕跡最直接的訊號。同時，分時線的異動也將左右一支個股未來的運行軌跡。

大家都知道，K線中有雙底、雙頂、頭肩底、頭肩頂、V形反轉、三角形、旗形、楔形等整理K線組合型態，這些型態在分時走勢中同樣會出現，不同階段出現的型態，都同樣具有重要的市場意義。

市場瞬息萬變，研判分時波形的特徵、瞭解波形的變化、洞悉波形的意義，有助於投資人瞭解當前股價的運行軌跡，也有助於更準確、更及時抓住市場投資機會，和規避市場中出現的各種風險。分時圖中常見的波形有以下8種經典型態：

一、攻擊波

攻擊波是指當日股價在盤中拉升過程中，出現密集性尖角波持續向上攻擊的波動型態，由這一波動特徵而形成的即時波形就是攻擊波。

攻擊波有兩種形式：一種是脈衝性攻擊波，另一種是衝擊性攻擊

波。兩者的根本區別在於：後者強勢上漲目的是吸引場外資金跟風助推上漲，而前者的出現表明主力高度控盤，已完全達到掌控股價漲跌的程度。這兩種分時走勢均是主力在盤中建倉過程中，持續投入大資金或者用對敲操盤手法拉抬股價，而在分時圖中出現的攻擊性即時走勢，更是主力直接操縱股價走勢的結果。

1. 攻擊波的成因

　　它是由主力吸籌行為引起的量價異動波形。在分時走勢中，由大資金直接攻擊股價而留下的尖角狀態的走勢圖形。它通常出現在股價當日盤中上漲過程中，這是因為主力在盤中建倉時，投入資金量較大而產生積極買入的結果。一旦盤中出現攻擊波，就表明主力正在用大資金直接參與行動，後市上漲空間巨大。

　　攻擊波出現在股價上升初期（早盤）、中期和盤頭初期最具有操作價值，如果在拉升末期或盤頭中後期，則風險較大。這裡特別要提到的是末期，當股價經過前期持續上漲，處於高價位盤整階段時，這類股票通常會在某日臨近收盤半個小時內，出現強勢上漲攻擊波，這時操作風險最大，投資人需要特別注意。

　　主力利用資金猛烈攻擊，根據時間規律和介入資金量大小，有步驟、有節奏地滾動操作推動股價，此時股價根據進二退一、進三退二的節奏不斷創出新高，成交量也有序放大，這種攻擊走勢有力，對股價趨勢的促動力極強。

2. 量價結構與表現形式

　　(1) 衝擊式攻擊波在形狀上，與脈衝式攻擊波的不同點：衝擊式攻擊波因資金快速衝擊的特點，在盤面上留下尖角形的波形結構，坡度陡峭而急促，波長較短、量峰值較大，量峰具有明顯的波浪型態，股價攻

擊放量的規律性和時間節奏均掌握極好。而脈衝式攻擊波則沒有明顯的尖角形，坡度比較平緩、波形較長，節奏呆滯不流暢，量峰結構較單一，較少出現具有波浪形的量峰。

圖2-2是易瑞生物2022年11月30日的分時走勢圖，圖中前一個圓圈中出現的是脈衝式攻擊波，後一個圓圈中出現的是衝擊式攻擊波。

(2) 脈衝式攻擊波：是主力高度控盤的結果，波形呈呆滯狀的脈衝走勢，坡度較小、曲線結構不平整。這是主力利用小資金緩慢推升股價而產生的股價型態，一般會出現在中長線主力高度控盤的個股中。

(3) 拉升階段的衝擊式攻擊波，與建倉階段的本質區別：拉升階段時主力的主要目的不是吸籌，而是利用資金滾動式操盤，不斷衝擊新高，因而形成衝擊波型態。這種波形主要是為了吸引盤中跟風資金來積極推進，共同創造價升量增的完美技術型態，為後市繼續拉高出貨打下

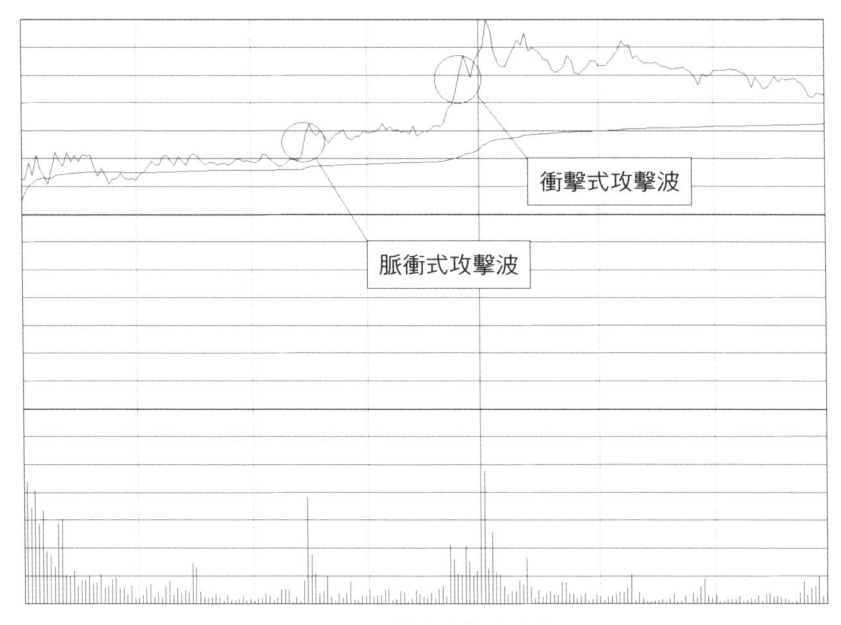

▲ 圖2-2 易瑞生物時走勢圖

良好的市場基礎。

(4) 攻擊波對應的量峰型態分析：脈衝式攻擊波，其量峰具有縱向高和橫向短的特徵，大單成交密度較小，有間歇性持續放量的現象。量峰結構單一，較少出現多個波浪形量峰。

衝擊式攻擊波，其量峰具有縱向高和橫向長的特徵，大單和特大單成交密度較大，出現持續密集的波段性放量現象。量峰大多由大波浪形峰值組成，波動特徵明顯。

3. 主力操盤行為分析

(1) 如果攻擊波出現在股價突破30日均線的拉升階段的初、中期，通常是主力投入大資金，或利用對敲手法主動攻擊推高股價的結果。主力意圖是快速拉抬股價，脫離持倉成本區。這種波形將可能出現一輪主升段行情，投資人可以逢低擇機介入。

(2) 如果攻擊波出現在股價大幅拉升之後，弱市漲幅30%以上，強市漲幅80%以上，通常是主力經由對敲手段拉抬的結果。主力意圖是暗中波段性出貨，形成高換手率，市場即將出現波段性整理行情。

(3) 如果攻擊波出現在高位盤頭階段初期，股價在30日均線之上震盪整理，通常是主力利用少量資金繼續滾動操作的結果，並有繼續創新高的可能。這時投資人可以減倉後小倉位參與，享受創新高的收穫。

(4) 如果攻擊波出現在大漲之後的高位平台整理階段末端，通常是主力利用對敲操盤手法，形成攻擊波來吸引市場投資人接盤，這是典型的拉高誘多出貨手法。這種走勢通常在出現攻擊波後的次日，有可能再次出現漲停，然後就是一輪深幅度的暴跌，投資人這時應果斷離場。

4. 對當日股價走勢的影響

攻擊波對當日股價的牽引力和促動力極強。由於攻擊波大多出現在

上漲趨勢和反彈行情之中，因而對股價當日走勢影響較大。

（1）脈衝式攻擊波：當日在盤中脈衝式攻擊波拉抬方式出現後，股價以中陽K線收盤的機率較大。

（2）衝擊式攻擊波：當日在盤中衝擊式攻擊波拉抬方式出現後，股價以中陽線或大陽K線收盤的機率較大。

5. 操盤機會與風險迴避

（1）操盤機會：當攻擊波出現在拉升階段的初、中期時，可在每一段攻擊波的低點買進。也就是說，每一波創新高之後的回檔低點是最佳買點，這種波形出現時，短中線機會較大。

當攻擊波出現在高位盤頭階段的初期時，主力利用大量資金繼續滾動操作，並有繼續創新高的動能，這時可以短線輕倉參與主力最後拉高出貨的攻擊行情。但操作速度一定要快，期望值不宜太高，一旦股價出現下跌跡象，應及時出場。

（2）風險迴避：當攻擊波出現在拉升階段的末期時，則以觀望為主，主力利用這種走勢有推高出貨的嫌疑，股價即將見頂。一般情況下，主力利用早盤攻擊波拉高股價，午盤則採用回頭波出貨形成見頂特徵，因此短中線風險極大。

當攻擊波出現在高位盤頭階段的中後期和下跌階段時，這是主力誘多出貨的主要特徵，後市仍將繼續大幅下跌，應以觀望為主，短中線風險巨大。

二、試盤波

試盤波是股價在分時圖中上下震盪的平衡狀態下，突然出現向上或向下的劇烈波動，並迅速恢復平靜維持原有的上下震盪走勢。試盤波主

要目的是測試盤中籌碼的穩定度，以便在後續採取相應的操作策略。

試盤波大多出現在階段性底部或歷史性底部區域，在拉升階段初期也會出現試盤波，而在其他階段出現的同類股價特徵均不是試盤波。一般情況下下，主力採用試盤波的手法無外乎有兩種。

(1) 向上試盤：主力做出放量上攻的架勢，讓投資人明顯感覺到有資金進場操作，這時股價快速上升後在重要壓力位遇阻回落。表現在日Ｋ線圖中就是一根較長上影線的陽（陰）Ｋ線。場內籌碼見股價反彈失敗，導致大部分籌碼出現鬆動，而主力則照單全收。

(2) 向下試盤：主力故意在Ｋ線圖上做出橫盤的姿態，高低點之間的空間幅度越來越窄，某日股價突然破位下跌，成交量放大，盤中散戶以為破位大跌，於是紛紛斬倉。主力則在低位照單全收，並於當天收盤時將股價拉回至開盤價附近，在Ｋ線圖上收出一根較長下影線的陰（陽）Ｋ線。

1. 試盤波的成因

當主力選擇目標股入駐時，先要測試盤中籌碼的穩定度，以計算建倉時間和建倉成本以及拉升操盤成本，並測試重要的壓力位和支撐位的作用大小，同時觀察盤中有無其他主力進駐。如有強勢主力進駐其中，則要考慮如何與對方達成協調操作的問題。多數主力不希望一檔股票中有兩個以上主力存在，因為這種操盤方式風險極大。

股價經過放量下跌見底後，逐漸進入縮量整理階段，盤面氣氛沉寂、交易清淡，場內投資人對該股逐漸失去興趣。震盪整理時間越長，投資人持倉成本就越高，失望情緒越來越大。當成交量萎縮到極致時，股價即將面臨異動。

2. 量價結構與分時形式

(1) 瞬間拉升式試盤波：股價在盤中突然出現快速拉升，之後又迅速歸於平靜。在瞬間拉升過程中成交量迅速放大，並由單筆大買單或數筆大買單組成。這種試盤波，當日K線以長上影陽線或十字星收盤的機率較大。

圖2-3是西安飲食2022年9月30日的分時走勢圖，低開1.94%後出現一波快速拉升行情，股價上拉到7%以上，隨後出現震盪整理，以十字星收盤。試盤後經過短期整理，開啟一波強勢拉升行情。

(2) 震盪拉升式試盤波：股價在盤中突然出現震盪拉升態勢，在完成一個或幾個波段拉升後，股價迅速見頂回落。在震盪拉升過程中，成交量迅速放大，並由持續密集型多筆大單組成。這種試盤波，當日K線以小陽線或十字星收盤的機率較大。

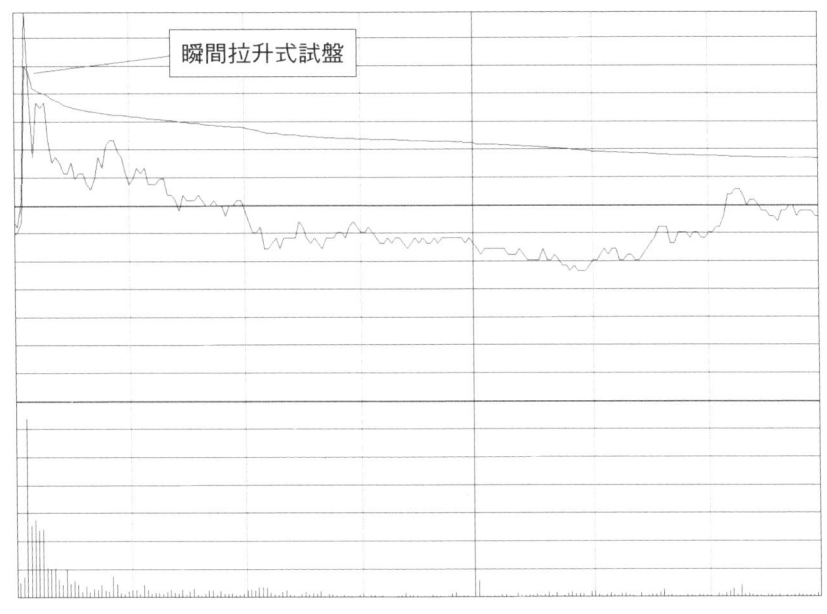

▲ 圖2-3 西安飲食分時走勢圖

圖2-4是南網能源2023年2月2日的分時走勢圖，股價開平後緩緩推高，出現兩波震盪拉升式試盤波。股價拉升到5%左右，出現震盪盤落走勢，收出長上影K線。試盤後經過幾個交易日的整理，出現一波拉升行情，該股此前在1月11日和12日也出現過類似的分時型態。

(3)瞬間打壓式試盤波：股價在盤中突然出現快速打壓，之後又迅速歸於平靜。在瞬間打壓過程中成交量迅速放大，並由單筆大賣單或多筆大賣單組成。這種試盤波，當日K線以長下影陰線或十字星收盤的機率較大。

(4)震盪打壓式試盤波：股價在盤中突然出現震盪殺跌態勢，在完成一個或幾個波段的殺跌後，股價迅速見底回升。在震盪殺跌過程中，成交量迅速放大，並由待續密集型大單或多筆大單組成。這種試盤波，當日K線以小陰線或十字星收盤的機率較大。

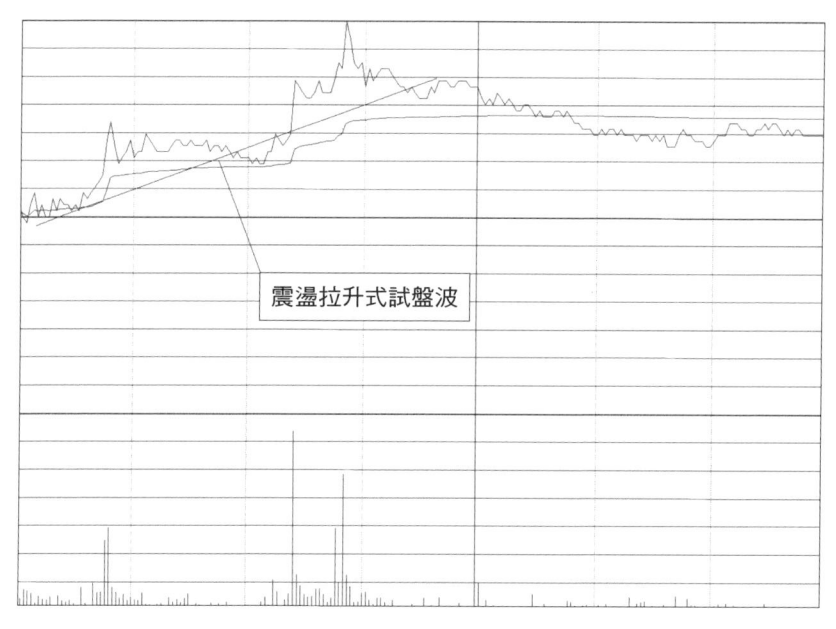

▲ 圖2-4 南網能源分時走勢圖

3. 主力操盤行為分析

試盤波是主力直接操縱股價波動趨勢的結果，其操盤意圖可從以下3個方面進行分析：

(1) 測試籌碼穩定度：這是主力為即將展開建倉計畫做準備，如盤中穩定度較好，主力可能將經由誘多或誘空性操盤手法，使盤中籌碼鬆動，以完成建倉計畫。

(2) 測試壓力位：這是主力為即將展開的拉升計畫做準備，如在重要價格區間，盤中賣壓較大，說明這一價格區間的壓力較大，主力可能以誘空式手法，使籌碼在低價區域鬆動，以消化上檔價格區間的賣壓阻力。

(3) 測試支撐位：這是主力為即將展開的建倉計畫做準備，如盤中支撐較強，主力可能將經由進一步誘空性操盤手法，擊穿支撐位引發籌碼鬆動，達到順利建倉的目的。

4. 對當日股價走勢的影響

一般情況下下，試盤波只出現在階段性底部或經歷一輪大整理之後的歷史性底部區域。在拉升階段初期也會出現試盤波，而在其他階段出現的同類波形均不是試盤波。在分時走勢中，試盤波可以出現在任何一個時間段，也就是說，早盤、中盤、尾盤均有可能出現試盤波。試盤波對當日股價走勢的影響有以下兩點：

(1) 在階段性底部或歷史大底區域，試盤波的出現是主力直接建倉的表現。

(2) 在拉升階段初期，股價突破30日均線，試盤波的出現是主力測試上檔阻力大小的表現。

5. 操盤機會與風險規避

(1) 操盤機會：在階段性底部或歷史大底區域出現試盤波後，為中長線建倉的機會；在拉升階段初期股價突破30日均線，試盤波出現後，為短、中線波段建倉機會。

(2) 操盤風險：經過一輪大幅拉升之後，弱市漲幅在30%以上，強市漲幅在80%以上，出現類似試盤波特徵為股價見頂現象，應及時規避；在大波段之後的階段性頭部或歷史價格高位，出現類似試盤波特徵為主力出貨現象，應果斷規避。

三、殺跌波

殺跌波是指在當日盤中出現放量攻擊性震盪下跌的波動特徵。其波形較短、坡度較為平緩，明顯的多波浪結構，基本上呈45度震盪斜角下跌。量峰值呈縱向和橫向放大特徵，量能結構緊密。

殺跌波有3種形式：早盤殺跌波、中盤殺跌波和尾盤殺跌波。一般情況下下主力採用開高走低、開平走低和開低走低的操盤手法，不斷下行，股價持續盤跌，漲升無力，以致收盤幾乎以最低價收盤。這種走勢一旦出現，股價連續下跌趨勢難以逆轉。殺跌波從性質上看，有出貨殺跌波和洗盤殺跌波兩種。

1. 殺跌波的成因

殺跌波是主力在盤中經由持續大賣單或特大賣單，引發股價出現攻擊性下跌的結果，其波形特徵一般是震盪盤跌走勢。由於股價跌勢較緩，給人產生跌不下去又隨時反彈的心理暗示。而盤中持倉散戶因抱有對股價未來反彈預期的幻想，不會輕易減倉，使主力得以在盤中從容出貨。

主力為吸引更多的跟風資金進場，有時會在盤中製造假升的反彈跡象，而股價很快又回歸盤跌現狀，使得跟風資金無論在盤中以任何價格買入，均難逃當天被套牢的悲慘命運。

殺跌波往往會越盤越低，收盤大多在當天最低價附近，次日走勢往往在早盤或中盤，做出一波弱勢反彈的姿態整理超賣的指標，隨後又繼續維持前一日的殺跌走勢。

在殺跌過程中，股價每天均能保持在2%以上的換手率，這說明主力在盤中成功減持。股價下跌不止，等所有投資人醒悟過來時，已是大江東去，跌了一大截。

圖2-5是恒銀科技2022年11月22日分時走勢圖，開高後出現震盪走低態勢，分時波形較短、坡度較為平緩，形成多波下跌結構，基本上以45度斜角下跌。看起來跌不動但反彈也無力，盤面非常沉悶，當日收

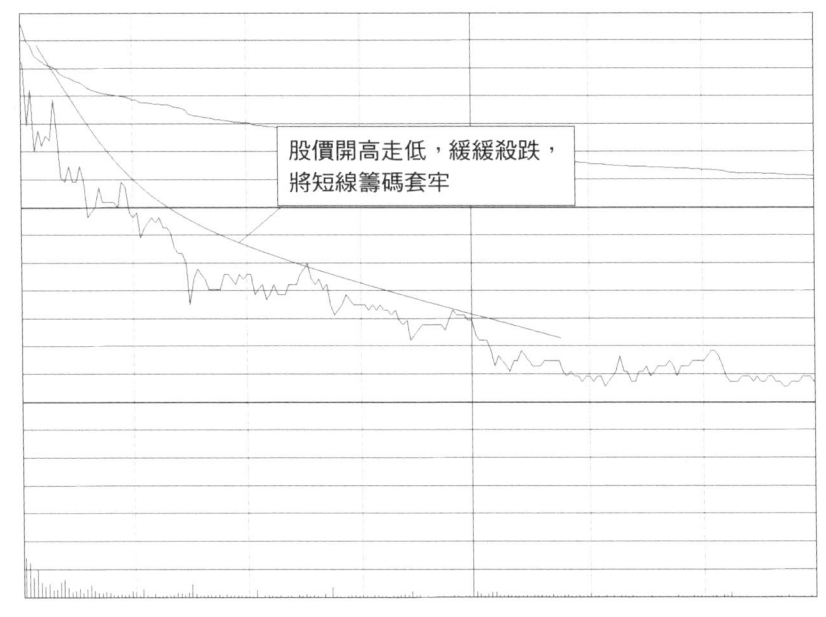

▲ 圖2-5　恒銀科技分時走勢圖

跌5.10%,次日繼續以同樣的手法殺跌。經過短線的洗盤換手後,股價開始向上走強。

2. 量價結構與表現形式

(1) 波形特徵:波形長度一般呈中性,單一波形跌幅通常超過3%,波形平緩,呈45度或60度斜角下行。波形流暢平滑,下跌過程中常見尖角狀突起。波形結構一般在3~5個波段以內,以3個波段最常見。

(2) 量價結構:均價線與股價走勢曲線,乖離較大。五檔賣單出現大單,或特大單委託現象,盤面即時成交量會持續密集出現單筆大單或多筆大單。量峰值呈縱向和橫向放大特徵,最能結構緊湊。

圖2-6是思進智能2022年8月19日的分時走勢圖,早盤略做向上衝高後拐頭向下。隨後出現長時間的殺跌波,股價與均價線乖離較大,盤

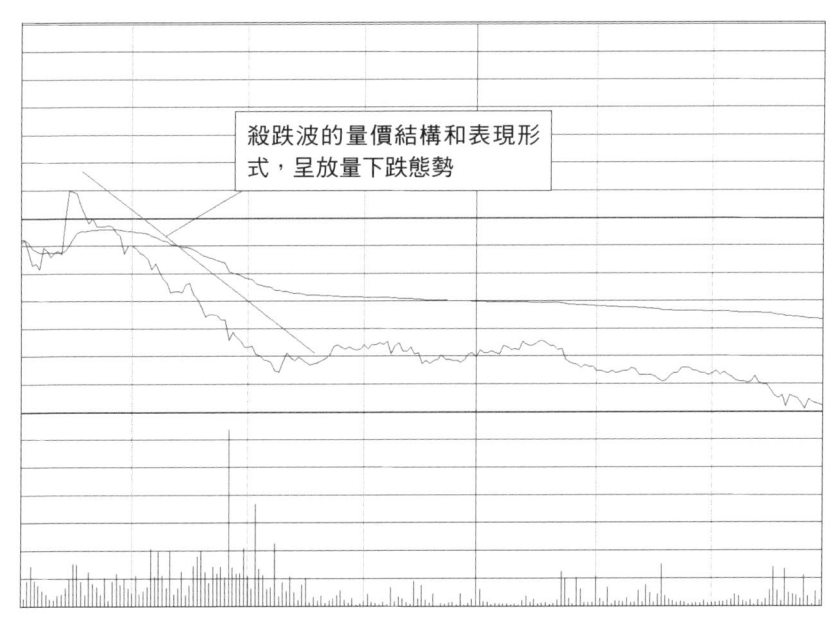

▲ 圖2-6 思進智能分時走勢圖

中賣單不斷，量峰呈縱高橫長的特徵，量能結構緊湊，直到尾盤也沒有止跌反彈。

3. 對當日股價走勢的影響

(1) 如果出現在拉升階段的末期，主力在盤中打壓出貨，表示當前的股價已經到頂部，投資人應該拋售出場，迴避風險。

(2) 如果出現在連續上漲後的高位盤整階段的中、後期，表示主力在盤中反覆震盪出貨。後市股價將跌破這個整理平台，出現深幅下跌，投資人應該及時迴避這類股票。如果在高位平台整理買入的投資人，必須果斷停損。

(3) 如果出現在股價破位下跌階段的初、中期，表示為主力在盤中最後瘋狂出貨的表現。表示下跌動能將繼續擴大，下跌幅度將繼續延伸，投資人不能在沒有形成上漲趨勢時盲目抄底。

(4) 如果出現在拉升階段的初、中期，為主力進行洗盤和整理的表現。如果在多頭行情的尾盤出現殺跌波，第二天又強勢拉起時，通常是主力對敲所致，目的是震盪洗盤，為後期主升段奠定基礎，投資人可以在殺跌波之後幾個交易日的「窄幅震盪」中大膽介入。

圖2-7是格爾軟件2022年11月18日的分時走勢圖，股價開高後一路震盪走低，呈45度角下跌。結合日K線分析，股價處於短期上漲的高點，這樣的殺跌波意味著股價出現頂部，投資人應及時離場。

4. 操盤機會與風險迴避

(1) 當殺跌波出現在拉升階段的末期，主力在盤中打壓出貨，股價已經見頂。短中線風險極大，宜持幣觀望。

(2) 當殺跌波出現在盤頭階段中後期，主力經由殺跌波打壓出貨，後市仍將繼續大幅下跌，以觀望為主，短中線風險巨大。

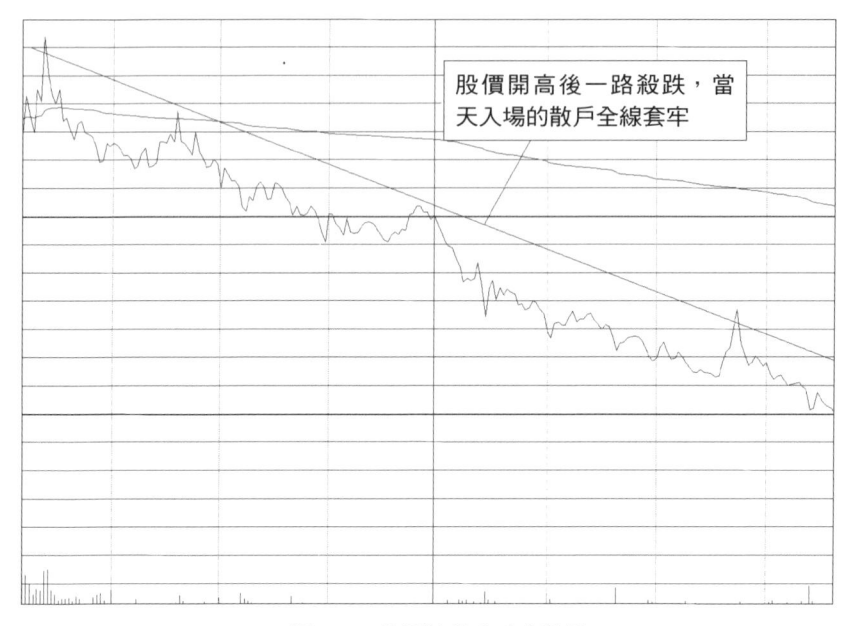

[股價開高後一路殺跌,當天入場的散戶全線套牢]

▲ 圖2-7 格爾軟件分時走勢圖

(3)當殺跌波出現在下跌階段初中期,主力經由殺跌波持續打壓出貨,後市仍將繼續大幅下跌,以觀望為主,短中線風險巨大。

四、跳水波

跳水波是指在當日股價交易過程中,出現幾乎垂直式放量攻擊性下跌的波動特徵。跳水波有3種形式:早盤跳水波、中盤跳水波、尾盤跳水波。

古人詩云:「飛流直下三千尺,疑是銀河落九天。」可以這樣說,跳水波是主力瘋狂出貨的典型操盤手法。經此之後,個股已經元氣大傷難以逆轉,但有時也是主力打壓建倉或向下試盤的一種操作手法。

1. 跳水波的成因

跳水波是主力在盤中，經由持續大賣單或特大賣單，所引發的股價攻擊性下跌結果。早盤跳水波是主力在集合競價時將股價開高，然後在盤中不斷賣壓，致使股價如跳水般飛流直下，甚至出現無量空跌。中盤跳水波是股價在震盪整理過程中，突然出現向下急跌特徵。尾盤跳水波則是主力在尾盤交易1小時內突然放手打壓，致使股價飛瀉而下。

跳水波的型態特徵，如同高山飛流而下的瀑布，一瀉千里、勢不可擋。波形流暢狹長，單波跌幅一般在3%以上，波形中間很少有反彈間歇。一波下瀉之後股價稍作整理，低位仍較少放量，說明下檔接盤力度薄弱，整體走勢基本上呈現繼續盤跌態勢。出貨猛烈的主力，會出現第二波、第三波跳水走勢，並再接再厲，將股價直逼跌停板位置。

2. 量價結構與表現形式

(1) 波形特徵：波形長度較長，單一波形跌幅通常超過3%或5%，波形陡峭，坡度呈80度或接近直角下跌。波形十分流暢平滑，速度較快。波形結構一般在3個波段以內，最常見以2個波段為主。

(2) 量價結構：均價線與股價走勢曲線乖離較大，五檔賣單出現大單或特大單委託現象。盤面即時成交量會持續密集出現單筆大單或多筆大單，量峰值呈縱向和橫向放大特徵，量能結構緊湊。

圖2-8是地鐵設計2022年10月24日的分時走勢圖，小幅開高後出現一波震盪殺跌走勢，之後長時間形成橫盤整理。午後出現跳水殺跌走勢，呈現3個波段跳水結構，量能放大，量峰呈縱高橫長的特徵，量能密集緊湊。

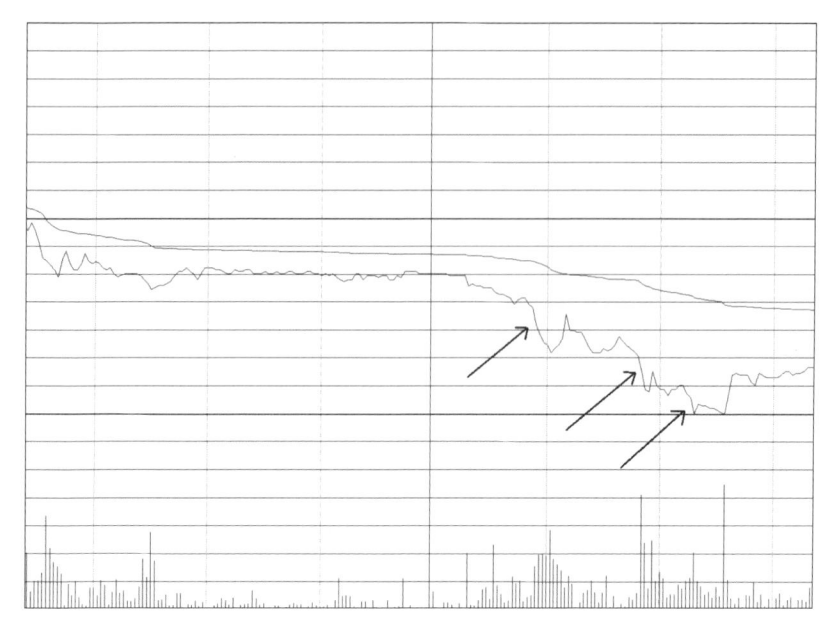

▲ 圖2-8　地鐵設計分時走勢圖

3. 量峰型態分析

(1) 早盤跳水波

- 開盤時容易出現特大單開高成交現象。
- 開盤10分鐘內，五檔賣單出現大賣單或特大賣單委託現象。開盤30分鐘後，成交開始減弱。
- 盤面即時成交量會出現單筆大賣單或多筆大賣單。
- 量峰峰值呈縱向和橫向放大特徵，隨著時間推移，量峰逐步開始萎縮。

(2) 中盤跳水波

- 股價下跌前出現拉升無力、反彈滯漲的現象。
- 當股價下跌時，五檔賣盤逐步出現大賣單或特大賣單委託現象。
- 盤面即時成交量迅速持續出現大賣單和特大賣單。

- 量峰峰值迅速呈縱向和橫向放大特徵，然後出現明顯的波浪結構特點。

(3) 尾盤跳水波
- 股價在下午收盤前1小時突然出現放量下跌。
- 下殺過程中，五檔賣單逐步出現大賣單或特大賣單委託現象。
- 盤面即時成交量迅速出現最大賣單和特大賣單。
- 量峰峰值迅速呈現縱向和橫向放大特徵，浪峰呈單一波浪特點。

4. 主力操盤行為分析

跳水波出現後，當日對股價產生極強的牽引力和促動力。由於跳水波出現在股價上漲趨勢的後期，對股價後期走勢影響力較大，對當日分時走勢影響更大。

(1) 早盤跳水波：股價經過較大的上漲後，當天早盤股價開高，然後直接向下打壓，主力經由開高打壓瘋狂出貨，這是股價波段性見頂的重要特徵。主力在盤中經由跳水波以迅雷不及掩耳之勢展開下跌，以套牢跟風買進的投資人，從而達到階段性出貨的目的。說明股價已經階段性見頂，投資人短中線風險極大，宜持幣觀望。當日以中陰或大陰K線收盤的機率極大。

圖2-9是銀輪股份2022年8月24日的分時走勢圖，早盤開高1.71%後，出現小幅上衝，5分鐘後股價展開跳水走勢，成交量持續放大。

一大早就出現這麼大的跳水波，挫傷投資人的做多熱情，接著又是持續的殺跌波，使其一天的情緒非常消沉。股價幾度觸及跌停價位置，當日一根大陰線如同「斷頭鍘」，切斷5日、10日、30日均線。這種盤面表明主力出貨非常堅決，後市股價看跌，投資人應果斷迴避。

(2) 中盤跳水波：股價經過較大幅度的拉升之後，形成平台整理，當天盤中出現反覆震盪整理，突然股價出現向下暴跌。中盤的跳水波是在

▲ 圖2-9　銀輪股份分時走勢圖

盤頭階段持續瘋狂出貨的重要特徵，預示後市仍繼續大幅下跌，此時以觀望為主，短中線風險巨大。當日以中陰或大陰K線收盤的機率極大。

圖2-10是華潤雙鶴2022年7月15日的分時走勢圖，小幅開高後，股價瞬間回落到前一天的收盤價下方，維持弱勢震盪。午後先來一個誘多動作，轉而出現急速放量跳水走勢，當天以跌停收盤。說明主力出貨堅決，階段性頭部出現，投資人應離場觀望。

(3) 尾盤跳水波：股價在大型平台整理的後期，當天盤中反覆震盪整理後，股價至臨近收盤前1個小時突然向下暴跌，並一舉擊穿重要支撐位。主力在尾盤經由快速跳水波套牢或加大投資人的虧損，從而達到最後出貨的目的。預示後市股價仍將繼續大幅下跌，此時以觀望為主，短中線風險巨大，當日以中陰K線收盤的機率極大。

圖2-11是競業達2022年11月15日的分時走勢圖，該股開低後穩

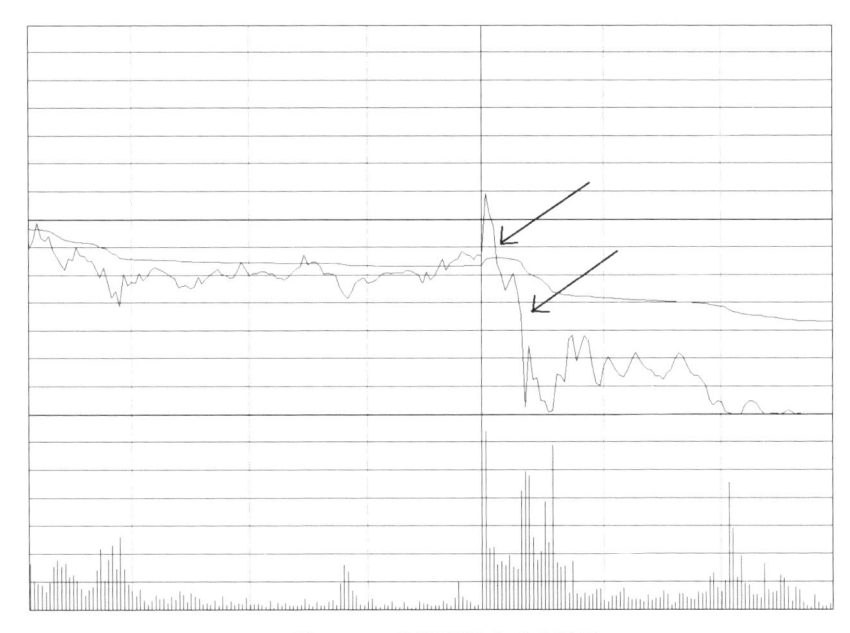

第 2 章 從分時圖看懂波段上漲變化，抓到最佳買點！

▲ 圖 2-10 華潤雙鶴分時走勢圖

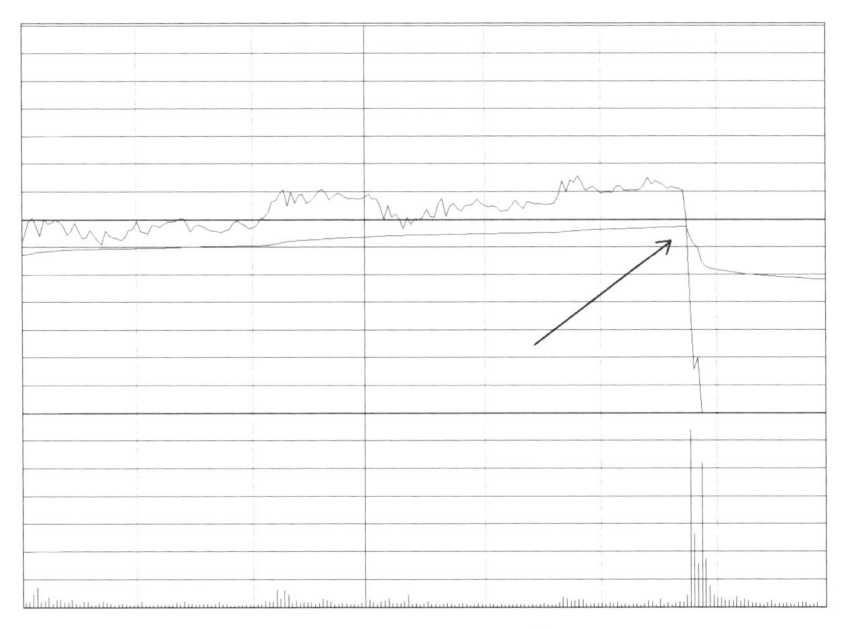

▲ 圖 2-11 競業達分時走勢圖

57

步向上盤高，盤面走勢穩健並無異常現象，很難想像到尾盤出現大的波動。股價從上漲1.51%位置瞬間被打壓到跌停板位置，且無任何反彈動作。結合日K線分析，表明股價已經見頂，主力出貨意圖暴露，投資人應及時退出。

5. 對股價趨勢的影響

(1) 如果尾盤跳水波出現在股價拉升階段末期，是主力在盤中階段性瘋狂出貨的表現。

(2) 如果尾盤跳水波出現在大漲之後的橫盤整理階段，是主力在盤中反覆震盪出貨的表現。

(3) 如果尾盤跳水波出現在股價破位下跌階段初期，是主力在盤中最後瘋狂出貨的表現。

6. 跳水波與殺跌波的區別

(1) 波形結構：殺跌波基本上以震盪盤跌型態出現，波形較短、時間較長，且有衝擊波的尖角狀特徵。跳水波以垂直跳水式型態出現，波形較長、角度較陡、時間較短，沒有尖角狀突起。

(2) 坡度特徵：殺跌波的坡度較為平緩，基本上呈45度或60度斜角下跌。跳水波的坡度十分陡峭，大多呈80度或接近直角的方式下跌。

(3) 波段結構：殺跌波基本上會保持3~5個波段下跌結構；跳水波一般在3個波段以內，經常以2個大波段型態出現。

(4) 量峰結構：殺跌波的量峰值較大，有明顯的多波浪結構。跳水波的量峰值相對較大，但以單一浪峰型態居多。

五、回頭波

回頭波是主力為扼殺投資人追漲行為,而做出的一種比較常見的波形型態。當日股價在盤中拉升過程中遭遇打壓,而出現回落下跌的波動特徵,這是主力經由五檔賣盤掛大賣單,或特大賣單阻止股價上漲而打壓的盤面行為,回頭波是股價見頂或階段性洗盤的訊號。

主力洗盤手法通常為早盤放量衝高後,掛大賣單或特大賣單在委賣價打壓股價,致使股價在衝高後回落形成回頭波。其為股價進入洗盤整理狀況的重要技術訊號,也是股價即將出現下跌走勢的重要徵兆,實戰操作中具有極其重要的意義。

1. 回頭波的成因

股價向上運行一段時間後,會產生一定幅度的利潤空間,主力通常會進行洗盤,以調節過高或過低的技術指標。同時由於跟風投資人過多,造成後續拉升時遇到較大阻力。為保證操盤計畫的順利實施,主力往往在當天早盤衝高之後,在盤中掛出大單打壓價格,從而使其掉頭向下,形成回頭波走勢。

這種波形的出現,預示階段性整理趨勢已經展開。回頭波是進入洗盤整理狀態的重要技術訊號,也是股價即將展開盤跌走勢的重要徵兆,因此具有重大的實戰操盤價值,具備兩大明顯的技術特徵:

(1) 波形屬於先拉後放結構,即股價先攻擊衝高,然後慢慢回檔並擊穿均價線。

(2) 波形攻擊衝高時有成交量的配合,回檔下跌時成交量明顯縮小。

2. 主力操盤行為

(1) 股價處於階段性底部位置時,如果出現回頭波走勢,說明主力已

經進入建倉階段，是直接向上攻擊性試盤的重要表現。

(2) 股價在突破重要壓力位後，如果盤中出現回頭波，說明主力打壓誘空，利用回頭波洗盤。但有時候上方確實遇到真正的壓力，主力不得不向下走回頭波，這種情況下產生的回頭波就要講究操盤藝術了。很顯然，如果這時的回頭波下跌速度太快，必然會引起盤中其他籌碼的鬆動，一旦主力對盤面把控不好，容易加劇下跌走勢，演變為殺跌波或跳水波，所以溫和的回頭波下跌更能達到主力意圖。

(3) 股價出現一輪較大升幅後，如果盤中出現回頭波，說明個股回落整理，主力向上做假性攻擊誘多，階段性頭部出現，股價還會再次下跌。

(4) 股價在拉升階段中期，盤中出現回頭波，觀察盤中放量情況。縮量打壓表示主力控盤態勢穩定，整理幅度不會太深；放量則說明盤中籌碼鬆動，有深幅整理的可能。

(5) 經過一輪大幅拉升後，弱市漲幅約30%、強市80%，盤中出現回頭波，則是股價重要的見頂訊號。縮量表示主力暗中出逃，創新高的可能性消失。

(6) 在股價大漲後，階段性高價區域橫盤整理，盤中出現回頭波，這是主力震盪出貨的特徵，後市大幅下跌無法逆轉。縮量是緩慢出貨，放量是大規模出貨。

(7) 回頭波一般出現在早盤開盤後30分鐘內，拉高是回頭波過程的第一部分，還需要打壓的過程，盤中須有足夠的時間才能完成。因此早盤開盤後就放量拉升，然後打壓回落，是主力操盤最好的時間段。

圖2-12是誠邁科技2022年10月31日的分時走勢圖，兩波拉高後都出現回頭波，但第二波拉高後回頭波幅度較深，時間更長，影響了第三波拉高幅度，導致沒能創出新高。結合日K線分析，這裡的回頭波有主力出貨嫌疑，應以賣出為主。

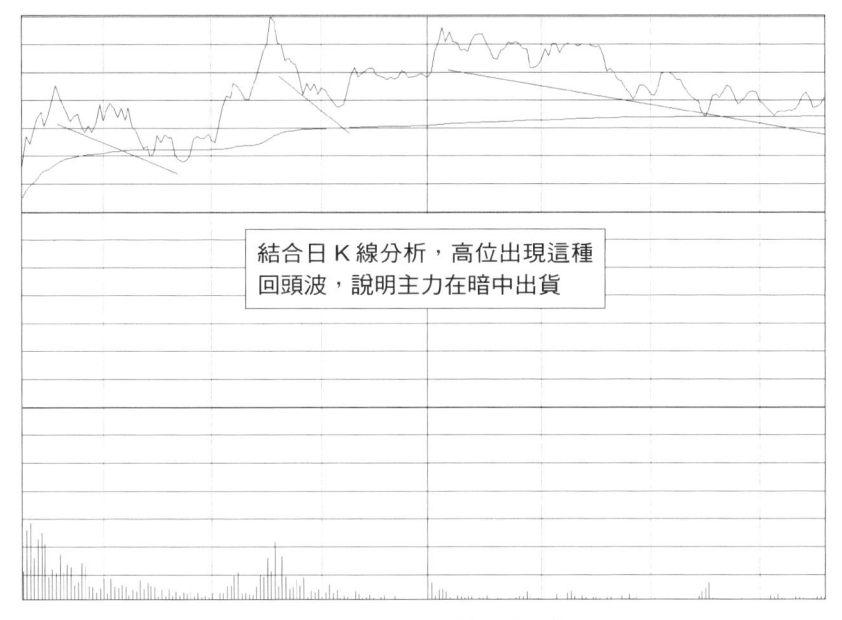

第 2 章　從分時圖看懂波段上漲變化，抓到最佳買點！

[圖表：分時走勢圖，標註「結合日K線分析，高位出現這種回頭波，說明主力在暗中出貨」]

▲ 圖 2-12　誠邁科技分時走勢圖

3. 實戰操作要點

回頭波出現後，對當日股價產生極強的牽引力和促動力，由於回頭波常出現在上漲趨勢和反彈行情，對股價當日的走勢影響較大。

(1)如果股價前期已經持續上漲一定幅度，在高位盤整階段的某個交易日出現回頭波，則是見頂訊號，破位下跌即將來臨，投資人應該及時離場規避風險。看盤時注意回頭波打壓階段成交量變化，如果是放量打壓，股價後期下挫力度越大。

(2) 如果在上漲初始階段出現回頭波，要特別關注回頭波打壓階段的成交量變化，這是看盤的重點。縮量打壓說明主力控盤籌碼穩定，整理幅度的可能性不大；反之，如果放量打壓導致籌碼鬆動，則必須考慮主力是否在較大幅度滾動操作，這時的下跌幅度往往較大要有警覺。

(3) 如果股價連續暴跌，下跌時間超過 3 個月，且當前股價已經處在

歷史低位區域，這時出現回頭波，應特別考慮主力是否刻意製造空頭陷阱，以達到壓低吸籌目的，這時反彈一觸即發。投資人可以用20%的倉位參與，等待上漲趨勢真正形成時再加倉守候。

圖2-13是海創醫藥2022年11月11日的分時走勢圖，從分時看第一波拉升結束後出現的回頭波，回落下滑幅度較大，幾乎回到股價起漲點附近，這就會限制後面股價再次上漲的力度，從而導致尾盤出現向下跳水。從日K線圖看，股價處在相當高位，回頭波為主力出貨行為。

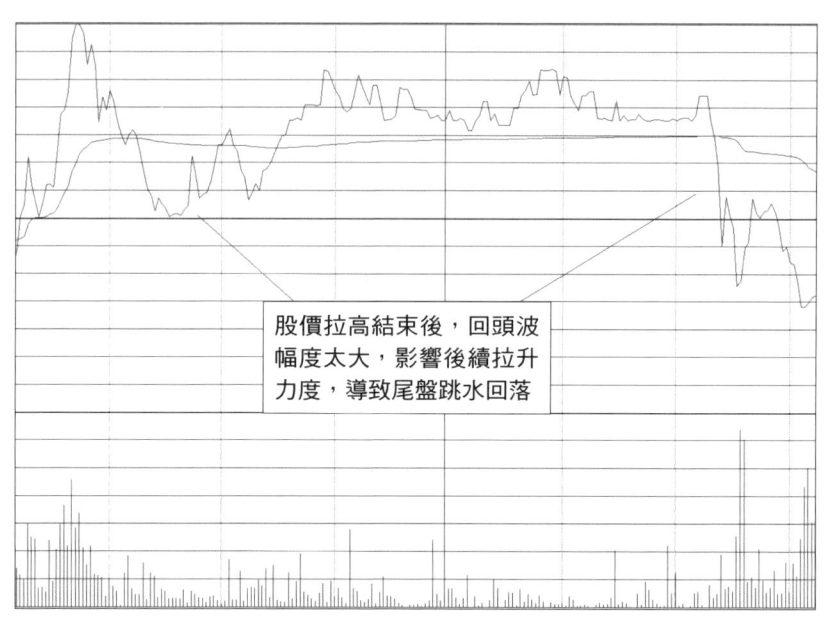

▲ 圖2-13　海創醫藥分時走勢圖

4. 最佳狙擊時機

(1) 短線投資：股價突破重要壓力位的當天，如盤中出現回頭波，則是主力正式啟動行情，股價次日回測時，是較好的狙擊時機。

(2) 中線投資：股價在階段性底部，成交量萎縮至階段性地量結構

時，如盤中出現回頭波，則是主力已經在盤中開始試探性建倉，應選擇重要支撐位附近逢低吸納。

（3）中長線投資：股價經歷大幅下跌，或者股價在階段性大平台橫盤整理達3個月以上，成交量萎縮至階段性地量結構時，如盤中出現回頭波，則是主力已經實施攻擊性試盤，應及時介入建倉。

六、震倉波

震倉波是指當日股價在盤中震盪盤升過程中，突然出現向下打壓的波動特徵。其與回頭波不同的是，震倉波雖然也是一種洗盤手段，但震倉波出現後不會導致股價進入階段性整理，反而仍然按照上漲趨勢持續盤升。

震倉波出現的當天不會出現大跌，而是有漲有跌，反覆震盪整理。震倉波出現之後數日，股價仍會持續盤升。

1. 震倉波的原因

震倉波是主力在盤中，經由對敲手法調控股價操盤節奏的表現。一般情況下，震倉波是主力在盤中騙線洗盤，並調節短期技術指標的行為。股價在盤中快速運行時，主力為了調節短線分時技術指標及趕走跟風盤的需要，就會採用盤中震倉的操盤手法。

反映在分時圖中，當天股價會突然莫名開低走低，股價無量下跌，導致跟風者因恐懼股價下跌，而在盤中賣出籌碼進行停損。

主力在早盤和中盤震倉完畢後，通常會在收盤前逐步拉升股價，使其再次恢復上升型態。有時主力會在早盤、中盤、午盤或尾盤採用突然震倉的操盤手法，盤面出現大單打壓而下跌不放量的現象，這些都是主力震倉的重要特徵。

震倉波出現時，當天成交量基本為萎縮狀態，量比值在1倍以內，股價基本震倉幅度在5%以內，高低空間振幅在10%以內。

圖2-14是雙成藥業2022年10月10日的分時走勢圖，小幅開低後不久股價衝高翻紅，但很快又回落跌破均價線，之後呈現橫向震盪運行，重點略微上移，說明主力在震盪洗盤。為什麼這樣說呢？一是如果真正下跌，在股價擊穿均價線後往往會繼續走弱，加之尾盤又出現回升，K線收十字星線，全天跌幅不大，主力出貨的可能性不大；二是從日K線位置看，股價處於底部區域，為主力震倉所為。

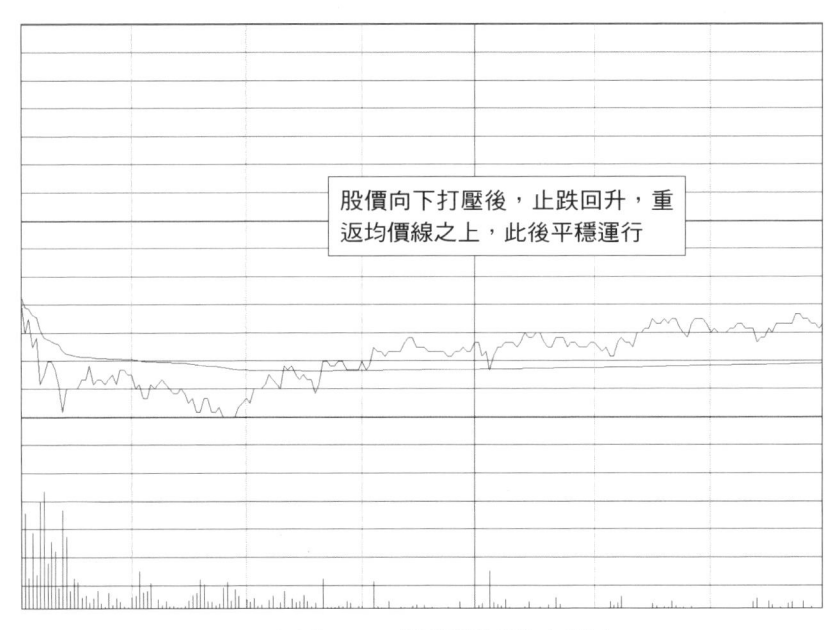

股價向下打壓後，止跌回升，重返均價線之上，此後平穩運行

▲ 圖2-14 雙成藥業分時走勢圖

2. 量價結構與表現形式

主力採用震倉操盤手法時，個股通常有以下6種表現形式：

(1) 早盤開高走高，漲幅在5%以內，然後在盤面突然莫名下跌，並

擊穿均價線，股價在今日開盤價、昨日收盤價處短暫止跌後，縮量回升至均價線附近，然後再縮量盤跌。尾盤時股價突然放量攻擊，並拉升至當日開盤價之上收盤。

（2）早盤開高走低，跌幅在5%以內，量比值在1倍以內，股價在下跌過程中反覆形成數個低點，並在早盤、中盤圍繞均價線展開震盪走勢，午盤後股價逐漸回升，成交量溫和放大，並收盤於當日次高價位。

（3）早盤開平走高，略升1%~2%，然後快速下跌擊穿前一天的收盤價，在中盤反覆創出當日新低後，股價逐漸回升至均價線之上。午盤後，股價回升至前一天收盤之上，午盤至尾盤間再度反覆震盪，至收盤時以次高價收盤。

（4）早盤開平走低，跌幅在5%以內，並創出當日新低後，明顯在低位有放量接盤現象。此時，股價逐漸回升至均價線之上，並在中盤即將結束時，股價快速拉升創出當日新高，午盤至尾盤維持高位震盪態勢直至收盤。

（5）早盤開低走低，跌幅在5%以內，在早盤尾段創出當日新低後，全天圍繞均價線展開震盪走勢，尾盤30分鐘股價突然放量拉升創出當日新高，直到以最高價收盤。

（6）早盤開低走高，開低3%~5%，拉高時不突破前一天的收盤價，股價反覆圍繞均價線展開震盪走勢。午盤後股價逐步止跌放量攻擊，並收盤於當日次高價位。

3. 量峰型態分析

（1）早盤震倉波：五檔賣盤委託佇列位置會出現多筆大單掛出，盤中會出現單筆大單或多筆大單間歇性成交，量峰結構不明顯。

（2）盤中震倉波：五檔賣盤委託佇列位置會出現多筆大單掛出，在向下打壓過程中，五檔買盤位置容易出現阻截式大買單，盤中會出現多

筆大單間歇性成交。量峰呈縱向放大結構，缺乏橫向延伸性，結構較單薄。

(3)尾盤震倉波：五檔賣盤委託佇列位置會出現多筆大單掛出，盤中偶爾出現多筆大單或特大單間歇性成交，量峰結構不明顯。

4. 主力操盤行為分析

震倉波出現時，其所表達的盤面語言反映了主力操盤行為的各種意圖，可以從以下幾個方面來進行分析。

(1)在拉升階段初、中期，盤中出現震倉波形，應觀察股價在盤中震倉打壓時的放量情況。若縮量打壓，則表明主力控盤態勢穩定，整理幅度不會太大；若放量打壓，則表示主力有階段性滾動操作嫌疑，盤中籌碼鬆動，股價下挫力度較大，次日還會產生整理行情。

(2)當股價有一輪較大幅度的拉升之後，弱市漲幅30%以上，強市80%以上，盤中出現震倉波，則是見頂訊號。關注盤中震倉打壓時的放量訊號，若縮量打壓，則表明主力盤中出貨量不大，整理幅度不會太深，後市股價還有高點可期；若放量打壓，則表示主力在大規模出貨以套牢跟風盤，股價下挫力度較大，再創新高能力已經完全消失。

(3)在大漲之後的階段性高價區盤整末期，盤中出現震倉波，這是主力震盪出貨的重要訊號。可觀察在回頭打壓時的放量情況，若縮量打壓，則表明主力緩緩出貨；若放量打壓，則表示主力大規模出貨，股價下挫力度較大，後市下跌趨勢將無法逆轉。

圖2-15是以嶺藥業2022年10月20日的分時走勢圖，開盤後出現拉高走勢，但股價在回頭波中向下擊穿均價線，在隨後長時間的震盪過程中始終沒有返回到均價線上方，也沒有明顯的下跌，表明主力震倉洗盤的機率較大。午後股價放量拉起，說明上午洗盤換手非常成功，而且日線處於低位，可以密切關注。

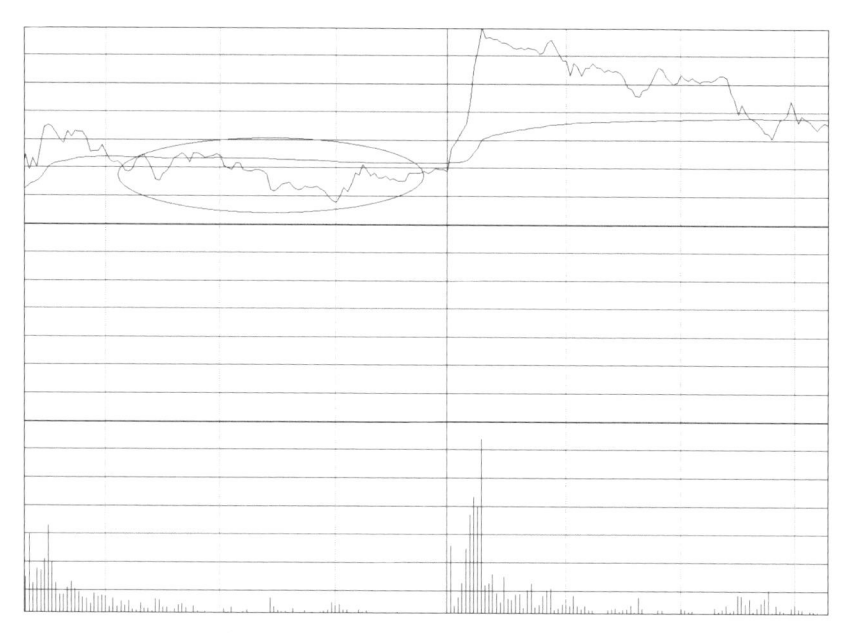

▲ 圖 2-15　以嶺藥業分時走勢圖

5. 對當日股價走勢的影響

震倉波對當日股價也會產生較強的牽引力和促動力。由於震倉波常出現在上漲趨勢行情之中，通常對股價當日的走勢產生較大的影響。

(1) 早盤開高或開低出現震倉波：當日股價以帶長下影線中陽或小陽K線收盤的機率較大。

(2) 盤中出現震倉波：當日股價以略帶上下影線的中陽或小陽K線收盤的機率較大。

(3) 尾盤出現震倉波：當日股價以略帶上影線的中陰或小陰K線收盤的機率較大。

6. 操盤機會與風險迴避

(1) 操盤機會：當震倉波出現在股價拉升階段的初、中期，應在回檔

到盤中低點時買進。這種波形出現時，短線抄底的機會較大。

(2) 風險迴避：當震倉波形出現在股價拉升階段的末期，表明主力在盤中打壓出貨，股價已經見頂，因此短中線風險極大，宜持幣觀望。

(3) 當震倉波出現在股價盤頭階段的中、後期，表示主力經由反覆震倉瘋狂出貨，後市仍將繼續大幅下跌，應以觀望為主，短中線風險巨大。

七、假升波

假升波是指股價在盤中拉升過程中，持續性地無量拉升所產生的波形。假升波掩蓋主力出貨的真實目的，是股價下跌前的障眼法，投資人必須規避這種常見的波形。其有兩種表現形式：一種是早盤的假升波；一種是中盤的假升波。因其出現在不同的股價位置，所代表的主力的含義也不同。

1. 假升波的成因

假升波也是一種攻擊性波動特性。它與攻擊波不同的是，假升波沒有主力大資金入場，完全是主力經由對敲手法拉抬股價的行為，在拉升時明顯缺乏成交量的有效配合，這也是判斷股價是否假升的重要依據，投資人可多加利用。

假升波在早盤這一時間段較為常見，該走勢一般多發生在股價見頂階段、盤頭階段和下跌初期這3個階段。圖2-16是瀾起科技2022年12月9日的分時走勢圖，股價小幅開高後向下震盪走低，10:04止跌回升，穿過分時均價線後產生衝擊性攻擊波，但股價並沒有持續上漲。原因就是無量上漲，主力誘多，屬於假升波。

午後的一波拉升也是假升波，股價回升到均價線附近受阻回落，根

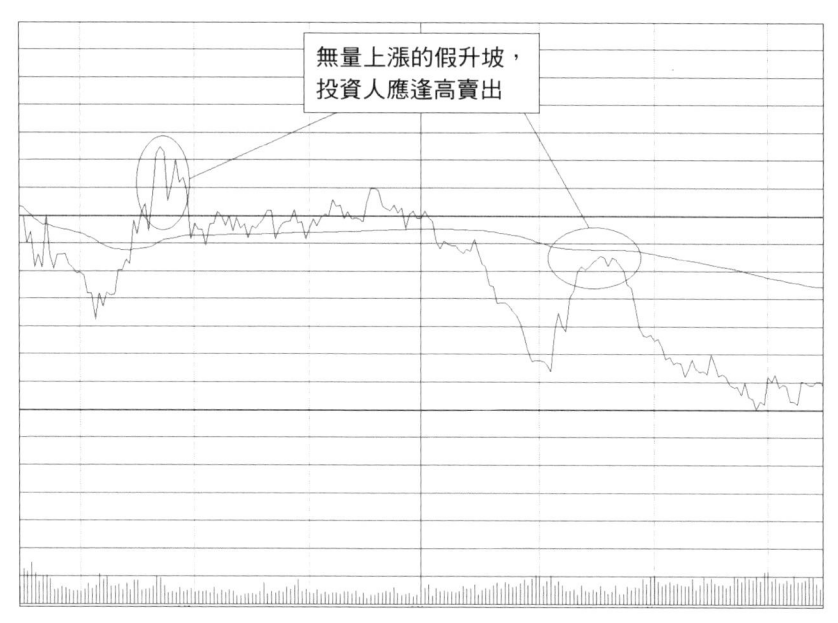

[無量上漲的假升坡，投資人應逢高賣出]

▲ 圖 2-16　瀾起科技分時走勢圖

本原因也是成交量沒有放大。這兩種拉升均沒有主力大資金介入，股價很難持續走強，所以尾盤繼續走弱。

2. 量價結構與表現形式

(1) 波形特徵：波形長度一般比較小，單一波形漲幅不會超過3%。波形陡峭，坡度呈45度或60度斜角，波形比較流暢順滑。波形結構一般在3個波段以內，最常見的是以2個波段為主。

(2) 量價結構：均價線與股價走勢曲線乖離比較大，五檔買賣盤面較少出現大單或特大單委託現象。盤面即時成交量出現單筆大單或多筆大單，量峰值呈橫向放大特徵，縱向高度較小，量能呈現稀疏不緊湊的特點。

3. 量峰型態分析

(1) 早盤假升波：開盤時容易出現單筆大單和特大單成交現象。開盤10分鐘內，五檔買賣盤面出現大單和特大單委託現象。開盤15分鐘後，分時開始減弱。盤面即時成交量出現單筆大單或多筆大單，量峰值呈橫向放大特徵，縱向高度較小，上漲缺乏力度。

圖2-17是時代電氣2022年12月9日的分時走勢圖，開盤不久出現小量拉升，在拉升時盤面並不活躍，缺乏主力關照。10分鐘後量能減弱，股價重心下行，量能稀疏不緊湊，上攻氣勢減弱。

(2) 盤中假升波：股價拉升前沒有出現溫和放量現象，五檔買賣盤面較少出現大單或特大單委託現象，盤面即時成交量會出現單筆大單或多筆大單。量峰值初始呈橫向放大特徵，然後迅速萎縮，縱向高度較小，量能呈現稀疏不緊湊的特點。

圖2-18是青達環保2022年12月9日的分時走勢圖，早盤橫向盤整，分時方向不明朗。盤中出現一波明顯拉升，但沒有溫和放量，股價重回起漲點，且回落時有大單出現，量能稀疏不緊湊，為假升波表現。股價重心不斷下移，尾盤跌幅擴大。

4. 主力操盤行為分析

(1) 早盤假升波：一般發生在股價有過較大波段的拉升之後，當天早盤開盤後股價借勢向上衝高，主力經由對敲手法拉抬股價，當升幅達到3%左右時，見頂回落，盤中持續震盪盤跌。因此，早盤的假升波是股價波段的重要特徵。主力在盤中經由假升波之後，利用投資人對股價未來的良好預期，而達到階段性減倉的目的。

(2) 盤中假升波：一般發生在股價經過一輪較大幅度拉升之後的平台整理期。當天盤中反覆震盪整理後，股價突然出現向上暴漲式拉升。主力經由對敲拉抬股價，當升幅達到3%~8%時見頂回落，盤中持續震

第 2 章　從分時圖看懂波段上漲變化，抓到最佳買點！

早盤假升波

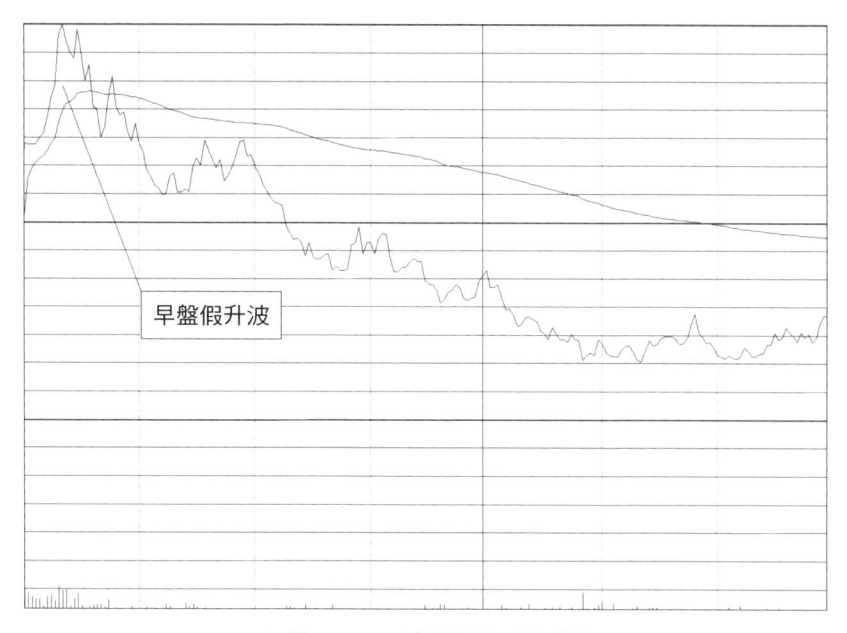

▲ 圖 2-17　時代電氣分時走勢圖

盤中假升波

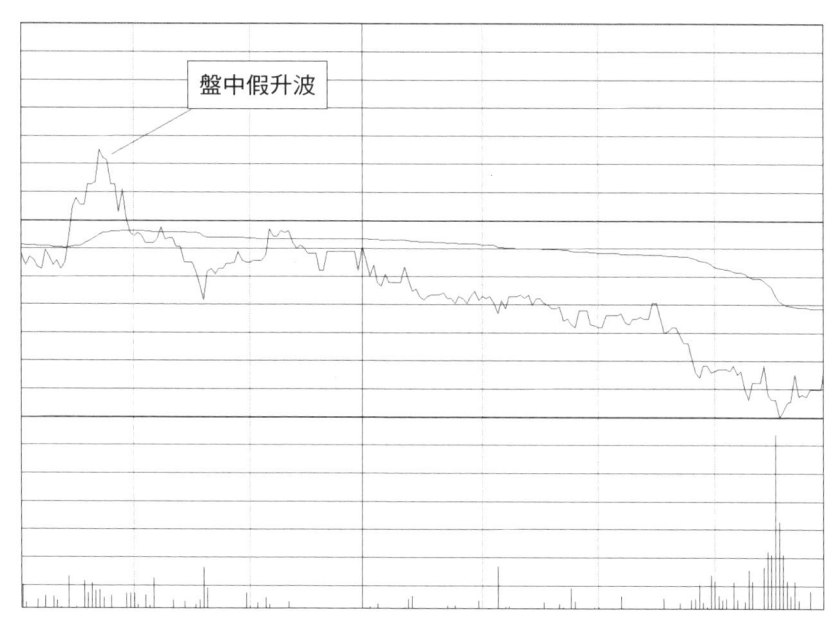

▲ 圖 2-18　青達環保分時走勢圖

71

盪盤跌,股價再度恢復正常狀態。因此,盤中的假升波是股價盤頭出貨的重要特徵。主力在盤中經由假升波之後,利用投資人對股價未來良好的預期心理,在盤中追漲而達到階段性出貨的目的。

5. 對當日股價走勢的影響

假升波出現後,對股價會產生一定的牽引力和促動力。由於假升波出現的趨勢階段非常特殊,當日盤中對股價的影響較小,但對股價後期趨勢的影響力較大。

(1) 早盤假升波出現時,當日股價震盪盤跌,以中陰或小陰K線收盤的機率極大。

(2) 盤中假升波出現時,當日股價震盪盤升,以中陽或小陽K線收盤的機率極大。

(3) 橫盤窄幅整理時出現假升波,當日股價上下震盪,以小陽或小陰K線收盤的機率極大。

6. 操盤機會與風險迴避

(1) 當假升波出現在拉升階段的末期時,表示主力誘多出貨,股價出現見頂訊號。因此短中線風險極大,宜持幣觀望。

(2) 當假升波出現在盤頭階段的中、後期時,表示主力經由假升波拉升出貨,後市仍將繼續大幅下跌,以觀望為主,短中線風險巨大。

(3) 當假升波出現在下跌階段初、中期時,表示主力經由技術性反彈假升出貨,後市仍將繼續大幅下跌,以觀望為主,短中線風險巨大。

八、脈衝波

脈衝波(也稱為井噴波)是指股價在一個平靜的區間運行一段時間

後，突然出現急促的放量拉升走勢，股價接近90度拉漲停，這是主力試盤或突破拉升的重要訊號。脈衝波漲停有橫盤形脈衝和缺口形脈衝兩大型態：

1. 橫盤形脈衝

橫盤形脈衝波走勢是指，股價在一個相對的低位進行橫盤整理，成交量很小、振幅也很小，分時走勢顯得非常沉悶，主力就像睡著了一樣，除非大盤有大幅波動，股價才跟著反應，否則仍舊是有氣無力的稀疏交易。

其實這是主力想在拉升前放手讓市場自由成交，以最後檢驗市場的賣壓到底有多大。經過1~3個小時的「檢驗」後，當主力確認市場浮籌很少時，便會突然進行「脈衝」式拉升，目的是不想讓其他人在這個低位吃到低價籌碼，以迅速脫離主力成本區。

分時盤面語言中的脈衝漲停分為兩種：一波式橫盤脈衝漲停和兩波（或多波）式橫盤脈衝漲停。

(1) 一波式橫盤脈衝漲停：是指股價經過一段時間的橫盤後，突然直接衝向漲停板，中間沒有任何停頓，其成交量隨著股價的飛升而放大，到達漲停板以後再逐漸縮小，與兩波式脈衝的成交量分佈差不多。

一波式橫盤脈衝漲停的成交量多為自然成交，但這種成交並不完全是主力的對倒盤，其中有一部分是市場的自然掛單。一部分想碰運氣的套牢者或獲利者，往往會事先在高位掛好單子，但其掛單不是太高，通常比橫盤價位高出2%~3%，掛太高怕賣不出去。

當脈衝吃掉這些隱蔽性掛單後，股價早已衝向漲停。隱蔽性掛單是指賣單高掛於5個價位以上，委買欄上不能顯示的掛單。在股價封住了漲停板後，其他籌碼一般不會在漲停板處賣盤，這時成交開始大幅縮量。

圖2-19是莊園牧場2022年12月9日的分時走勢圖，這是典型的一波式橫盤脈衝形漲停。該股在長達2個多小時的橫盤中，基本上處於一種散戶的自然交易狀態，成交量在總體縮量的框架下，出現時大時小的不規則交易。分時走勢中，有時候為鋸齒形、有時候為尖角短波形。午後主力突然用了一個大型圓角脈衝波（即圓角長波的延長波），然後就是一波式脈衝漲停，股價在幾秒鐘之內拉上漲停板。

這種近乎90度的脈衝波，往往是一波式漲停板的主流波形，主力用大買單一直往上拉，除了自己的對倒籌碼之外，上方任何市場的掛單都被盡收囊中，不給跟風盤任何從容買進的機會。

(2) 兩波式橫盤脈衝漲停：是指股價經過一段時間的橫盤後，開始以脈衝形式向上衝擊，中間略有停頓，形成一個N形的快速下探後，又以脈衝形式直奔漲停板。有時候會形成一個N形下探後再次上漲，產生

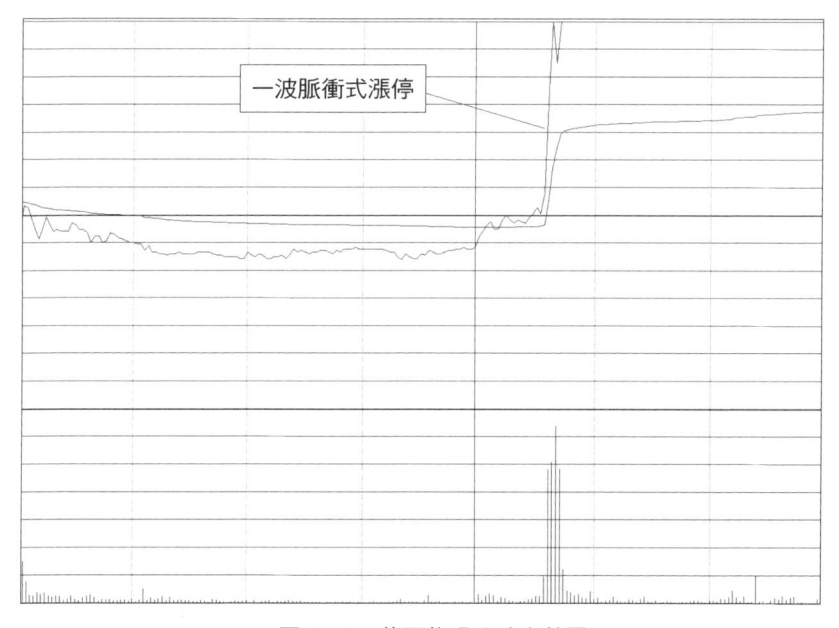

▲ 圖2-19 莊園牧場分時走勢圖

兩波以上的脈衝走勢。

在大單掛單方面，當第一波脈衝形成短暫停頓時，會看到攔截式大單懸在半空，但會很快被洶湧的買盤迅速吃掉，之後基本上看不到大單的掛出，但成交量仍然很大，這是主力所為。所以脈衝型漲停的買點一定要「高攀」，難以低買。

圖 2-20 是漢王科技 2022 年 12 月 9 日的分時走勢圖，這是兩波式脈衝漲停走勢的典型。開盤後一直在盤下小幅橫盤震盪，14:00 左右股價突然被連續的大單拉起，然後略有回盪形成 N 形後，又一波脈衝直奔漲停板。

在成交量方面，可以清楚看到橫盤期間和脈衝期間的兩極分化：橫盤時的成交量極其微小，在拉升前成交張數多為個位數，幾乎沒有大單出現，成交密度每分鐘只有 4~5 筆。在脈衝發生時，其成交量就發生了

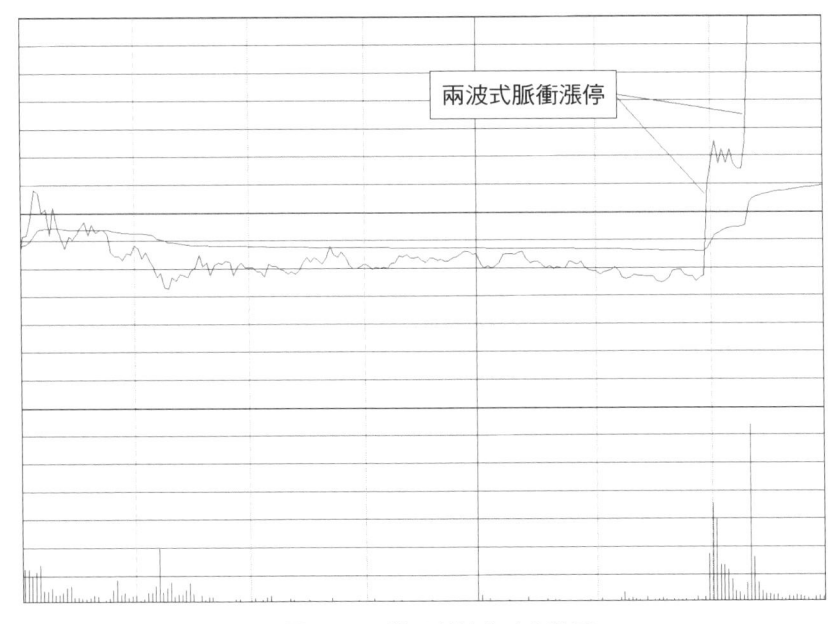

▲ 圖 2-20　漢王科技分時走勢圖

天壤之別，其中瞬間的成交張數大的在四位數、三位數，小的也多在50張以上，成交密度高達每分鐘10~13筆。

令人驚訝的是該股在脈衝漲停之後，成交量快速萎縮。為什麼會這樣呢？這是主力為了穩定市場的賣盤衝動，在漲停板上動用巨額買盤把漲停板牢牢封住。對於一支流通盤只有2.07億的小型股來說，這麼大的巨額封單足以震懾市場，幾乎所有的持股者都不會產生賣出的衝動。

這就是脈衝形漲停的特色之一，它用閃電般的拉升和鋼鐵般的封單告知市場：主力實力極為雄厚，後市將繼續上漲。這是一種最明確的盤面語言，是主力做盤的強悍手法。

對於這種脈衝形漲停走勢，其買點有兩個：一個是在橫盤震盪時起跳的一瞬間買入；另一個是在脈衝波回落的一瞬間買入，也就是在N形中買入。

有時這種脈衝波不只兩個，可能出現兩個以上，屬於多波式脈衝。不管在上攻中有幾波脈衝，其基本盤面含義是相同的，但是其「確認」漲停的難度也加大了。這裡有一個最低標準：第二波的脈衝回盪的低點不能低於第一波脈衝的高點，第三波脈衝不能低於第二波脈衝的高點。否則此脈衝就是無效的，後面很可能演化成衝高回落的走勢。

2. 缺口形脈衝

缺口形脈衝漲停板走勢，是指該股開盤有一個向上的跳空缺口，股價不進行回補（或沒有完全回補）就直接發動脈衝直奔漲停板。這種缺口形脈衝往往從開盤到漲停只用很短的時間就完成，中間少有停頓，成交量巨大。

缺口形脈衝走勢也分為兩種：一種是一波式漲停；另一種是兩波式漲停（有時為兩波以上但性質相同），其買入點也是一波式漲停。

3. 脈衝波特別提醒

(1) 對於沒有大單的脈衝一定要慎重，這很可能是散戶衝動而出現的搶盤行為。由於大盤強勢、散戶衝動出現了搶盤，這個是假脈衝不宜入場，第二天大盤一旦震盪，這些假脈衝就會原形畢露。

(2) 對於脈衝形漲停走勢來說，有時候其與階梯形走勢相似，區別在於階梯形在橫盤時有較高的成交量，這是在主力誘導下的高位換手造成的。而脈衝形漲停的橫盤往往是無量的，是市場的自然成交，主力一旦拉起，股價便會一氣呵成，少有停頓，以快速擺脫主力成本區。

因為在脈衝以前主力是不露面的，是市場自然的換手，所以形成非常慘澹的成交。當然，主力並非完全放任市場大幅波動不管，當股價跌到橫盤下方時，主力就用少量單子托起；當股價衝到橫盤上方時，就用小單下壓。散戶一般看不出來這些細節，看盤的高明之處就在於此。

(3) 要想抓到脈衝形漲停，必須有一種敢於追漲的勇氣和技巧。操作這一類型的股票不要計較當天的獲利，意在第二天的溢價。一般情況下下，脈衝型漲停之後，大多有不錯的溢價空間。

2-3 看懂5組特殊的分時型態，不錯過任何一個買入訊號

一、凹形與凸形

1. 凹形漲停

凹形漲停是指股價在快速封住漲停以後，盤中被打開一段時間又重新封漲停板（以下簡稱封板）的走勢，其分時圖如同一個「凹」字，故稱凹形漲停，簡化其過程就是「漲停—打開—再封漲停」。

為什麼會出現這樣的走勢呢？原因有三：一是部分獲利盤或套牢盤趁漲停時出場；二是主力故意撤掉漲停封單或用自己的籌碼打開漲停，待洗盤任務完成後又重新封上；三是如果出現在漲幅較大的高位，這是主力利用漲停出貨的一種手法。

(1) 建倉性凹形漲停：通常出現在大幅殺跌後，在量能極度萎縮的情況下，由於市場過於超跌導致惜售，主力很難吸籌，只能採用漲停手法建倉。漲停後反覆打開，讓一部分散戶解套交出籌碼，漲停後短期很少出現持續上漲，因為主力後面可能要整理或試盤，最後才是快速拉升。

圖2-21是新華製藥經過充分整理後股價漸漸見底止跌，2022年11月8日放量拉升，三波式拉漲停，然後「開閘放水」洗盤，很快又重新

第 2 章　從分時圖看懂波段上漲變化，抓到最佳買點！

封單至收盤。封盤後成交量快速萎縮，籌碼立即鎖定，形成凹形漲停。

　　這種盤面現象只要股價不是處在高位，後市一般還能創出新高，具有中短線投資價值。只要股價不破漲停的起漲點，就可以一路持有到主力出貨為止。之後，股價回落到這根漲停大陽線的中部位置附近，獲得有力的支撐後，展開主升段行情。

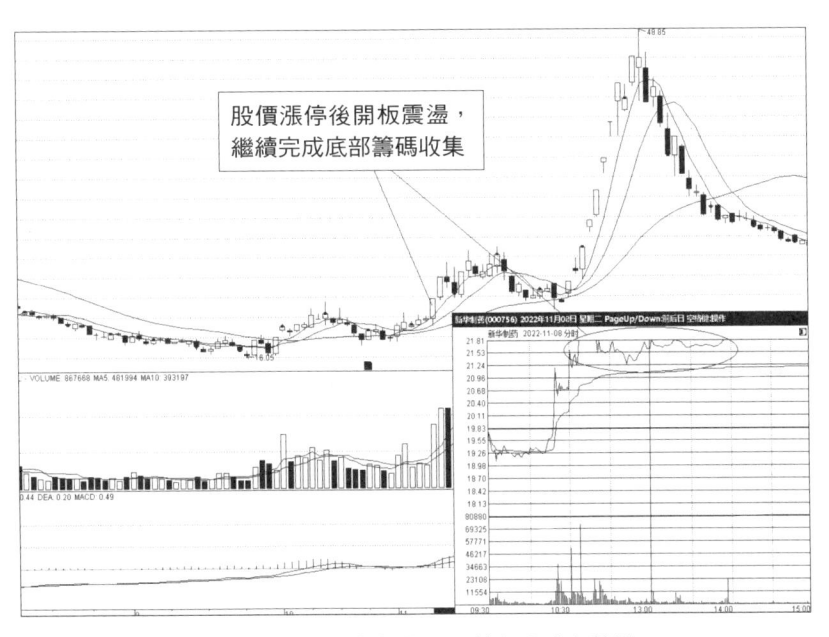

▲ 圖 2-21　新華製藥日 K 線和分時走勢圖

　　很多時候，凹形漲停在分時走勢圖上，由於受突發性利多或主力急於拉高影響，形成一個向上跳空缺口，這是因為主力急於搶籌上攻所致。但往往由於攻得太急，反而導致空頭逢高減碼的欲望，所以漲停會被打開。當空頭籌碼賣盤已盡，多頭重新向漲停攻擊時，就是最後的買點。要注意的是，重新封上漲停後是放量還是縮量，是區分主力出貨還是洗盤的重要標誌。

79

(2) 洗盤性凹形漲停：大多出現在上漲初期，股價漲幅並不大，盤中一旦打開漲停，一般很快會重新封上漲停。即使當天沒有封盤，通常也會在3天內創出反彈新高，給漲停位置買入的散戶解套，以達到洗盤目的。在分時圖中漲停打開的成交量，不能超過封漲停的成交量，即漲停量大、打開量小，這一點很重要。

圖2-22是湘財股份經過充分的震盪整理後，2023年1月13日放量漲停，股價突破前方小高點，說明主力開啟新的上漲攻勢。在分時走勢中，股價封漲停5分鐘後開板洗盤，股價回落到當日均價線附近止跌，尾盤再次封漲停，封盤後立即縮量，形成凹字漲停圖形。結合日K線圖形分析，股價位置不高，均線系統多頭發散，屬於洗盤性凹形漲停，可在當日或次日逢低介入。

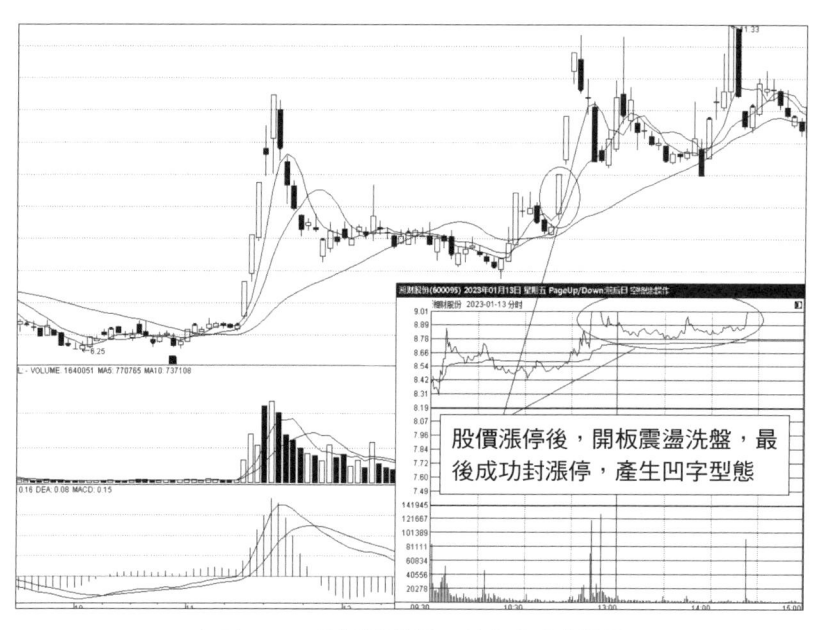

▲ 圖2-22　湘財股份日K線和分時走勢圖

第2章　從分時圖看懂波段上漲變化，抓到最佳買點！

(3) 出貨性凹形漲停：股價經過大幅上漲或快速拉升後，在高位繼續拉出漲停。但獲利籌碼兌現加大，盤中被迫打開封盤，雖然尾盤重新封漲停，形成凹字漲停型態，但主力出貨意圖已初露端倪，因此這種漲停屬於出貨性凹形漲停。

圖2-23是鴻博股份該股放措突破後形成主升段行情，股價短線累計漲幅巨大，主力獲利非常豐厚，在高位震盪中不斷地悄悄賣出籌碼。

2023年2月22日開盤後強勢拉高，成功封於漲停，封板後一直比較穩定，沒有異常現象。可是尾盤突然開板，瞬間大量賣盤湧出，說明主力快速出貨。但主力為了穩定市場情緒，保持完整的K線圖形，尾盤還是勉強封於漲停。其實這只是主力的誘多手法而已。次日股價衝高回落走低，收出一根下跌大陰線，隨後股價漸漸走弱。

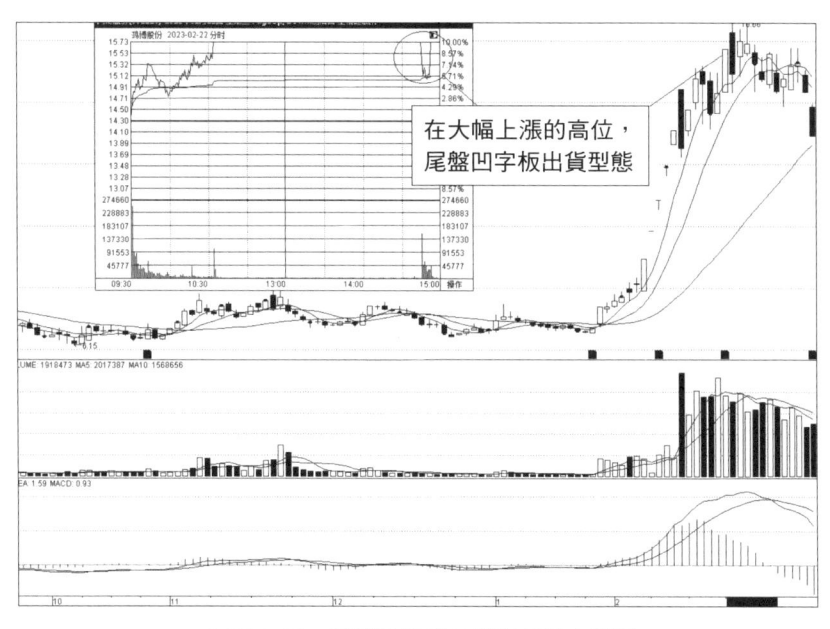

▲ 圖2-23　鴻博股份日K線和分時走勢圖

2. 凸形漲停

凸形漲停是指股價開盤後向上拉至漲停，並封盤一段時間，然後封盤被打開，直至收盤沒有重新封上漲停的走勢，其分時圖如同一個「凸」字，故稱凸形漲停，簡化其過程就是「拉升—漲停—開板不回封」。

為什麼會出現這樣的走勢呢？也有3個原因：一是部分獲利盤或套牢盤趁漲停時出場；二是主力故意打開漲停進行建倉或洗盤；三是如果出現在漲幅較大的高位，大多為出貨性漲停。

(1) 建倉性凸形漲停：在長期下跌的底部區域，主力為了加快建倉進度，常採用凸形漲停方式建倉，讓部分膽小的散戶獲利或解套離場。因為如果漲停後一直封盤不動，散戶一般不會選擇離場。所以只有打開漲停形成盤面震盪，散戶才能被震盪出去，主力才能拿到低價籌碼，因此漲停打開後不封盤，形成凸字漲停型態。

圖2-24是西安旅遊股價整理結束後止跌回升，2022年11月29日開低後穩步走高，午後幾度衝擊漲停，均遭到巨大的賣單而沒有成功漲停，尾盤股價選擇回落，形成凸形漲停走勢。在K線上形成一根帶上影線的K線，短線散戶看到漲停沒有封住，擔心股價漲不起來，一般會選擇離場，這樣主力便如願吸納低價籌碼。

(2) 試盤性凸形漲停：在主力完成建倉的試盤過程中，也常出現凸形漲停走勢，目的是測試市場跟風和賣壓情況，以決定是否拉升。

圖2-25是金龍羽在股價長時間的整理過程中，主力順利完成建倉計畫，股價開始向上緩緩走高。2023年2月2日，午盤放量向上試盤，以測試前期高點的壓力和市場跟風情況。但封盤時間不到8分鐘，開板回落保持橫向震盪，直到收盤也未能重新封於漲停，形成凸形漲停走勢。當日出現一根帶上影線的陽線，此後經過兩個交易日蓄勢整理，股價展開拉升行情。

(3) 洗盤性凸形漲停：股價漲停後打開封盤是一種洗盤效果較好的

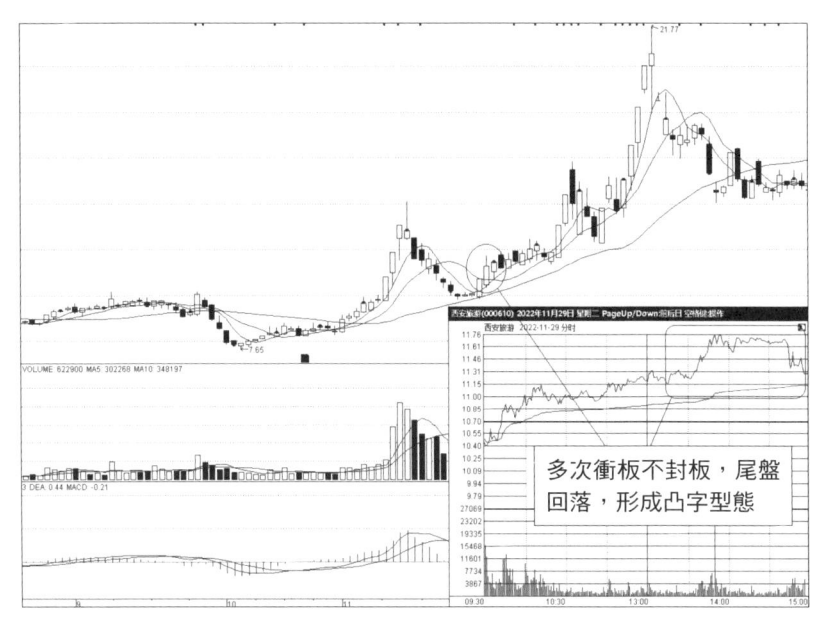

第 2 章 從分時圖看懂波段上漲變化，抓到最佳買點！

多次衝板不封板，尾盤回落，形成凸字型態

▲ 圖 2-24 西安旅遊日 K 線和分時走勢圖

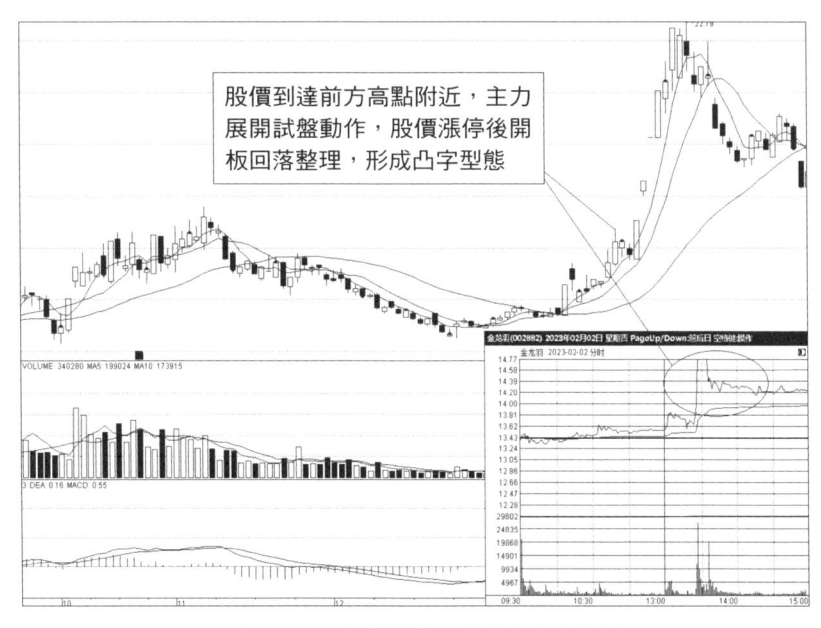

股價到達前方高點附近，主力展開試盤動作，股價漲停後開板回落整理，形成凸字型態

▲ 圖 2-25 金龍羽日 K 線和分時走勢圖

83

操盤方式。這種洗盤方式可能充當洗盤開始的訊號，也可能充當洗盤結束的訊號，取決於股價所處的位置和趨勢。

圖2-26的安妮股份股價經過大幅下跌，主力在低位吸納大量的低價籌碼後，底部慢慢向上抬高。2022年12月23日，股價放量走強，漲停後封板1個多小時。午後開板回落震盪，直到收盤也沒有回封，形成凸形漲停走勢。

這裡的凸形漲停走勢，既是對前方高點的試盤，也是主力洗盤走勢，目的都是減輕上方壓力。投資人遇到這種盤面時，若是短線高手可以先行出場，然後待回檔結束後重新介入，做一次差價；若是中長線投資人，大可不必理會短暫的洗盤整理，堅定地與主力共舞到底。

(4) 出貨性凸形漲停：一般而言，凸形漲停走勢屬於失敗的漲停，之所以失敗，主要是由於主力無法控制盤面，被空頭打開漲停，後市如果

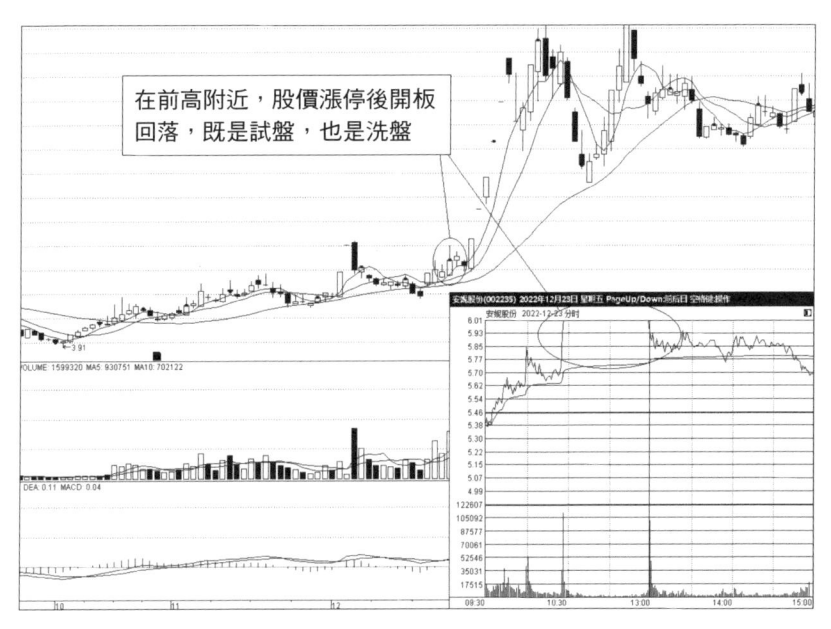

▲ 圖2-26　安妮股份日K線和分時走勢圖

第 2 章　從分時圖看懂波段上漲變化，抓到最佳買點！

大盤不好就會出現滯漲或下跌。因此如果已經持有該股，在確認形成凸形漲停走勢後，原則上應該賣出。特別是股價有較大幅度的上漲後，出現這種盤面走勢時，大多屬於出貨性凸形漲停走勢。

圖2-27是高斯貝爾該股連拉3個漲停後，2023年1月31日開低走高，午後股價漲停，但封盤後很快開板震盪，收盤前沒有回封，形成凸形漲停走勢。在第四板位置出現這種盤面現象，說明主力經由拉漲停吸引人氣，欺騙散戶入場接單，然後打開封盤，將追漲散戶全部套牢。次日股價開低走低。可以確定凸形漲停走勢，就是一個不折不扣的出貨性漲停，投資人應逢高離場。

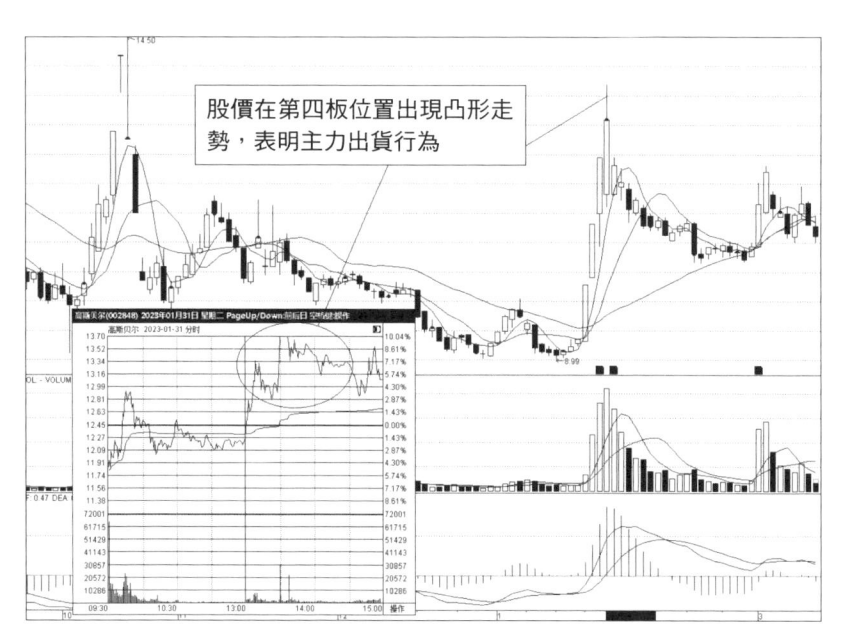

▲ 圖2-27　高斯貝爾日K線和分時走勢圖

3. 凹形與凸形的操作技巧

凹形和凸形的分析方法非常接近，主要應掌握以下技術要點：

(1) 判斷股價位置：在長期下跌後的低位出現凹形漲停，大多為建倉性漲停；在小幅上漲後的上升趨勢中出現的凹形漲停，通常為洗盤性漲停；在大幅上漲後的高位出現的凹形漲停，一般為出貨性漲停；下降趨勢中出現的凹形漲停，也是自救性出貨漲停。

(2) 均線系統向上，最好是剛剛形成多頭排列，或者是第二次多頭發散（洗盤結束）。在均線系統大幅擴散時，小心出貨性凹形漲停。

在上漲趨勢中出現的凹形漲停，其可靠性高；在下跌或震盪趨勢中產生的凹形漲停，其可靠性低。

(3) 成交量放大，但不是異常放大，以漲停前5日均量的3倍以下為宜。

(4) 技術指標看好，MACD、RSI等指標剛剛形成黃金交叉或已經黃金交叉，BOLL指標穿過中軌線。

(5) 漲停當天如果伴有向上跳空缺口，則看漲意義更強，但前提必須屬於突破性缺口或持續性缺口，而不是衰竭性缺口。

(6) 關注成交量變化：重新封住漲停後是放量還是縮量，是區分主力出貨還是洗盤的重要標誌。如果重新封盤後縮量的，大多是建倉性或洗盤性漲停；如果重新封盤後成交量仍然很大，則大多是出貨性漲停。

(7) 觀察次日走勢：次日如果繼續上漲或保持強勢盤面，大多屬於建倉性或洗盤性漲停；次日如果股價下跌或走弱，甚至吃掉漲停幅度的大部分，則大多是出貨性漲停。

(8) 上述現象產生技術共振時，可靠性更大。如果確定屬於建倉性或洗盤性漲停，買入點可以選擇在當日均價線附近；如果確定為出貨性漲停，賣出時機可以放在收盤前幾分鐘。

二、V形與倒V形

股價開盤後先是快速下跌，然後又快速拉起，分時圖上呈現一個V形走勢。這說明開盤後股價遭遇賣壓，但隨即又被買盤托起，顯示多頭力量強大，當日看漲或走強。或者，股價在高位開盤後出現快速拉升，然後出現急轉下跌走勢，這就形成倒V形走勢，說明短線上方賣壓很重主力無法攻克，也表示主力有出貨行為。V形有小V和大V兩種型態。

這裡介紹開高和開低的V形和倒V形出貨走勢，其他型態參考N形走勢，V形和N形意義相同，只是V形比N形少一次回測走勢。股價開高後直接下跌，然後向上回測到開盤價附近，此後股價緩緩走低，形成倒V形出貨型態。同樣地，股價開低後繼續走低，然後快速上衝到缺口附近再次回落，沒能回補缺口，形成一個倒V形出貨走勢。

這兩種情形下，其成交量往往呈現極度萎縮或極度放大的極端之勢，這種開盤全天看跌。在開高走低的盤面中，開盤後直接往下打壓，之後稍有反彈又迅速回頭下行，形成一個V形出貨走勢。

圖2-28是安路科技2022年11月18日的分時走勢圖。股價小幅開高1.30%後，盤中出現快速滑落，然後快速回測形成V形走勢。當股價回升到開盤價附近時遇阻回落，此後股價一路震盪走低，以全天最低點收盤，V形沒有產生預期的上漲行情。原因是成交量沒有進一步放大，在股價回升時沒有站穩於開盤價之上，表明做多意願不強烈，這時應有高度警覺。

在開低型態中，股價開低後馬上反彈，但是反彈的高度未能填補缺口就掉頭向下，形成一個倒V形走勢。

圖2-29是西安旅遊2022年11月18日的分時走勢圖。股價開低2.50%後出現一波快速拉升動作，很快放量反轉下跌，有回補當日向下跳空缺口，股價很快回到原處，成倒V形走勢，說明多力最不強，全天

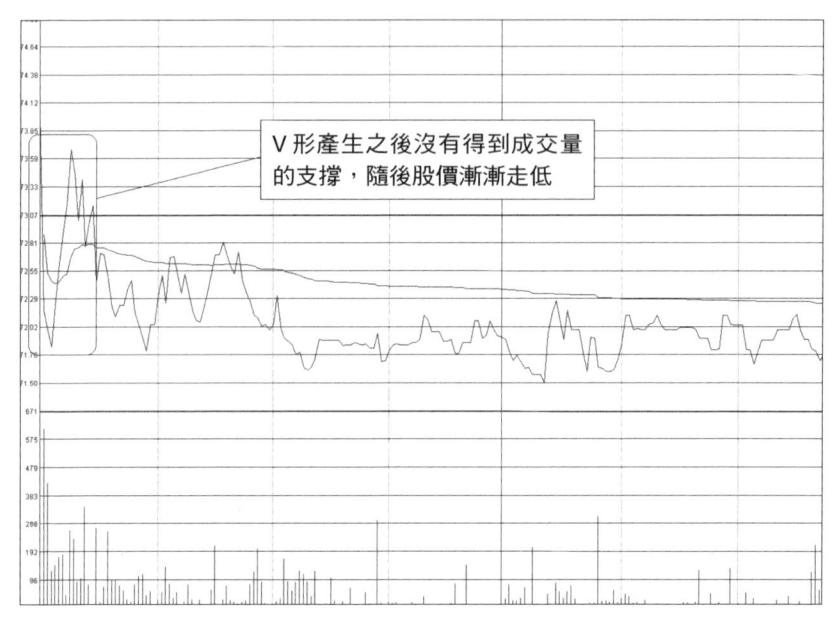

如何運用簡易波浪理論 **抓到漲停板**

▲ 圖 2-28　安路科技分時走勢圖

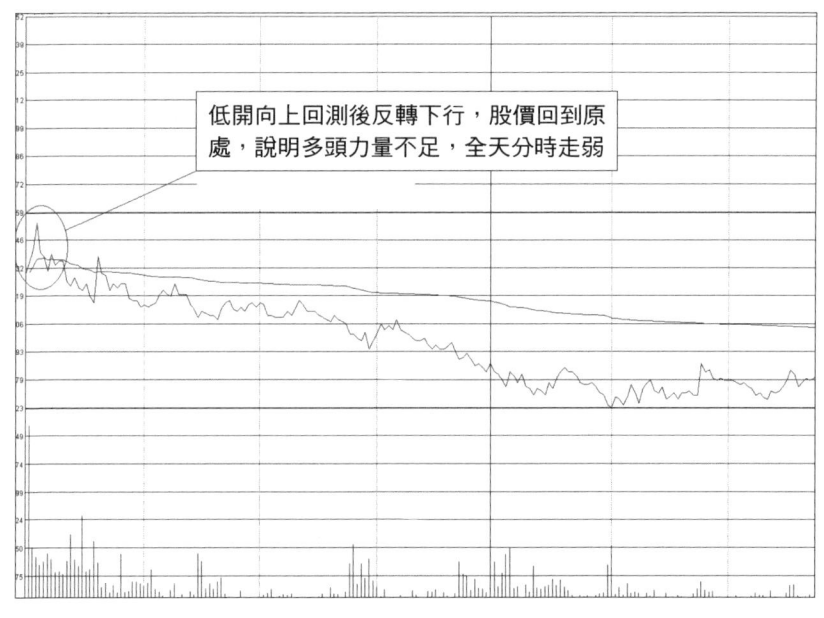

（圖中標註：V形產生之後沒有得到成交量的支撐，隨後股價漸漸走低）

▲ 圖 2-29　西安旅遊分時走勢圖

（圖中標註：低開向上回測後反轉下行，股價回到原處，說明多頭力量不足，全天分時走弱）

股價弱勢走低收盤。很明顯，股價回升時沒有回補缺口的能力，這預示著該股全天走弱。果然，即使盤中有反彈，也沒有超過當天的分時均價線，波形多為尖角短波，最後以全日次低點收盤。

為什麼這兩種盤面往往會出現成交量的兩極分化呢？這是由以下兩個原因造成的：

(1) 散戶出逃，主力放棄護盤：在很多情況下，比如該股的消息面出現突發性利空，並引起市場恐慌，於是第二天投資人爭相出逃，但主力沒有動作（也許主力覺得此消息沒有實質性利空，根本不想出場也不想護盤，就作壁上觀，任憑市場自由運行）。於是在只有散戶參與的開低盤面中，自然沒有成交量，而且往往是比平時正常的成交量還要低。因為大部分散戶是不參與集合競價和開盤初期交易的，大多是想等一等、看一看，猶豫不決是大部分散戶的共同心理特徵。

參與開盤價交投的往往是散戶裡的「快槍手」，屬於短線投資人。他們在股市裡早已習慣快進快出，有什麼風吹草動總是在第一時間做出反應，然而這批人是非常少的，於是出現成交量極度萎縮的現象。

(2) 主力和市場共同出逃：在大盤或個股出現某種突發性利空，主力也覺得情況不好，開低後大量出貨，這就產生成交量極度放大的現象。

在很多情況下，該股並沒有利空消息，而是主力原本就計畫當天出場，成交量也會放大。不過雖然成交量有所放大，但是沒有極度放大，因為這種放大並沒有恐慌的成分，只是主力的計畫出貨，具有一定的控盤性和節制性。分時圖上，常會有一些上竄下跳的震盪，一般不會出現大幅度下跌。

當然，在有跳空缺口的開盤中，開盤後有沒有立刻回補缺口的動作，以及該動作的力度大小，是決定全天走勢方向是否明朗的重要標誌。如果跳空開盤後沒有任何回補動作，那麼全天的股價走勢必然會沿著跳空的方向強力運行。

三、N形與倒N形

　　漲停板次日開高後的分時N形波上攻走勢和倒N形波出貨走勢分析，對於短線操作而言非常重要。在開高的股票中，判斷股價全天看漲還是看跌，關鍵要看股價回探時有沒有完全回補缺口。真正的強勢股不會回補開高缺口，從而形成高於前一天收盤價的N形或W形走勢；而拉高出貨的股票，則是在開高後就快速回補缺口（有時候會有一個上衝的假動作），從而形成低於前一天收盤價的倒N形或M形走勢。

1. N形上攻走勢

　　指開盤後股價先快速上衝，然後快速回落，隨即又快速拉升，分時圖上呈現一個N形走勢。說明開盤後股價遭遇賣壓，但隨即被買盤托起，顯示多頭力最強大，當日看漲或走強。N形有小型N形走勢和大型N形走勢兩種。

　　此為多頭力量在開盤後的一小段時間裡先抑後揚的走勢，其目的是開高之後迅速短暫洗盤，把昨天的短線獲利盤快速洗出。所以在整個N形交投過程中，成交量也是呈現出下跌量小、上升量大的現象。

　　圖2-30是通寶能源2021年9月30日的走勢，屬於典型的開盤N形上攻走勢。當天開高2.12%後沒有回補跳空缺口，連續兩個N形上攻，盤面節奏分明，張弛有序、量價合理，當日看漲。果然10:45高位攻擊波強勢漲停，直至收盤沒有開板。

　　實戰中常出現N形的變體，即W形走勢。與N形走勢相比僅多一次探底，是二次探底的分時型態，在分時型態上形成一個W形走勢。

　　圖2-31為國光連鎖2022年12月12日的分時走勢圖。開盤後不久出現明顯的W形走勢，其意義與N形走勢相同，但成交量比N形小。這是因為在相同空頭能量下，N形只下探一次就消化了空頭能量，而W形

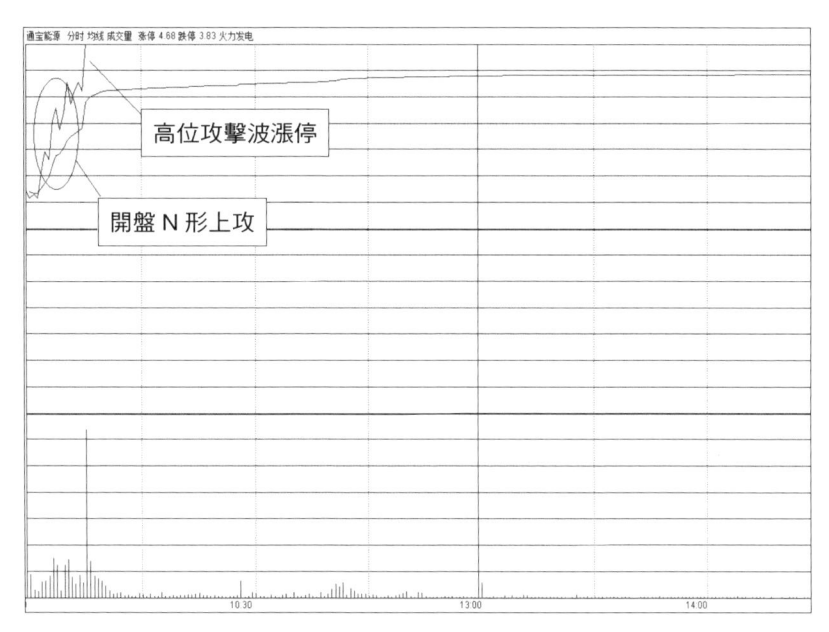

第 2 章 從分時圖看懂波段上漲變化，抓到最佳買點！

▲ 圖 2-30 通寶能源分時走勢圖

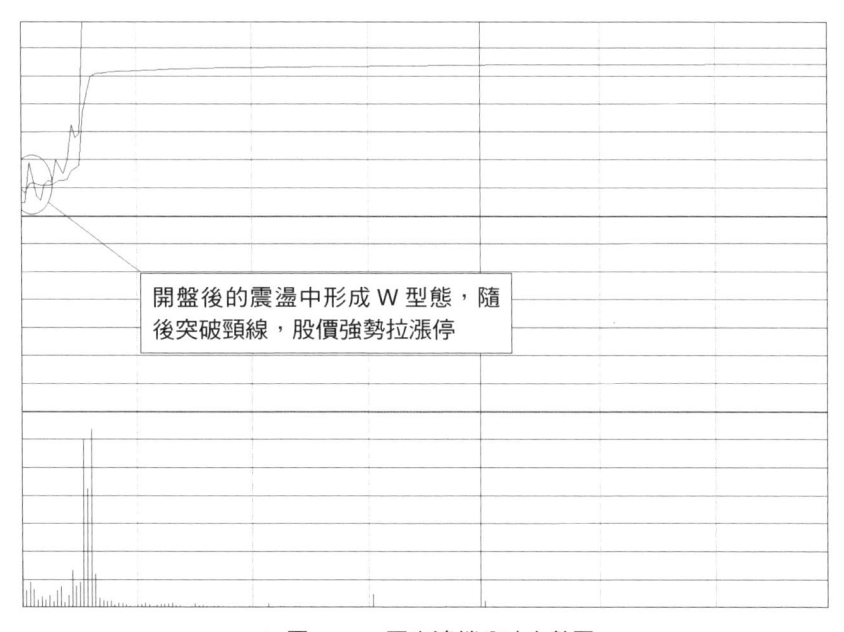

▲ 圖 2-31 國光連鎖分時走勢圖

91

則要在兩次探底中消化掉。如果空頭能量的總量是相同的，W形由於多一個底，成交的時間也就相對較長。這樣似乎覺得成交量沒有N形大，但實際上它們的總量基本上相同，都消化了空頭能量，只是在時間上有所不同，否則就不會有後面的穩健上漲。

儘管N形和W形這兩種型態在時間上有所不同，但在空間上則基本上相同。不管N形還是W形，其震盪空間一般不會超過正負2%，這是主力在有意控盤的結果——可以忍受時間上的差異，但很難利用這個波動空間來做短差。根據實戰經驗，短線投資人若想做當沖，一般沒有3%以上的波動很難完成。主力把空間控制在2%左右，既能有洗盤的作用，又能阻止短線投資人做當沖操作，是一種張弛有度的操盤手法。

N形和W形也出現在開高和開低盤面中，開低是指股價以低於前一日收盤價若干價位的開盤，在當日分時圖上形成一個向下的跳空缺口。這種開盤有兩種意義：一是洗盤上攻，二是強行出貨。開高的盤面也有兩種意義：一是強勢上攻，二是拉高出貨。

這裡講講開低洗盤上攻走勢。股價開低後快速上衝到缺口附近，稍有回落後又快速上攻以回補缺口，在分時圖上也呈現出N形或W形走勢。這說明開低是為了嚇出獲利盤和套牢盤，當賣盤被買盤消化後，顯示多頭力道強大，當日自然看漲。

圖2-32是維科技術2022年12月2日的分時走勢圖。從圖中可見，股價小幅開低後迅速翻紅，然後再次回落到開盤附近，止跌後放量再次拉升，穿過前面的高點後持續走高。在完成第一波拉升後的震盪整理中，股價沒有明顯回落，成功構築一個W型態，之後股價強勢漲停。

開低洗盤的盤面特徵，主要是看其有沒有迅速向上回補開低的缺口。在回補缺口的途中或形成N形，或形成W形。在成交量上並沒有放大跡象，這說明開低後賣盤的不是主力，而是散戶。

在開高的股票中，判斷股價全天看漲還是看跌，關鍵要看股價回探

[開低後形成 N 形，完成第一波拉升後，構築一個 W 形，最後股價強勢漲停]

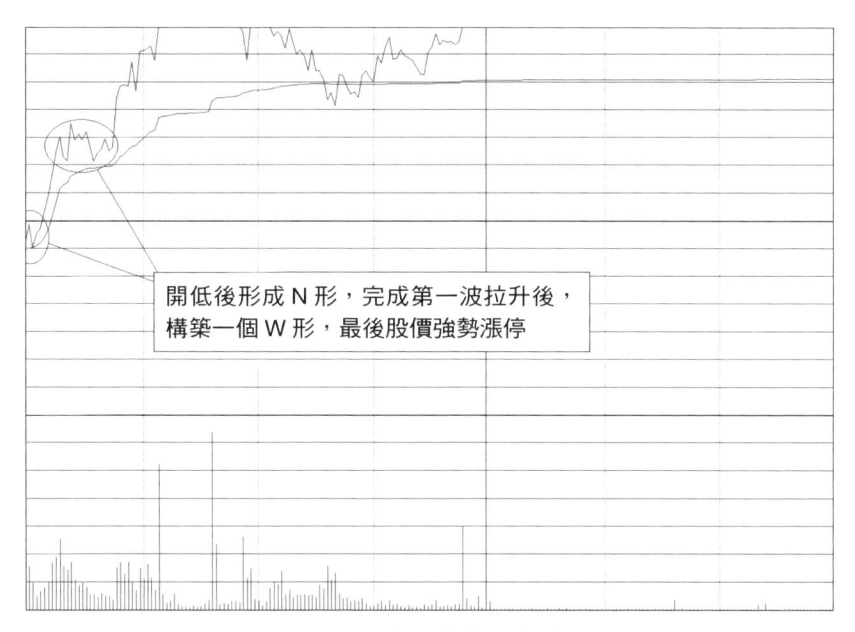

▲ 圖 2-32　維科技術分時走勢圖

時有沒有完全回補缺口。真正的強勢股不會回補開高缺口，從而形成一個高於前一天收盤價的 N 形或 W 形走勢。在拉高出貨的股票中，開高後就快速向下回補缺口，儘管有時會有上衝的假動作，但最後還是走低。所以，判斷開高股票是上漲還是下跌，關鍵看其是否回補缺口。

可見，開低的 N 形、W 形與開高的 N 形、W 形在外形上一模一樣，但是其功能相反：開高的 N 形、W 形不能回補開高的缺口，而開低的 N 形、W 形則必須回補開低的缺口。這兩種分時走勢的盤面語言，都預示全天看漲，反之就要謹慎。

2. 倒 N 形出貨走勢

倒 N 形正好相反，在開盤後股價稍有上衝後就快速回落，隨即又有上衝動作，但上衝的高度超不過開盤價就出現回落，形成倒 N 形走勢。

93

如何運用簡易波浪理論 抓到漲停板

這說明主力開高是為了吸引跟風盤進行出貨，顯示空頭力道強大，當日看跌或走弱。一般而言，在倒N形的走勢中有以下4個盤面特徵：

(1) 開盤後股價直接回落：有時候出現一個假的上衝動作，然後快速回落，主力虛晃一招，這對市場更具有欺騙性。

(2) 如果有衝高，一般不會超過1分鐘就迅速掉頭向下。

(3) 在向下的過程中有一次反彈，但其反彈的高度極其有限，一般不超過開始下跌長度的1/2就會迅速回落，從而形成倒N形走勢。

(4) 成交量的由大到小，特別是集合競價的成交量巨大，而量大又不漲，就是主力出貨的表現，所以該股全天看跌。

圖2-33屬於典型的開盤倒N形下跌走勢。當天開盤後出現快速回落，下跌時反彈無力，沒有超過前高而再次回落，呈現倒N形下跌走勢，此後股價漸漸走弱。該股開盤後不久就出現倒N形走勢，表明主力

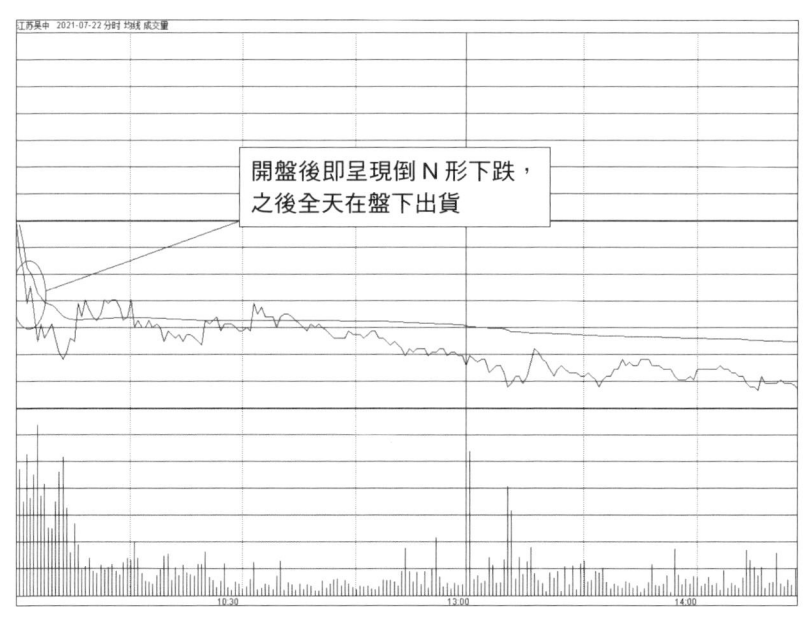

▲ 圖2-33　江蘇吳忠分時走勢圖

出貨堅決。成交量從大到小萎縮的特點,顯示出主力在集合競價中就已經賣出一部分籌碼,開盤之後繼續出貨。

四、U形與拱形

1. U形洗盤分時圖

U形洗盤是指股價全天展開「開高―走低―再收高」的分時走勢。盤面特徵多為大單打穿關鍵價位,小單進行非密集成交。同時,大單出現掛而不交的盤面景象,其目的是製造分時K線的陰線、長上影線或十字星的效果,來恐嚇市場。

這種U形洗盤,是出現頻率相對較高的洗盤形態。U形洗盤有兩個顯著條件:一是股價在相對的低位;二是在U形中的底部要縮量。U形洗盤也有兩種經典表現形式:一種是開盤後先回落,然後拉起呈U形;另一種是開盤後先衝高,然後回落,再次拉起,也呈U形。

圖2-34是世嘉科技2022年7月13日的分時走勢圖,盤面語言告訴我們,這是高位U形洗盤走勢。該股大幅開高6.86%之後股價慢慢向下回落,在10:24之前出現若干個低點。但隨後幾個低點的成交量都比較小,這是小單成交的結果。而在掛單欄中,大單卻壓在賣盤上,給散戶泰山壓頂的感覺,見此情形散戶紛紛出逃,造成小單頻繁成交。

此時,K線型態也呈開高走低的光頭大陰線之勢。如果前一個交易日沒有時間看盤的投資人,看到這根大陰線一定會被嚇一跳,停損或停利會成為他們操作的第一選擇,這就是主力想要達到的目的。

其實,應該繼續觀察接下來的走勢怎樣演繹。11:05開始向上拉一小波,然後整理20分鐘,在上午收盤前直線拉漲停,使早盤的「大陰線」變成一個錘頭線,從而完成一次漂亮的U形洗盤。

圖2-35是粵宏遠A2022年9月5日的分時走勢圖,也是U形洗盤型

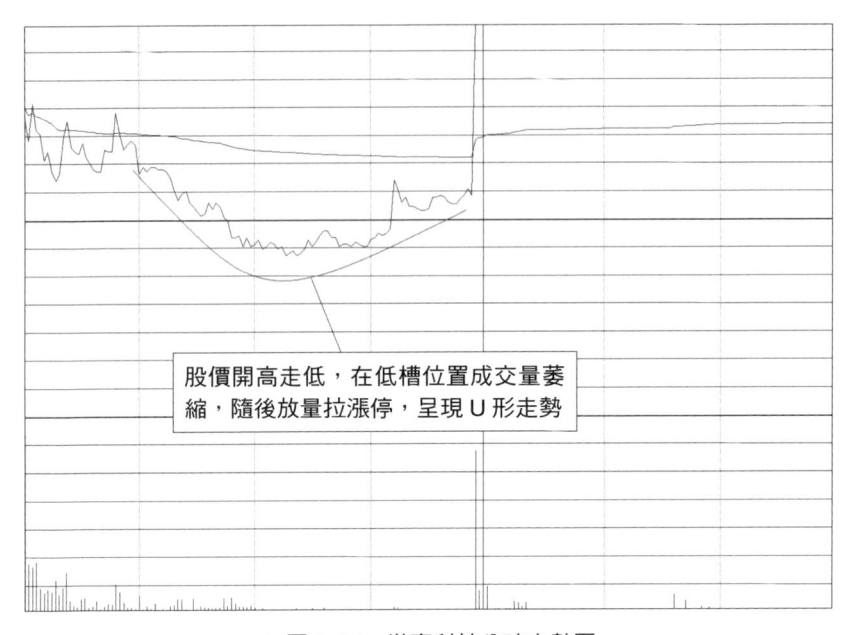

如何運用簡易波浪理論 **抓到漲停板**

股價開高走低，在低槽位置成交量萎縮，隨後放量拉漲停，呈現 U 形走勢

▲ 圖 2-34　世嘉科技分時走勢圖

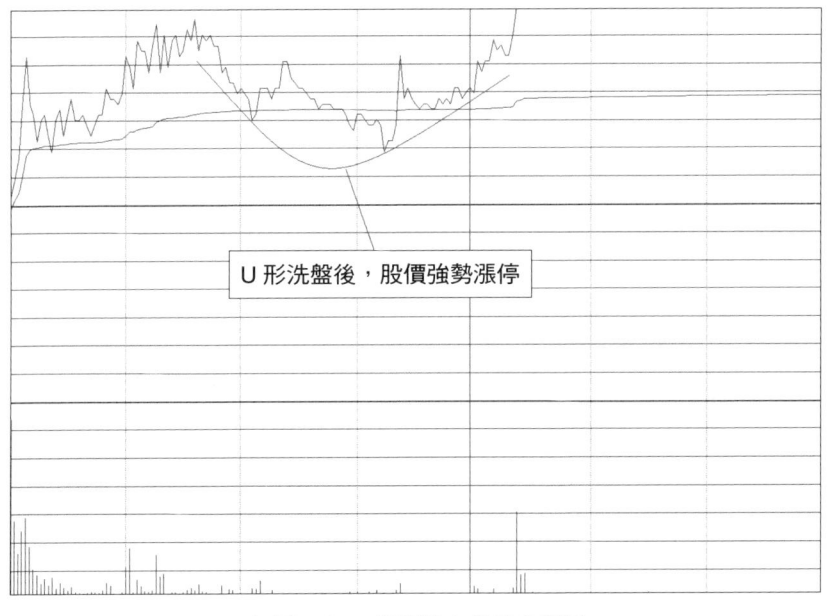

U 形洗盤後，股價強勢漲停

▲ 圖 2-35　粵宏遠 A 分時走勢圖

態。該股走勢與世嘉科技稍有區別，開盤後股價先往上震盪走高，然後回落整理，最後股價又成功拉漲停。在盤中回檔的當時，K線圖中出現一根長上影線，有短期見頂的味道，讓部分散戶離場後股價拉漲停。

圖2-36的該股也是U形洗盤型態。該股與粵宏遠的走勢相似，開盤後先衝高，然後回落呈縮量整理，賣盤消退後放量拉漲停，之後股價輕鬆上漲。從以上實例中，可以總結出U形洗盤有3個特點：

(1) 洗盤多在K線型態的頸線處，因為頸線是一個可上可下的地方，具有不可測的兩重性，此處洗盤有四兩撥千斤的作用。

(2) 洗盤時都是先開高或拉高後再打下來，在分時K線上造成一個可怕的高位陰線或長上影線，以達到恐嚇市場的目的。

(3) 收盤前半小時都會重新將股價拉起來，使股價基本上回升到之前打下來的價位附近收盤。

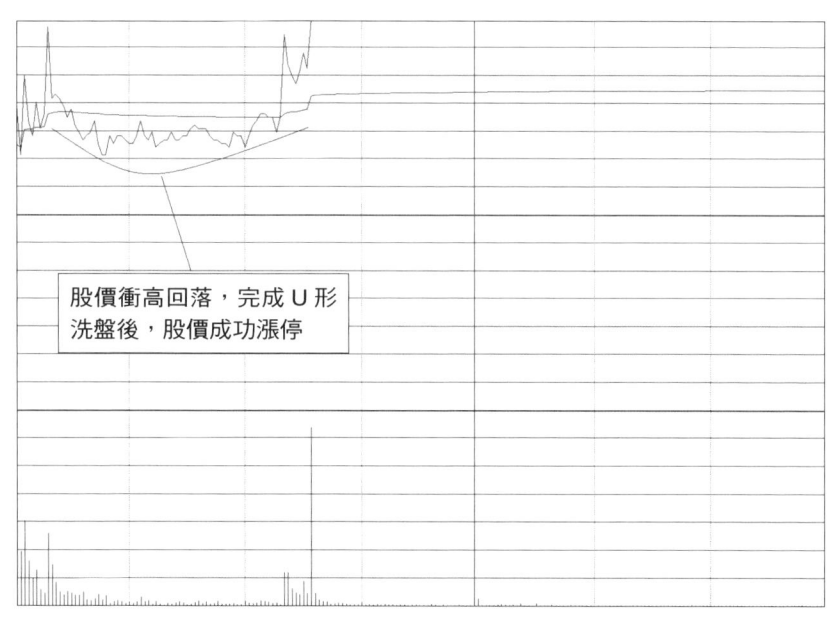

▲ 圖2-36 西安飲食分時走勢圖

2. 拱形洗盤分時圖

拱形洗盤與U形洗盤在圖形上正好相反，它是指股價全天走出「開低—走高—再收低」的分時走勢。盤面特徵多為小單拉高、大單打低，打低的目的是嚇出獲利盤，上下買賣均成小單成交的盤面特徵，以製造盤中主力拉高出貨的假象。

圖2-37是榕基軟件2022年10月13日的分時走勢圖。該股開盤後開始震盪走高，股價重心上移，這時K線呈現上漲小陽線，此時持有該股的投資人持股心態比較穩定。但不久股價滯漲回落，重心漸漸下移，不但收回前期漲幅，還回落到開盤價之下收盤，K線形成光腳陰線，在分時圖上形成「拱形」走勢。

從圖2-37中可以看出，原來這次洗盤是在漲停板之後的位置，這種洗盤是最容易洗出獲利盤的，因為前一天的漲停板大家都是獲利的，只要第二天盤中稍有風吹草動，就會湧出獲利盤。主力就是利用市場這種「有賺就走」的心理進行洗盤。結果，經過幾天的整理之後，股價開始強勢上漲，被洗出場的投資人後悔不已。

分析大眾投資人的心理，當上午K線為小陽線的時候，大家是安心持股的，尤其是早上開盤沒有賣出的投資人，正暗暗慶幸自己的堅持有多麼英明。可是等到股價緩緩走低時，就感到不安了，尤其股價以最低點收盤便不免感到害怕，頓時心裡慌亂起來。看到這種走勢時，有的投資人選擇賣出，可是隨後幾日股價並沒有下跌多少，完美地完成拱形洗盤。

圖2-38是國光電器2022年8月17日的分時走勢圖，該股與榕基軟件有所不同。前者開高拉高整理，後者開低拉高整理。該股開低後震盪走高，接著在高位震盪整理，之後漸漸向下回落，股價收在開盤價附近，K線產生一根十字星，且這個十字星出現在當時的高位。

該股在拉高時漸漸縮量（中間衝高時放了短暫的量），說明入場資

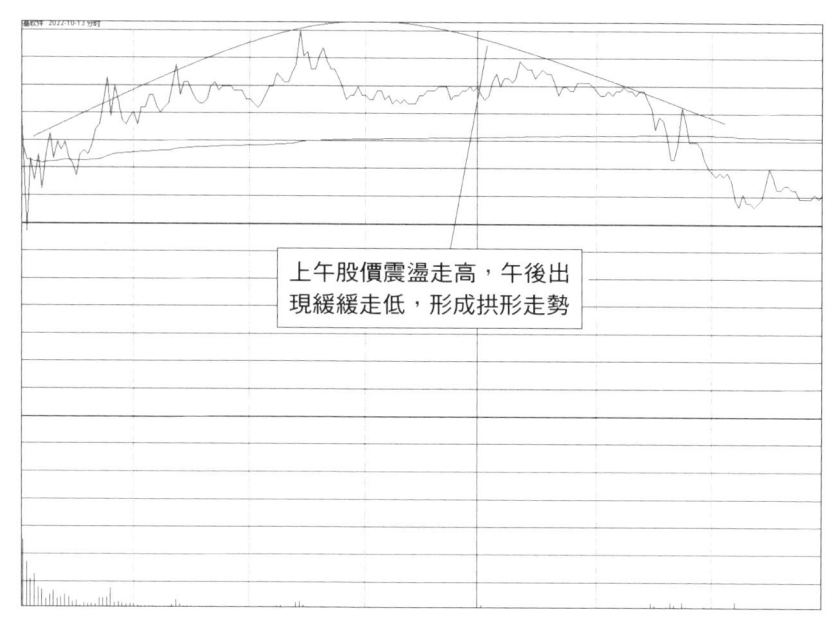

第 2 章　從分時圖看懂波段上漲變化，抓到最佳買點！

上午股價震盪走高，午後出現緩緩走低，形成拱形走勢

▲ 圖 2-37　榕基軟件分時走勢圖

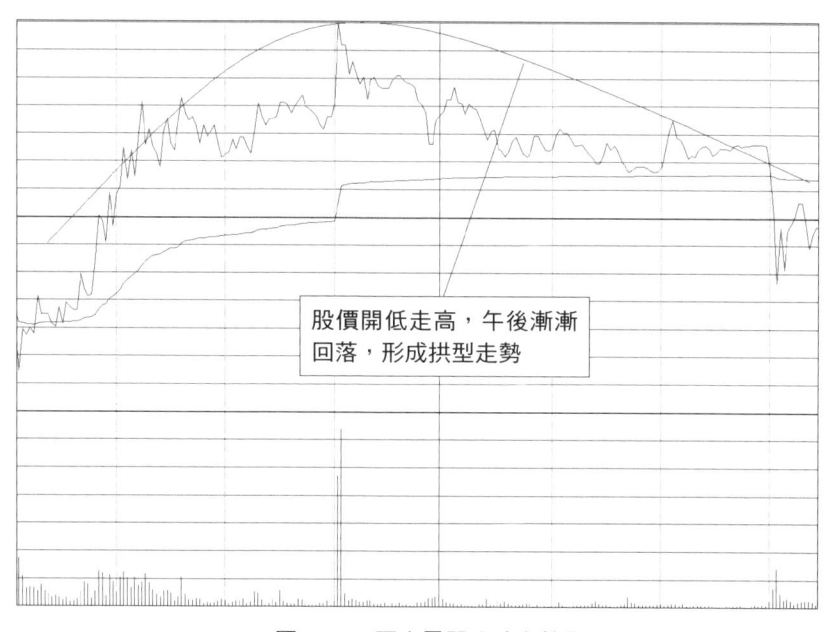

股價開低走高，午後漸漸回落，形成拱型走勢

▲ 圖 2-38　國光電器分時走勢圖

99

金不明顯，到最後半小時由於主力突然打壓才放出量，這裡的「量」不是主力的而是市場的。主力只是在打壓時放出一股量來引導下跌，散戶在看到主力放量出貨後，會慌不擇路地跟隨，賣掉自己手中的籌碼，而且大部分籌碼已經獲利，一看盤面出現震盪就會產生離場的想法。主力洗盤完成後，第二天股價強勢拉漲停。

可見，強勢拱形洗盤是一個「仙人指路」走勢，後市不僅反包了上影線，還繼續創出新高，這是近年來主力常用的新型的洗盤方式。

當然，由於U形洗盤和拱形洗盤的分時型態不同，它們的特點和功效也就有所側重。U形洗盤的重心大多向下，其主要目的是想洗出獲利盤；拱形洗盤的重心大多向上，在洗出獲利盤的同時，主要目的還想洗出套牢盤。

兩者在K線組合的區別是：拱形洗盤往往在K線型態的頸線處進行（如前高、盤整區附近），由於此處的套牢盤最多，所以成交量放得較大；而U形洗盤則多在上升通道中進行，沒有什麼套牢盤，主要是獲利盤，所以成交量不是很大。

3.「U形＋拱形」結合

「U形洗盤＋拱形洗盤」是一種複合式洗盤方式，可將兩種洗盤基本型態結合起來運用，可以是先U形、後拱形洗盤；也可以是先拱形、後U形洗盤。有時在一天的分時中，可能會出現多個U形或拱形的盤面現象，而且U形與拱形有重疊情形，也就是說U形的一半與拱形的一半是重疊的。

複合形結構的盤面特徵，與單純U形洗盤和單純的拱形洗盤相似，只不過是在不同的時間段裡以一種洗盤方式為主。但這種複合型洗盤的盤面往往多了一個特徵，即大單掛而不交或交而不掛（隱形成交）的現象增多。

圖 2-39 為榕基軟件 2022 年 10 月 31 日的分時走勢圖，型態比較複雜，分別由兩個 U 形和 1 個拱形構成。如果你是一位沒有經驗的投資人，該股的走勢一定會把你的情緒從希望帶到失望。該股在開盤後衝高回落，形成 1 個拱形型態，之後震盪走高，型態從拱形到 U 形。午後再次回落，出現拱形，尾盤再次回升，又從拱形到 U 形。

圖中可以發現，不少投資人在上午以為主力快要進攻，但這種想法很快就被股價重心下移所打消。隨著下午股價繼續回落，短線投資人失望情緒也在增加。已經獲利的投資人就有可能賣出手中的股票，以免到手的獲利無法兌現，或者是把好不容易等到的解套機會給錯過了，這就是「拱形＋U 形」此種複合型洗盤的功效。

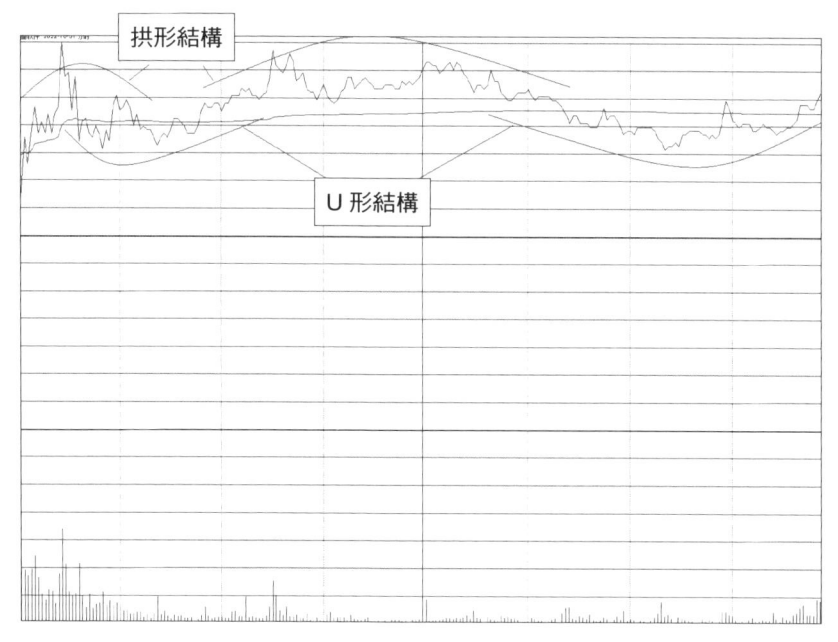

▲ 圖 2-39　榕基軟件分時走勢圖

在全天的走勢中，成交量只是早盤小幅放大，然後一直呈縮量狀態。如果仔細分析，下午U形洗盤時下跌有量、上拉無量。為什麼會出現這種相反的成交量結構呢？其奧秘就是上午和下午主力洗盤的用意不同所致：上午的拱形洗盤主力主要是想洗出套牢盤，一旦把股價拉到接近套牢區附近時就有人賣，而賣出來的籌碼都被主力接去，這就出現了「放量」。

下午主力是在進行U形洗盤，其目的是把獲利盤洗出來，所以向下打壓造成恐慌氣氛，迫使獲利盤湧出來。但畢竟獲利盤的總量比套牢盤要小很多，所以成交量就比上午的套牢盤小很多。當獲利盤跑得差不多時，主力輕輕一拉股價就上去了，自然不需放量。

看到這裡大家可能會問，你怎麼會這麼清楚？其實很簡單，這是一種常態的投資心理。當一位投資人經過漫長等待後，好不容易看到解套的機會，當然會毫不猶豫選擇賣出股票，極少有人還想等到獲利再出場的。

而獲利者則不同，因為他們已經獲利了，主要的問題是獲利多少和獲利什麼時候兌現。他們大多是一種焦慮不安的心態，一見股價有回落跡象，就想兌現獲利籌碼。

可以這麼說，套牢者對股價的上漲最敏感，因為越上漲就越接近解套價位；而獲利者則對股價的下跌最敏感，因為股價越下跌就越意味手中的利潤在減少，而主力正是利用這種投資心理來設計洗盤形式的。事實證明，該股經過洗盤整理之後，股價便掉頭向上，強勢拉起。

圖2-40是中國醫藥2022年11月11日的分時走勢圖。該股分時與榕基軟件的走勢不同，是一種先U形、後拱形的複合型洗盤手法，其成交量分佈也與先拱形、後U形的分佈相反，其後的走勢效果卻一樣，都出現強勢上漲。

這種複合型洗盤型態，其目的是要把獲利盤和解套盤同時洗出來。

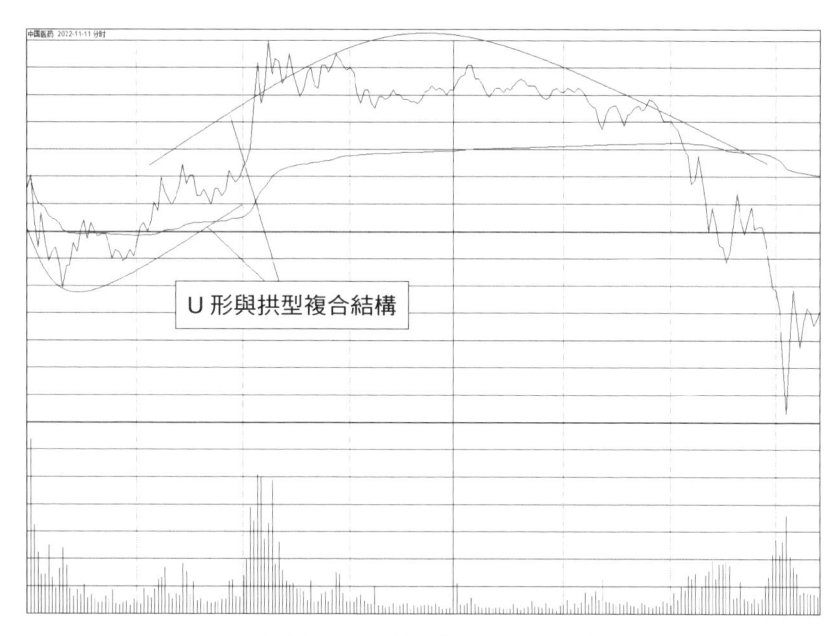

第 2 章　從分時圖看懂波段上漲變化，抓到最佳買點！

▲ 圖 2-40　中國醫藥分時走勢圖

這與單純的 U 形主要洗出獲利盤，和單純的拱形主要洗出套牢盤的盤面有所不同，其大單成交相對多一些，上下壓盤也更頻繁一些。在一些個股的複合型洗盤走勢中，有時會用「兩個 U 形＋一個拱形」來完成一天的洗盤任務，或者產生相反的分時走勢。

　　從複合型洗盤的特徵來看，它們都有一個共同規律，就是洗盤的時間比較長，短則一週，長則十天半個月。而單純的 U 形洗盤，和拱形洗盤的時間相對短得多，一般長的不會超過三天，短的則只有一天。整體而言，複合型洗盤一般多為中長線主力所為，而 U 形洗盤和拱形洗盤，則多為短線主力所為。

　　需要特別提醒的是：在所有五花八門的洗盤手法中，其基本型態是 U 形和拱形兩大類，其他的洗盤方式，都是從這兩種基本洗盤型態中演化出來的。比如，從 U 形中演化出來 V 形和 W 形，從拱形中演化出來的

103

「門」形和 M 形，但這些形狀一般比較少見，其盤面意義可以歸納到兩種基本的洗盤型態之中。

五、旗杆與倒旗杆

1. 旗杆型態

　　旗杆型態通常是指主力在開盤（包括午後開盤）後的 15 分鐘內迅速拉高股價，然後全天橫盤震盪或小幅回落整理，讓當日的換手成本比前一日高出一截。這種型態往往在股價上升時伴有大的成交量，是主力自買自賣的對敲所致。

　　出現這種型態時，要結合日 K 線分析。在盤整區或弱勢中大多屬於衝高動作，難以持續拉升或維持高位運行，有回檔要求，適合高賣。在強勢市場中，如果成交量顯著放大可以迅速跟進，這種型態的個股有可能出現漲停。

　　這種型態還要根據股價所處的位置來分析，如果出現在大幅上漲的高位，說明有主力出貨行為；如果在底部盤整區中，有主力建倉、試盤、洗盤的意圖，可以高賣低買。

　　圖 2-41 中，宏昌科技 2023 年 3 月 17 日股價小幅開高後，一直處於盤整態勢，盤面並不強勢。午後開盤不久，股價放量直線拉起，然後到收盤前維持震盪走勢。結合日 K 線分析，股價處於底部盤局之中，屬於築底性質，股價短線難以持續上漲，仍將以震盪整理為主，適合短線高賣低買做差價。

2. 倒旗杆型態

　　與旗杆型態相對應的就是倒旗杆型態。股價開盤後直線下行，一瀉千里，此後盤中也沒有出現有力的反彈走勢，這是非跌停情形下出現的

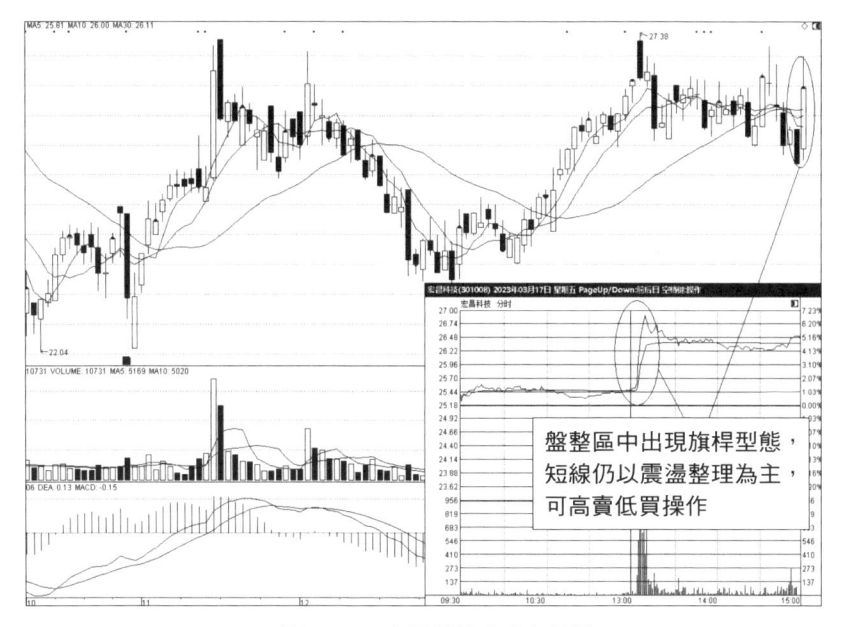

第 2 章　從分時圖看懂波段上漲變化，抓到最佳買點！

▲ 圖 2-41　宏昌科技分時走勢圖

典型弱勢盤面型態。這種型態出現後，股價通常仍有一定幅度的慣性下跌空間，至少不會出現強勢回升，短線以觀望為主。

當然，有時候可能出現先抑後揚走勢，這屬於上升趨勢中的震倉洗盤行為。對於是否屬於震倉或者回檔走勢沒有把握時，這種分時圖型態不碰為妙。圖 2-42 中，恒銀科技 2023 年 2 月 8 日股價開盤後大幅下行，直到收盤也沒有明顯的回升走勢，說明盤面非常弱勢，隨後幾日股價以震盪盤整為主。

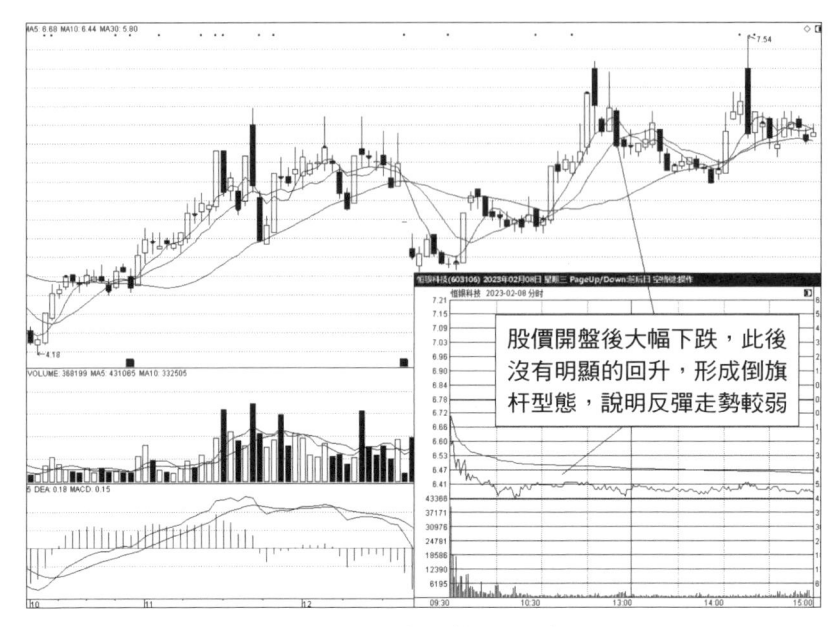

▲ 圖 2-42　恒銀科技分時走勢圖

股價開盤後大幅下跌，此後沒有明顯的回升，形成倒旗桿型態，說明反彈走勢較弱

2-4 技術分析大補帖——完整版14種漲停分時圖譜

在分析漲停板市場含義時，從技術角度出發，一要看K線型態、量能變化；二要看分時型態。有的時候K線型態、量能變化很重要；而有的時候，分時型態更重要，這既取決於每個人的交易理念，也取決於市場環境。如果從事超短線交易，那麼漲停分時圖型態無疑是最重要的；如果從事中短線交易，K線型態、量能變化，則相對更重要一些。

一般而言，超短線與短線並沒有明確的解析，股價走勢飄忽不定、出人意料，因而實戰中需要結合各種技術手段。為了突顯漲停型態的特徵，方便投資人在實戰中對比借鑒，這裡將從短線打板技巧的角度，解析14種漲停分時型態實戰圖譜，幫助投資人瞭解哪些漲停分時圖形預示著短線上攻走勢，以及時掌握買入訊號。

一、開高一波封板

1. 圖形特徵

開高一波封板型態是指個股當日開盤時，股價開高3%以上，盤中在大買單的推動下股價急速上行，直接衝至漲停板並牢牢封板至收盤。

2. 漲停玄機

開高一波封板，是除了無量一字板外最為強勢的漲停分時型態，也是主力短期內強勢拉升個股的明確訊號。開高所形成的缺口一般不會回補，個股隨後出現加速上攻的機率極大，預示著一波飆升行情。

3. 買點提示

若個股有題材或是利多消息支撐，開高後衝擊漲停板時可搶板入場；若當日未能及時買入，只要個股短期漲幅不大，在利多性題材支撐下，次日仍可追漲買入，畢竟行情才剛開始。但如果個股無題材支撐，且中短期有一定漲幅，則次日不宜在盤中高點追漲買入。

4. 實例解析

圖2-43為氯鹼化工2021年9月7日的分時走勢。當日大幅開高6.44%，開高後快速衝擊漲停板，直到收盤封板不動。這種異動正好符合當時的市場熱點：氟概念。而且該股之前處於緩慢的上升通道中，當日的跳空突破是一個明確的加速上漲訊號，個股衝擊漲停板的真實性強，搶板買入的風險並不大。

股價大幅高開，盤中快速拉漲停，個股符合熱炒的氟概念，可入場搶板開高迅速漲停，有三個特點：第一，大幅開高；第二，迅速漲停；第三，熱炒概念。三者同時具備，缺一不可。開高迅速漲停的個股，通常在以下幾種情況中出現，這一點必須提前瞭解。

(1) 受消息面影響：比如公司獲得重大技術突破、業績大幅預增、政府大幅補貼，或者國家突然出台某項政策對公司造成直接利多影響。這些消息一旦收盤公佈，必然在第二天集合競價中得到反映，造成股價大幅開高，之後迅速漲停。

(2) 主升段期間：一支個股走主升段時，表現在盤面就是以大陽線

> 股價大幅高開,盤中快速拉漲停,個股符合熱炒的氟概念,可入場搶板

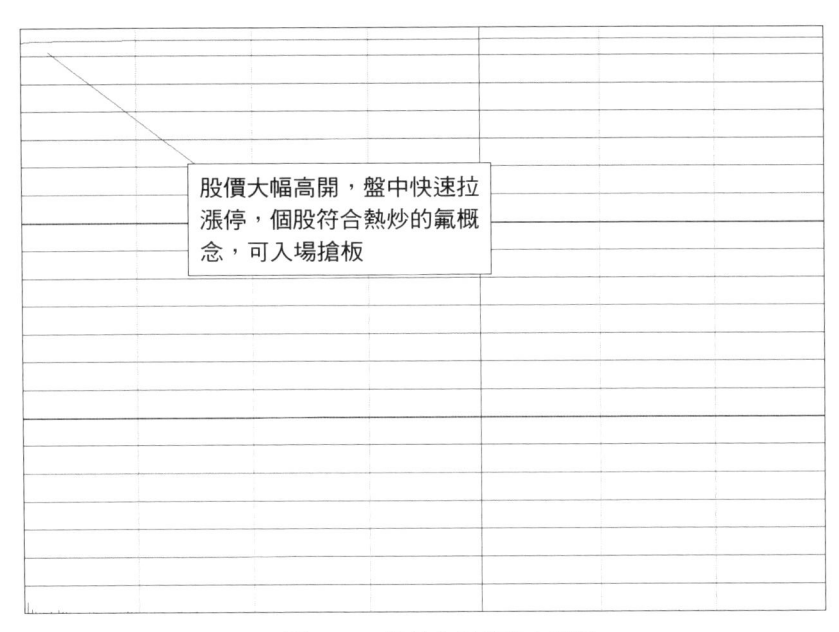

▲ 圖 2-43　氯鹼化工分時走勢圖

收盤,但由於市場買盤力量過於強大,市場供不應求,就會造成股價大幅開高,之後迅速漲停。

（3）股票復牌後:一支個股由於某種原因停牌後,在停牌期間市場出現一波不錯的上漲,或者個股帶著自身利多消息復牌,在這種情況下股價復牌後有可能補漲或上漲,出現大幅開高迅速漲停也是正常現象。

二、開高緩衝封板

1. 圖形特徵

此型態是指個股當日開高幅度較大,在4%以上。開盤後,股價在開盤價附近橫向運行一段時間,沒有明顯回落,也沒有明顯拉升,即在盤中高點橫盤運行。隨後股價快速拉升、衝擊漲停板,並成功封板。

2. 漲停玄機

較大幅度的開高會使多空分歧加劇，股價能夠維持在盤中高點橫向運行，說明有主力積極承接，這也可以視作正式拉升前的一次短暫洗盤行為。隨後的快速拉升、封板，則表明主力的強烈拉升意願。從短線角度來看，這類漲停板有較強的衝擊力，是追漲買入的訊號。

3. 買點提示

開高緩衝板的第一買點出現在開高之後的橫向運行中，此時可以結合個股的消息面、日K線圖的突破型態低買，並預判其漲停板的可能性；第二買點出現在個股快速拉升、即將封板的一瞬間，搶板買入。

4. 實例解析

圖2-44為意華股份2021年8月24日的分時走勢。從日K線圖來看，股價回落到30日均線附近得到有力支撐而出現回升，當日股價大幅開高正好處於前期整理區域，在分時中維持半個多小時的橫盤整理，目的是消化前期盤整區的壓力。因此，可將這個開高緩衝視作主力震倉完畢、有意強勢拉升的訊號，可以跟風買入。

三、強勢站穩後一波封板

1. 圖形特徵

強勢站穩後一波封板指開盤後就出現一波強勢拉高，隨後股價一直遊弋於均價線上方而不回落。經過一段時間的整理之後，股價再度出現一波流暢的拉升，並封於漲停板。

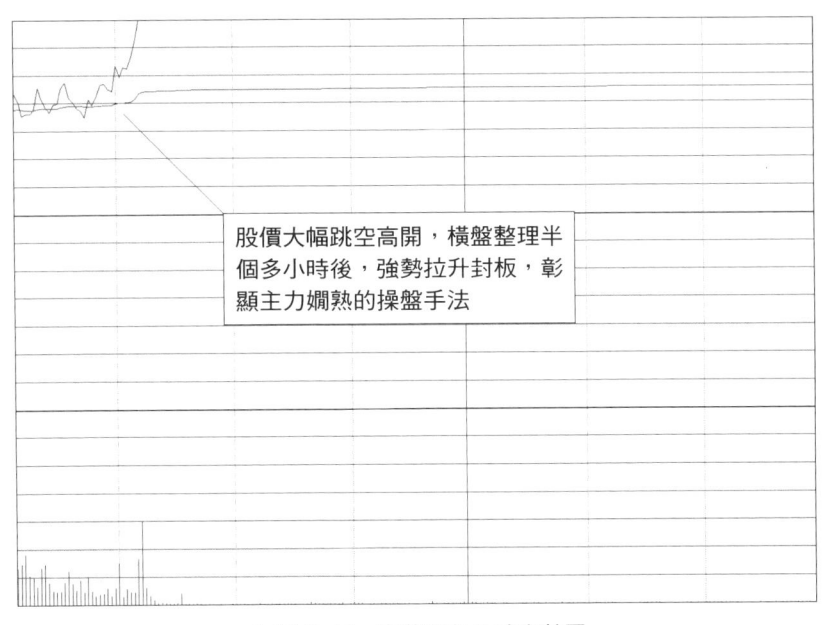

第 2 章　從分時圖看懂波段上漲變化，抓到最佳買點！

> 股價大幅跳空高開，橫盤整理半個多小時後，強勢拉升封板，彰顯主力嫻熟的操盤手法

▲圖 2-44　意華股份分時走勢圖

2. 漲停玄機

開盤後強勢拉高說明有主力資金從中積極運作，能夠穩站於均價線上方則說明市場賣壓相對較輕，主力沒有在拉高中出貨。以均價線為支撐上衝封板，這是主力當日做多行為前後連貫的表現，也說明主力做多意願強烈，做多行為堅決。如果個股此時的日 K 線走勢良好，短期內仍有上升空間，這種分時型態的漲停板，往往就是其短期飆升走勢將展開的訊號。在實戰操作中，不應錯過短線買入機會。

3. 買點提示

這種分時型態的出現，大多與主力蓄意拉升個股的操盤意圖相關，在實戰操作中，應注意個股早盤的上漲幅度，並掌握買入機會。

(1) 若開盤時的一波上漲，幅度較大，使股價隨後橫向整理運行時

離漲停板較近，應即時關注。因為這類個股隨後一旦開始衝擊漲停板，極有可能一波上衝就牢牢封板，不再給投資人買入的時機。對於這類情形，最好的策略就是在股價即將封盤時搶板買入。

(2) 若開盤時的一波上漲幅度相對較小，使股價隨後橫向整理運行時離漲停板相對較遠，則個股以均價線為踏板，一波上衝即能封牢漲停板的機率相對較小。

(3) 實戰操作中，為了避免追漲買入那些僅僅是衝擊漲停板，但不封板的個股，投資人應多觀察分析，看看個股在衝板之後是否有明顯的回落。如果有，不宜當日追漲買進，因為即使個股隨後能封板，則這種漲停板也是很弱勢的，次日極有可能出現較大幅度的回檔，使短線操作陷入被動。如果個股在衝板後僅僅是微幅回檔，則個股隨後回封的機率是極大的，此時搶漲停板買入，勝算較大。

4. 實例解析

圖2-45是鼎龍文化2021年9月9日的分時走勢圖。日K線圖上拉高後構築平台整理，當日開盤後第一波上衝使個股呈突破型態，隨後站穩於均價線上方，並經一波流暢上揚牢牢封住漲停板。這種漲停型態彰顯主力的強控盤能力及做多意願，在實戰操作中應追漲買入。

四、分時兩波強勢封板

1. 圖形特徵

此型態是指股價在盤中離漲停相對較遠的位置快速拉升，分時出現兩波極為流暢的衝擊型態，且早盤不久就能牢牢封住漲停板。

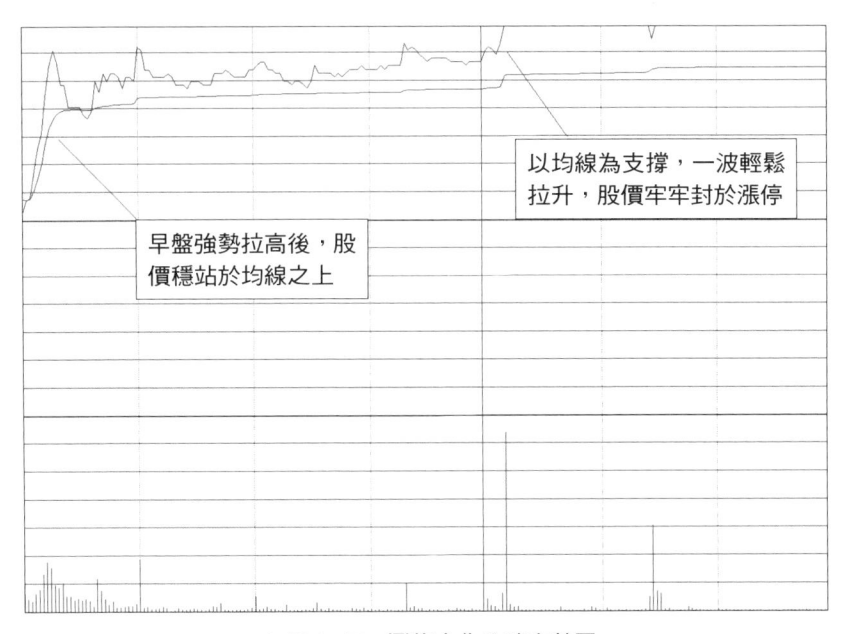

[圖表標註：
- 早盤強勢拉高後，股價穩站於均線之上
- 以均線為支撐，一波輕鬆拉升，股價牢牢封於漲停]

▲圖 2-45　鼎龍文化分時走勢圖

2. 漲停玄機

　　兩波封板是較為強勢的封板型態，快速流暢地拉升且能牢牢封板，表明主力資金的強烈做多意願與較強的控盤能力，個股短期內將有較強的上衝動力。在日 K 線圖配合的情況下，可以適當追漲買入。

3. 買點提示

　　兩波封板的第一買點出現在個股衝擊漲停板時，此時要結合日 K 線圖來預判個股是否能夠牢牢封板，從而決定是否搶板入場。第二買點出現在次日盤中，由於兩波封板並不是最為強勢的封板型態，因而次日慣性開高的幅度有限，且在盤中或將有回落，此時逢盤中低點入場，也是一個不錯的選擇。

4. 實例解析

圖 2-46 是藍焰控股 2021 年 8 月 23 日的分時走勢。從日 K 線圖來看，股價處於低位緩升之後的加速突破點。分時中，開盤不久出現一波比較大的拉升，經過短暫整理後再次展開第二波拉升走勢，並成功封於漲停板，兩波流暢的封板型態。

這是個股近階段的第一個漲停板，而且兩波封板又是一種相對強勢的啟動訊號，短線可以追漲買入。在實戰操作中，為了規避當日搶板之後出現開板甚至回落的風險，也可以選擇次日入場。

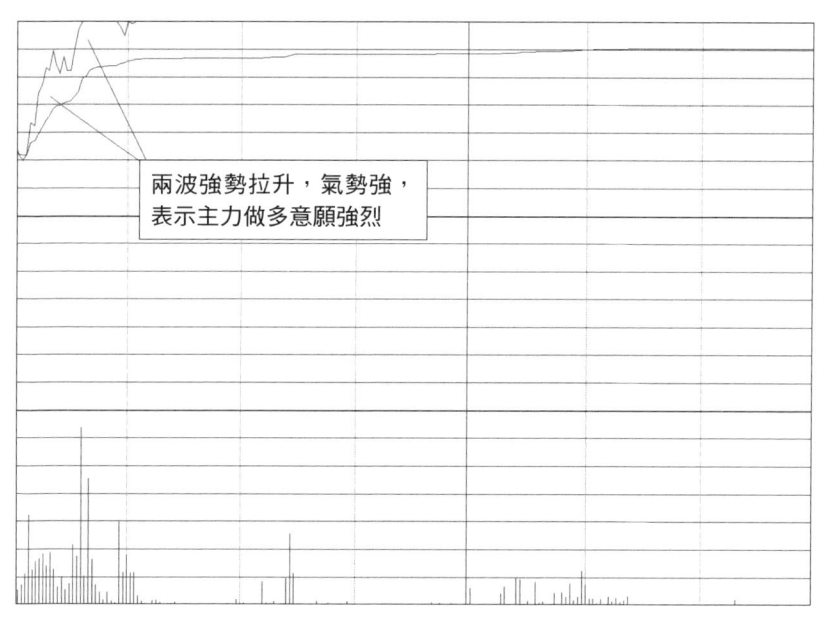

▲ 圖 2-46　藍焰控股分時走勢圖

五、分時三波強勢封板

1. 圖形特徵

　　三波封板型態是指，個股在開盤後出現兩波類似於爬坡、漲速較慢的拉高，最後第三波上攻較為流暢、幅度極大，且成功封住漲停板。從型態上來看，整個上漲過程有兩個明顯的「波峰」，3個明顯的上漲波段，封板時間為早盤階段。

2. 漲停玄機

　　三波封板是一種相對穩健的漲停方式，波形節奏分明，它的出現與主力的運作有關。從個股後期走勢來看，三波封板多是主力有「預謀」的操作，這樣的主力在之前的走勢中往往已吸籌較多，而三波封板當日就是其拉升的訊號。

3. 買點提示

　　第一買點出現在第三波衝擊漲停而未漲停時，此時可搶板買入。第二買點出現在隨後幾日的盤中震盪階段中。一般來說，個股之前的日K線走勢為整理蓄勢型，可搶板入場；若是下跌後的急轉型，可再觀察幾日，如果股價維持強勢整理不回落，則買入。

4. 實例解析

　　圖2-47是六國化工2021年9月13日的分時走勢。開盤之後，出現兩波緩慢的拉高走勢，第三波強勢拉升成功封漲停。這是典型的三波封板型態，也是主力從中積極運作的標誌。

　　由於個股的日K線型態優異，當日的漲停板完全打開個股的上升空間。操作中，能夠在當日及時預判個股的漲停並搶入是最佳策略，若出

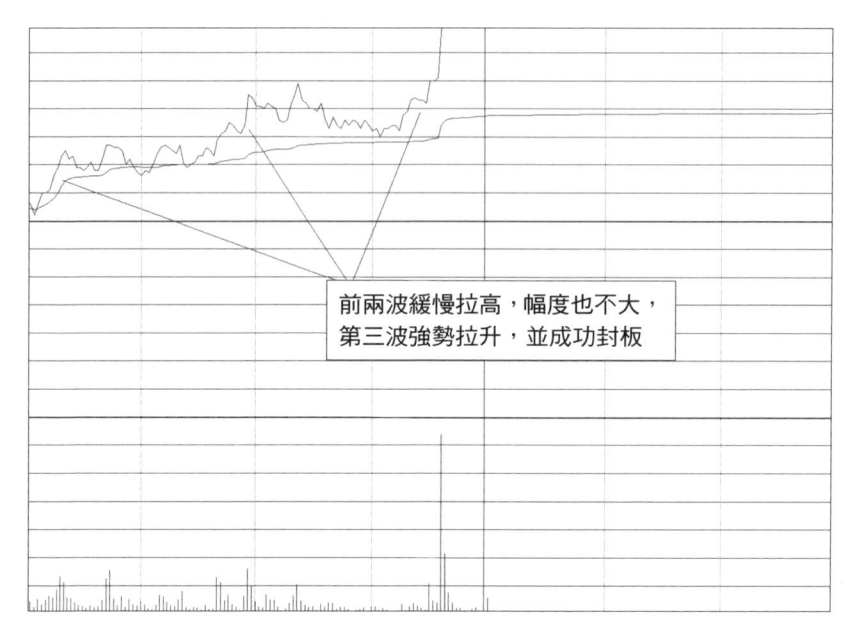

前兩波緩慢拉高，幅度也不大，
第三波強勢拉升，並成功封板

▲ 圖 2-47　六國化工分時走勢圖

手晚了，次日盤中介入也是可行的。畢竟個股剛剛啟動，還有很大的上升空間，此時追漲操作風險相對較小，而預期利潤較大。

六、衝板後短暫裂口

1. 圖形特徵

衝板後短暫裂口型態，是指個股在快速、流暢上衝至漲停板後，並沒有立即封牢漲停板，而是先出現個極為短暫、回落幅度很小的裂口，隨後才正式封牢漲停板至收盤。

2. 漲停玄機

衝板時的裂口是大買單跟進不及時的訊號，同時也說明有短線拋售

現象，但不能說明在封板時遇到巨單打壓，主力有較強的控盤能力，這是看漲訊號。結合個股的實際表現來看，出現這種分時圖的個股，其短線走勢往往都很強勁，後市有連續漲停的潛力。

3. 買點提示

第一買點出現在衝板後的裂口中，雖然個股上衝漲停板時已掃掉上方所有壓單，但由於沒有立刻封板，因而會有相對較多的短線壓單再度掛出。此時，這些壓單僅僅是掛在漲停價位上，並沒有低價打壓，這時只要再度出現大單掃盤，就可以快速預判出隨後封板，進而立刻以漲停搶板買入。第二買點出現在次日的開盤時，只要個股的日K線圖尚可，中短期漲幅不大，次日小幅開高後仍可積極追漲買入。

4. 實例解析

圖2-48為恒潤股份2021年9月13日的分時走勢。三波漲停後不久開板，出現短暫裂口的漲停型態。這是一種較為強勢的分時圖，是主力有意拉升股價的訊號。

日K線圖表明個股正處於上升途中整理之後的突破點，這個漲停板使得突破態勢明朗，預示著新一輪突破上漲行情。在實戰操作中可以在當日搶板買入，也可以在次日逢盤中低點介入。

七、穩步攀升遊弋漲停板

1. 圖形特徵

穩步攀升遊弋漲停板是指，個股開盤較為平靜，未出現大幅度波動，隨後在盤中穩步攀升，午盤前後上衝漲停板，但並未封死漲停板，股價遊弋於漲停板附近。穩步攀升主要有兩種表現型態：一種是持續、

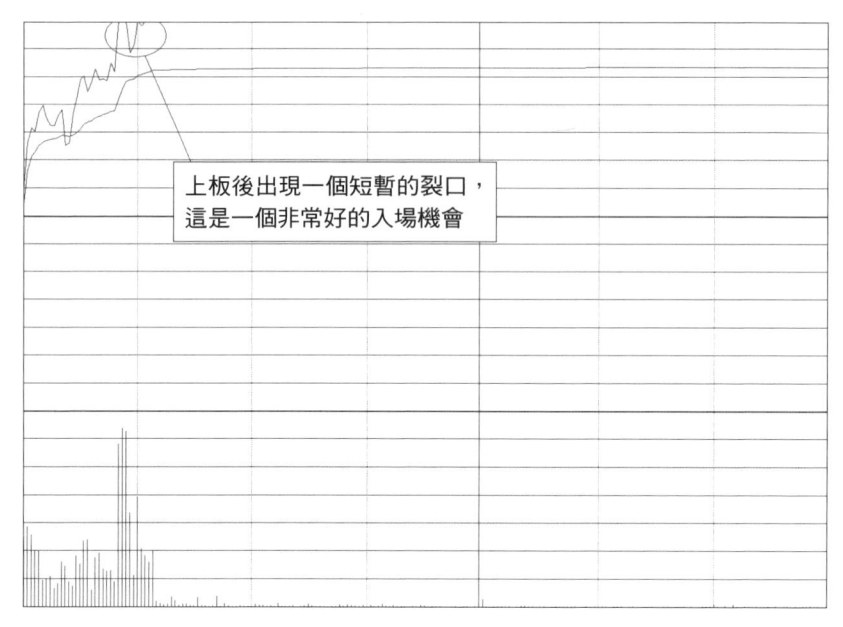

▲ 圖2-48 恒潤股份分時走勢圖

緩緩上行,呈45度角推高狀;另一種是在較長的時間段內出現幾波流暢拉高,使個股盤中漲幅較大。

2. 漲停玄機

這種盤面型態常出現在剛突破的位置點,此時的主力有意拉升股價,但持籌數量有限。經由這種穩步攀升走勢,主力可以邊推升股價邊吸籌。當股價游戈於漲停板附近時,多空分歧會進一步加劇,有的散戶看到股價封板不堅決而賣出籌碼,這時主力則借機進一步吸籌。可以說,這是主力吸籌行為下的一種漲停盤面型態。

3. 買點提示

對於這種漲停分時型態,投資人應結合個股短期走勢來抓買點。如

果個股短期有一定的漲幅，可於次日盤中逢回檔低點買入；如果個股短期漲幅較小，則漲停當日買入較好。

4. 實例解析

　　圖 2-49 為超華科技 2020 年 7 月 30 日的分時走勢。早盤股價緩慢推高，幾個小波上衝後接近漲停板，但並未一次性封板，股價持續遊弋於漲停板附近。在日 K 線圖中短線漲幅不大，股價有蓄勢突破之勢，成交量放大。在實戰操作中，可以當日打板入場，也可次日逢盤中回落低點買入。由於這種漲停型態代表主力的吸籌行為，因此次日不會明顯出現開高或開低，盤中跌幅也不會太大，這是投資人利用此漲停型態做多的關鍵。

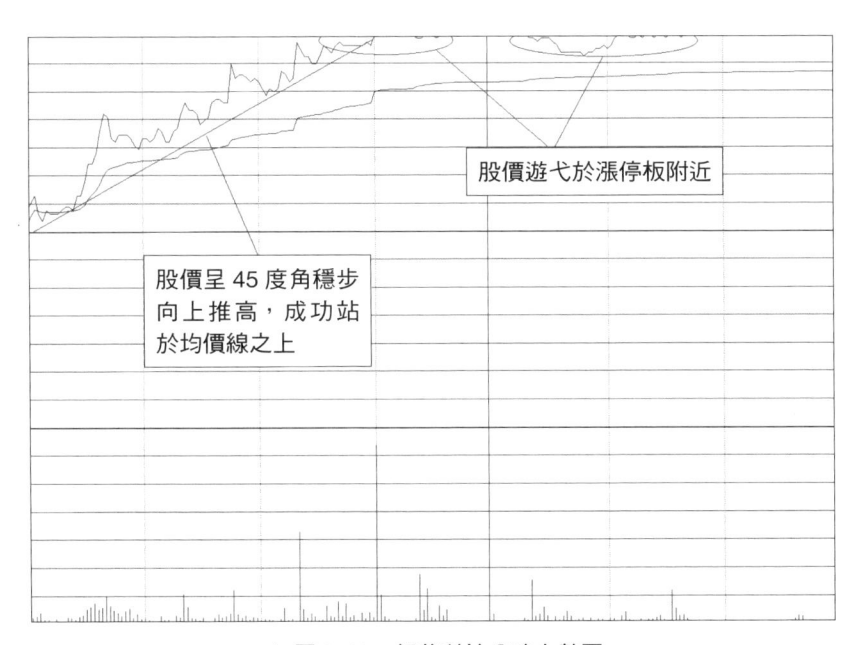

▲ 圖 2-49　超華科技分時走勢圖

八、旱地拔蔥直線封板

1. 圖形特徵
　　旱地拔蔥直線封板，是指個股的盤中走勢十分平靜，漲跌幅度都很小。股價突然拔地而起，上漲速度快、角度陡峭，僅僅經歷一波上漲（或者上漲過程中稍有停頓），股價就封住漲停板。

2. 漲停玄機
　　旱地拔蔥直線封板出現在盤中時，多與一些場外利多因素有關。這些利多因素成為個股上漲的催化劑，若個股之前沒有被炒作過的痕跡，則主力有可能借利多而開始拉升個股。

3. 買點提示
　　這種漲停型態的買點，要結合其封板情況來操作。如果個股一波封牢不再開板，則短線衝擊力較強。如果當日沒能及時買入，次日開高幅度又較小，仍可追漲買入；如果個股在漲停板之後，不久沒能封牢漲停板，則可多觀察幾日，看個股能否保護住漲停板當日的拉升成果，再決定是否買入。

4. 實例解析
　　圖 2-50 為新疆交建 2021 年 3 月 26 日的分時走勢。開盤後股價窄幅運行，看不出異常動作。午後，股價出現旱地拔蔥的直線封板走勢，漲停板之後雖然有開板現象，但依然漲停收盤。在日 K 線圖中，當日的這個漲停板使其突破低位整理區，短期上升空間已完全打開。在實戰操作中可積極看多、做多，不惜追漲買入。

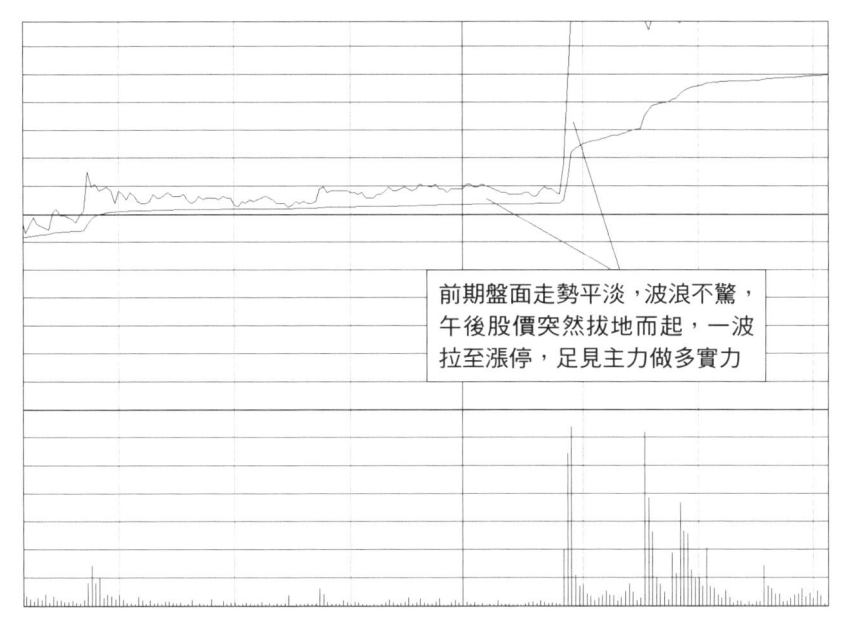

前期盤面走勢平淡，波浪不驚，午後股價突然拔地而起，一波拉至漲停，足見主力做多實力

▲ 圖 2-50　新疆交建分時走勢圖

九、0軸啟動橫游封板

1. 圖形特徵

　　0軸啟動橫游封板是指，個股以接近上一日收盤的價位開盤。早盤階段，個股從這一價位附近向上快速運行，經幾波上漲之後股價觸及漲停板，卻沒有封板，隨後股價長時間停留於盤中高位、橫向運行，之後股價封住漲停板。

2. 漲停玄機

　　早盤衝擊漲停板但沒有封板，這是主力在測試高點賣壓。午盤之後能夠成功封板，說明主力控盤能力強，市場賣壓相對較輕，浮動籌碼得消化。

因此，這類個股只要日 K 線有突破上漲空間（或者是反彈空間），則有一定的中短線衝擊力，這是一個上漲訊號。

3. 買點提示

這種漲停型態蘊藏兩個買點：第一買點出現在午盤之後回封漲停板時，投資人要緊盯個股，一旦發現有超級大單向上掃盤，就意味個股將封板，可以搶板買入；第二買點出現在次日盤中，個股的股價往往能回檔到前一天漲停價附近，這時可以買入。

4. 實例解析

圖 2-51 為卓翼科技 2021 年 8 月 19 日的分時走勢，日 K 線剛形成強勢，均線漸漸呈現多頭排列。分時中平價開盤，股價從 0 軸啟動，三波拉至漲停位置，但在漲停板附近橫遊，沒有直接封板，到下午才封漲停。這是反彈或上漲行情即將展開的訊號，可以短線追漲買入積極做多。

十、階梯式封板

1. 圖形特徵

所謂台階式攀升是指個股經一波流暢上行後，股價達到盤中高點，然後橫向運行一段時間，股價沒出現明顯回落，這稱為上一個「台階」。接著，個股又經一波流暢上行達到盤中新高，再橫向運行，這是再上一個「台階」。盤面有以下特徵：

(1) 開盤時幾乎開平，隨後的盤中走勢則節節攀升。

(2) 在攀升過程中，股價一個台階一個台階地上行。

(3) 股價逐級攀升之後，最終順勢封於漲停板，且封板後不再開板，牢牢封住漲停板。

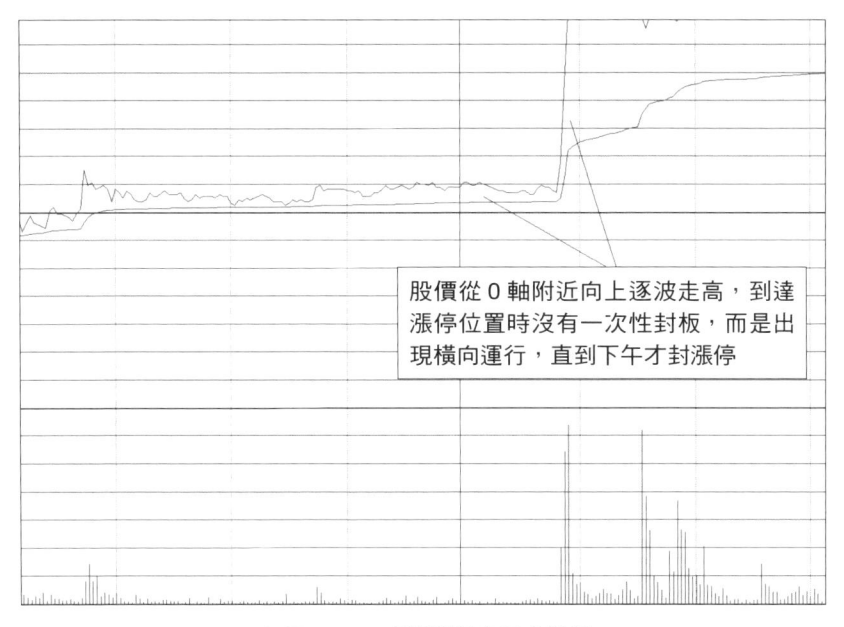

股價從0軸附近向上逐波走高,到達漲停位置時沒有一次性封板,而是出現橫向運行,直到下午才封漲停

▲ 圖 2-51　卓翼科技分時走勢圖

(4) 封板時間要在午盤之後,最好在收盤前的一小時左右。如此,個股之前的「台階」式攀升過程才能較為清晰,也才能表現出這種分時圖獨有的市場含義。

2. 漲停玄機

台階式上升過程中連續大買單入場掃盤,推動股價再上一個台階,這是主力資金積極做多的標誌。隨後的盤中高點,個股沒有明顯回檔而是橫向運行,這說明市場賣壓不重,也是主力控盤能力較強的標誌。

漲停板後股價牢牢封死,不再給場外投資人買入的機會,這是一種強勢的表現。因此,只要個股前期K線走勢較為穩健,量價配合理想,這種分時圖型態多是主力拉升個股的訊號,可積極做多。

3. 買點提示

這種分時圖是短線上漲訊號，但也要結合日 K 線走勢操作。就個股表現來看，這種台階式攀升並封牢漲停板的型態，多出現在中長線主力控盤的個股中，這類個股往往累計漲幅極大。因此，如果個股處於穩健的上升通道且前期累計漲幅不大，無論中長線還是短線都可積極做多。此時，可將這種分時圖看作個股新一輪上漲行情開始的訊號。

如果個股處於下跌通道中，在低位整理平台後出現的這種分時圖，可以看作是反彈行情仍將延續的訊號。在實戰操作中可以短線做多、博取獲利，中長線仍應順勢操作，不宜長久持股待漲，以免利潤回吐。

4. 實例解析

圖 2-52 是海源復材 2021 年 6 月 29 日的分時走勢。該股在盤中經歷 3 個台階式的上揚之後，最終成功封板。每一次的台階式上行都有顯著特徵：先是一波快速上衝，隨後股價於上衝之後的高點橫向運行。這種台階式封板，是中長線主力做多的標誌。且日 K 線圖上股價也處於低位，30 日均線保持上行狀態，實戰操作中可以積極參與中短線做多。

十一、單一裂口卸壓

1. 圖形特徵

單一裂口卸壓是指，個股在早盤階段即牢牢封死漲停板。在封板過程中，由於受大盤、板塊下跌拖累或主力因素影響，於盤中時間段出現一個 V 形小裂口，持續時間較短，回落幅度較淺。V 形裂口之後，股價再度牢牢封住漲停板，且全天再無開板現象。

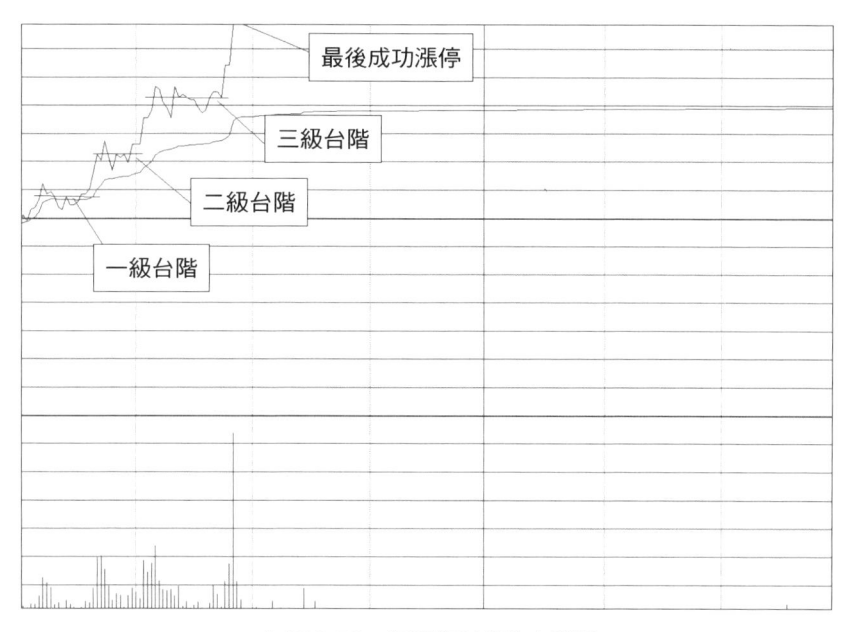

▲ 圖2-52　海源復材分時走勢圖

2. 漲停玄機

　　Ｖ形裂口可以是主力出貨所致，也可能是主力拉升個股過程中的一次「卸壓」行為。至於它究竟蘊含哪種訊息，可以從個股的日Ｋ線走勢和Ｖ形裂口出現的次數來判定。一般來說，在封板過程中僅出現一次Ｖ形裂口，更有可能是主力的洗盤行為。特別是當日走勢不好的情況下，主力極有可能借大盤回落之際，順勢小幅開板，從而達到洗盤目的。

　　在實際操盤中，只要個股的日Ｋ線走勢予以配合，完全可以把這個小裂口當成上漲訊號。但如果盤中多次裂口，則更有可能是主力出貨所致，這種情形當日不宜追漲買入，應注意風險。

　　當然，也要注意裂口出現的時間。經驗表示，出現在盤中階段的裂口，才更有可能是主力的洗盤行為；而出現在尾盤的裂口，則很可能與主力見大事不妙、大量拋售有關。

3. 買點提示

「流暢上揚後牢牢封漲停板」和「封板過程中僅出現一次小幅裂口」，這兩點是本型態的關鍵，也是投資人據此做多的標誌。在實戰操作中，應加以辨識。

如果個股日K線型態呈突破狀，且前期累計漲幅較小，可以於當日或次日買股入場。因為這種盤面型態，極有可能是主力強勢拉升個股前的一次洗盤行為。如果個股短期內漲幅較大，那麼盤面出現的這種裂口型態就不具有看漲含義。實戰操作中，個股的中短期走勢是投資人操作的重要依據。

4. 實例解析

圖2-53是愛康科技2021年8月20日的分時走勢。開盤後兩波流暢式拉升，股價成功封於漲停。但由於當天大盤逐波下跌，漸行漸弱，嚴重拖累市場人氣。受此影響，該股10:43出現一次裂口卸壓，但股價回落幅度不大，持續時間只有2分鐘，10:45就再次回封。結合個股的日K線圖來看，股價短線漲幅不大，可以將這種單一的裂口卸壓看作是主力的洗盤行為。操作中，當日或次日是短線買入時機。

十二、首尾上衝封板

1. 圖形特徵

指個股的開盤較為平靜，但開盤之後立刻快速上衝，上漲幅度在5%左右。股價基本上處於漲停價與開盤價中間的位置，維持一段時間的橫向運行，然後股價再次出現一波拉升並成功封板。這裡的「首」好理解，就是開盤不久先出現一波拉升；但這裡的「尾」不專指尾盤拉升上漲停板（以下簡稱上板），也包括午後再度一波封板。

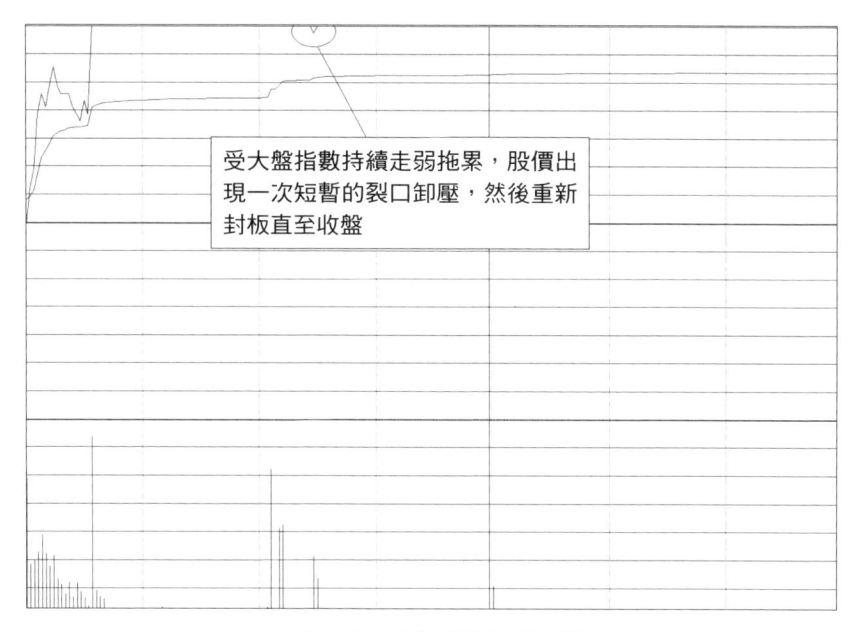

受大盤指數持續走弱拖累，股價出現一次短暫的裂口卸壓，然後重新封板直至收盤

▲ 圖 2-53　愛康科技分時走勢圖

2. 漲停玄機

首尾上衝封板是主力資金刻意運作早盤及尾盤的結果，表示主力有意拉升個股，且個股全天盤中運行十分平穩，這也印證了主力的控盤實力。在實戰操作中，只要個股的日 K 線圖較好，可以積極做多。

3. 買點提示

首尾上衝型態的短線最佳買點出現在次日盤中，無論個股次日是小幅開高還是開平，因昨日尾盤的快速拉升，勢必會形成一定的短線獲利賣壓，可以逢個股當日盤中回落之際買入。

次日買入的另一個好處是，可以進一步驗證主力做多的可能性。一般來說，如果首尾衝板不代表主力的做多行為，那麼次日股價極有可能開低走低，若出現這種情況，則可以成功避開短線被套的風險。

4. 實例解析

圖2-54為遠興能源2021年2月19日的分時走勢。早盤和午後均出現明顯拉升，這兩波上揚的幅度大、分時線形流暢，全天的盤中運行呈較為強勢的橫向整理，這就是首尾上衝封板型態。結合日K線分析，股價正處於盤整後的突破點，當日這個分時走勢預示著行情啟動，在實戰操作中，可以短線追漲買入。

這種型態有時出現首尾漲停，其與首尾上衝的技術型態、漲停原理、分析方法、入場機會是一樣的。

圖2-55為氯鹼化工2021年9月6日的分時走勢。開盤後一波拉漲停，封盤不久開板震盪，股價大幅回落。此時，市場多數人認為股價回封上板無望。但午後股價強勢拉升，再次封於漲停。

十三、整理後流暢尾盤板

1. 圖形特徵

流暢尾盤板（盤整區）型態。首先從日K線圖來看，個股持續橫向震盪整理，上下震盪幅度不大。其次，持續整理後的某個交易日，出現尾盤封板的分時走勢。

當日尾盤的封板過程是股價離漲停板較遠，在連續大單掃盤的推動下，出現極為流暢的拉升，快速上板封漲停，並且是一次性封板（或是短暫停留，隨後牢牢封板）。

2. 漲停玄機

一般來說，尾盤板的次日並不會出現明顯的開高，但這並不意味尾盤板不會成為個股短期行情啟動的訊號。如果尾盤板很流暢並一次性封板，且個股的日K線走勢十分優異，則尾盤板同樣有較強的上漲傾向。

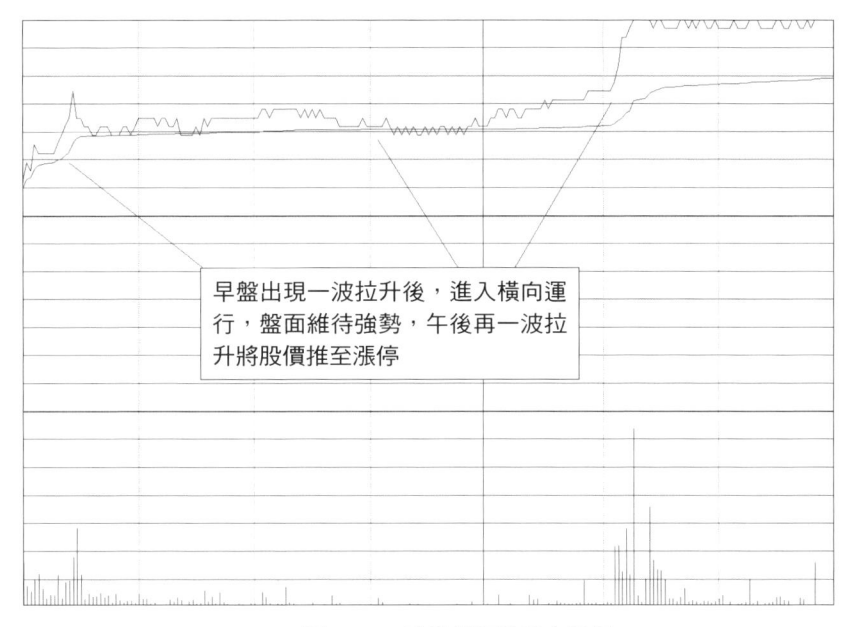

第 2 章　從分時圖看懂波段上漲變化，抓到最佳買點！

早盤出現一波拉升後，進入橫向運行，盤面維待強勢，午後再一波拉升將股價推至漲停

▲ 圖 2-54　遠興能源分時走勢圖

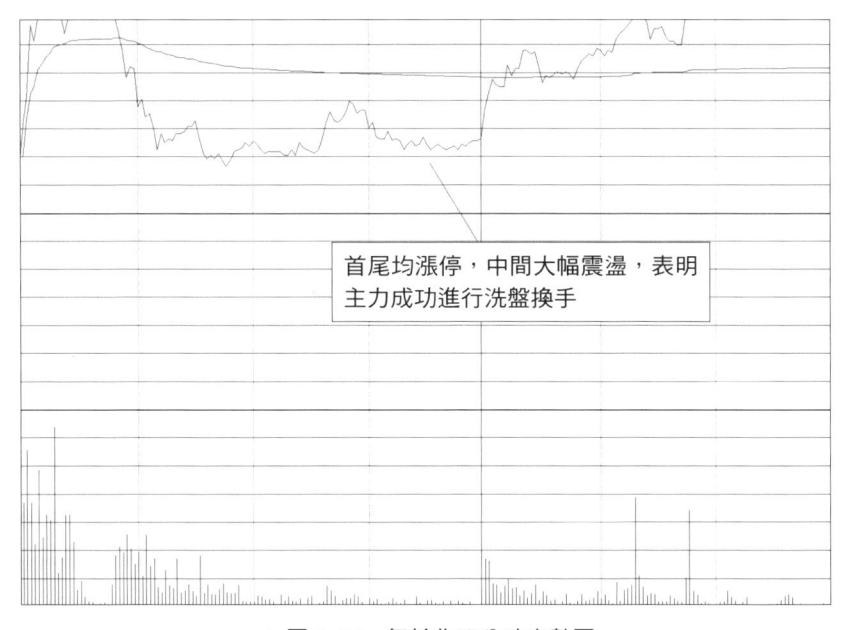

首尾均漲停，中間大幅震盪，表明主力成功進行洗盤換手

▲ 圖 2-55　氮鹼化工分時走勢圖

129

對於窄幅盤整區的流暢尾盤板，如果個股此前累計漲幅不大，可以將其看成是主力拉升的訊號，預示著突破上漲行情的來臨，在實戰操作中，可以積極追漲買入。

3. 買點提示

尾盤板的流暢拉升、強勢封板、個股的日K線走勢圖，是掌握這種型態的關鍵，也是實施操作的依據。

當個股在尾盤階段強勢封上漲停板時，很難判斷它是否能一次性地牢牢封板，當日不宜追漲買入。可以等待個股成功封板後，於次日開盤後介入。因為若無明顯利多消息助推，個股次日一般不會大幅開高。

4. 實例解析

圖2-56為雲維股份2021年9月6日的分時走勢。從日K線圖來看，股價小幅拉高後出現震盪整理，位置相對低位，這是典型的尾盤流暢板，個股在封漲停板時是一次性封板的。結合個股的日K線圖、當日漲停分時走勢，可以看作是主力拉升股價的訊號，預示突破後加速上漲。在實戰操作中，尾盤板次日開盤後，就是中短線介入的最佳時機。

十四、挖坑後流暢直線板

1. 圖形特徵

從日K線圖來看，個股持續橫向震盪整理，隨後向下略微跌破整理區，在相對低點以小陰、小陽線窄幅整理，從而構築一個「坑形」區域。在坑形區域，出現流暢的直線封板分時走勢。

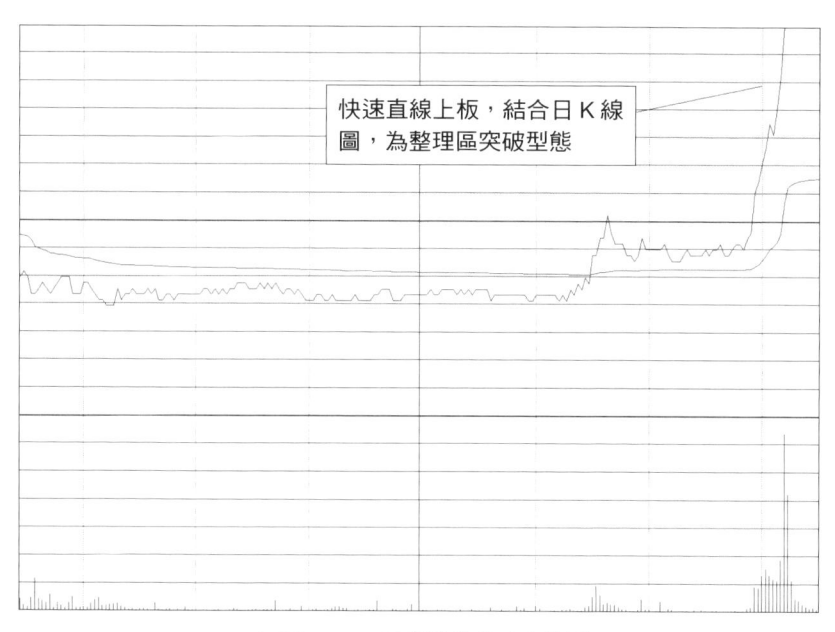

快速直線上板，結合日K線圖，為整理區突破型態

▲ 圖 2-56　雲維股份分時走勢圖

2. 漲停玄機

主力控盤手法多種多樣，有些主力在拉升個股前喜歡採用「欲揚先抑」的手法，平台窄幅整理後的「挖坑」走勢就是典型代表。但挖坑走勢並不必然對應主力隨後的拉升行為，很多個股在挖坑之後甚至會破位下行，此時坑形區域的漲停板，就是掌握主力動向的關鍵所在。

流暢拉升、直接封盤的拉升板，正是主力開始強力拉升、個股啟動的訊號，也驗證個股之前的挖坑走勢是主力有意為之的操盤手段。

3. 買點提示

先挖坑再直線流暢漲停板這種組合型態，預示短線機會來臨，在實戰操作中應特別注意。如果個股的前期累計漲幅不大，此前的窄幅盤整型態也較為理想，則坑形區域的這種直線漲停板，往往就是個股將強勢

啟動的訊號。在實戰操作中，應在第一時間內追漲買入。如果當日未能及時追漲買入，那麼次日逢盤中低點介入，也是一種不錯的選擇。

4. 實例解析

圖2-57為粵傳媒2022年5月26日的分時走勢圖，當日尾盤階段個股流暢上揚，直接封住漲停板，而且這一波上漲的幅度極大，是典型的尾盤流暢封板，也是上漲傾向最強的一種尾盤板。結合個股的日K線走勢圖來看，當日的這個漲停板使得個股開始突破坑形區域。經由上面的講解可知，這正是主力「欲揚先抑」操作手法的表現，預示著主力將有所行動，新一輪突破行情呼之欲出，應及時入場買股。

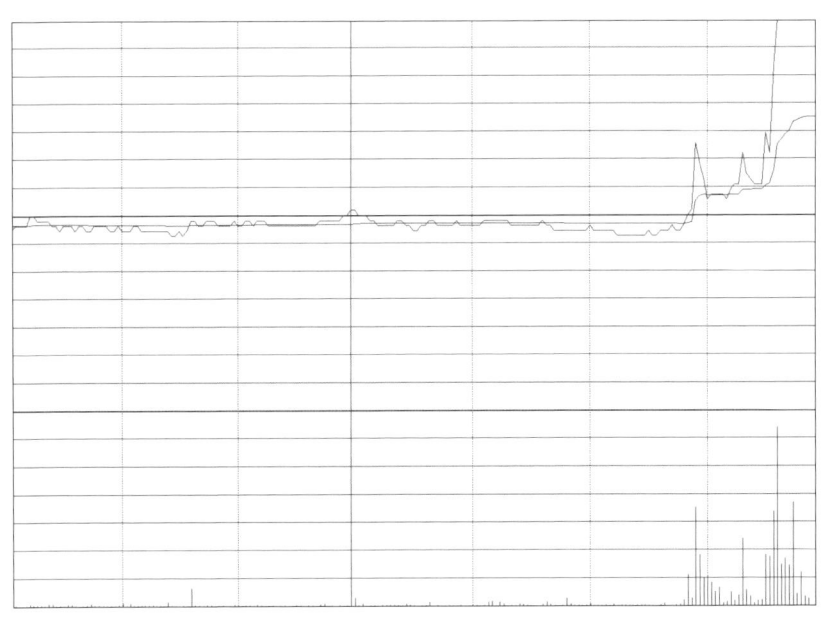

▲ 圖2-57　粵傳媒分時走勢圖

第 3 章

主力買入與出貨的秘密武器——漲停板操作法

3-1 開盤即漲停的個股，大多直線拉板、氣勢十足

經典的首板分時走勢，大多是直線流暢波，拉升氣勢十足。首板多為換手板，以平開或略開高為主，其回落的低點很少跌破前一天的收盤價。首板分時走勢流暢，有一個高位震盪過程，漲停板後一般情況下不會再打開。

一般而言，漲停的時間越早越強，溢價越高，比如早盤直線快速拉漲停的秒板，但如果遇到大盤不好就容易炸板。秒板是強勢的表現，分時圖形簡單、直觀。但有的個股秒板後，盤中出現爛板然後回封，而有的炸板後一路下跌，必須全盤分析。

一、直線拉板

在首板中經常出現盤中直線拉板現象，這種現象表明主力前期的蓄勢整理已結束，主力正快速拉升脫離盤局或成本區，需要結合盤面做整體分析。

圖3-1中，(a)圖是中岩大地的日K線和分時圖，2021年3月30日開盤整理20分鐘後直線拉板，然後在板上換手，最後穩健封板，隨後股價

第3章　主力買入與出貨的秘密武器──漲停板操作法

走出7連板。(b)圖是杭州解百的日K線和分時圖，2021年4月12日，開盤後保持弱勢整理，13:51直線拉板，收盤封板不動，隨後股價出現4連板。

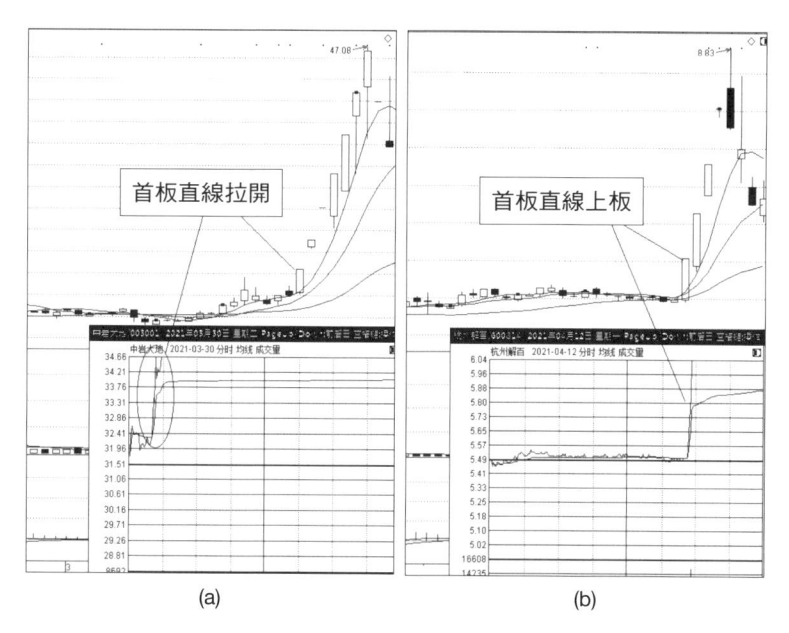

(a)　　　　　　　　　　(b)

▲ 圖3-1　中岩大地和杭州解百日K線和分時走勢圖

二、分時模型

　　首板分時中有一種經典走勢，當天開盤後先是維持整理（時間長短不一），然後出現一波明顯的拉高動作，拉升幅度在5%以上為佳（根據拉升起點位置高低，彈性處理拉升幅度）。接著出現盤中換手，股價基本上維持橫盤整理，沒有明顯的回落（回檔不能超過上漲幅度的1/3）。最後，第二波放量拉至漲停，封板收盤。這種分時走勢必須具備以下3個技術要點：

如何運用簡易波浪理論 抓到漲停板

(1) 第一波拉高結束後，小幅回落（回檔不能超過上漲幅度的1/3），分時基本上維持在高位橫盤整理，震盪幅度不大，最好不要出現明顯的尖頂走勢。

(2) 盤整時間在半小時左右，時間過長通常不會有第二波拉升行情。

(3) 第二波放量上拉，要求必須拉板封盤。如果第二波拉升不能封盤，則基本上可以認為當日不再封板了，此時切莫入場。

圖3-2為京泉華2021年4月22日的分時走勢。開盤後先是短暫的盤整，然後出現一波強勢拉升。經過30分鐘左右的橫盤整理後，第二波放量拉板。該股的分時走勢符合上述3個技術要點，投資人可以在第二波放量拉高時追進或打板買入。

> 第一波拉高後基本上維持橫盤整理，持續時間30分鐘左右，第二波直接拉漲停

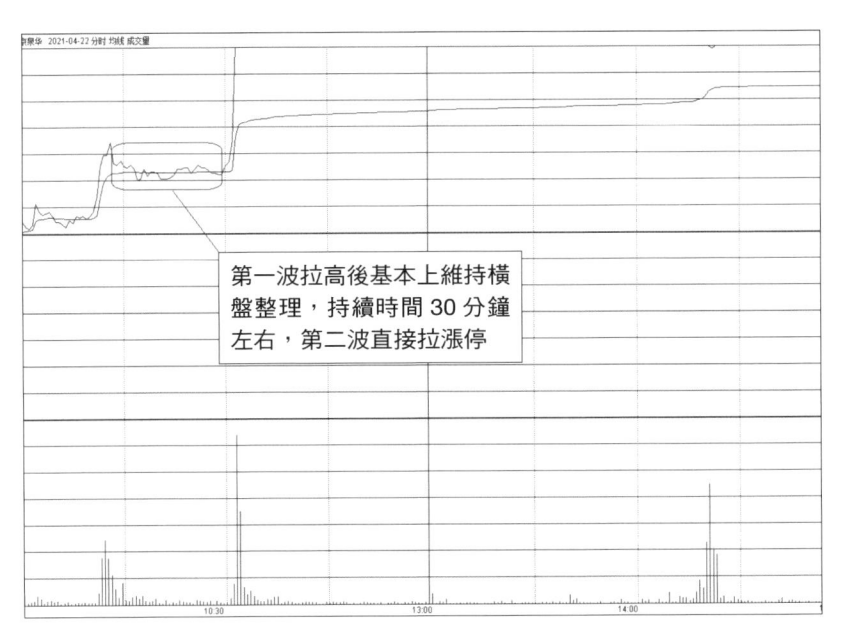

▲ 圖3-2 京泉華分時走勢圖

第 3 章　主力買入與出貨的秘密武器──漲停板操作法

　　圖 3-3 為重慶水務 2021 年 3 月 30 日的分時走勢。開盤後一直處於盤下弱勢盤整，臨近 11:00 出現一波強勢拉升。經過 30 分鐘左右的橫盤整理後，午後復牌時第二波放量拉板。該股的分時走勢符合上述 3 個技術要點，投資人可以在第二波放量拉高時追進或打板買入。不能成功漲停的實例，可以參考中化岩土 2021 年 4 月 9 日的走勢，對照上述 3 個技術要點，可以找出午後為什麼不能封板的原因。

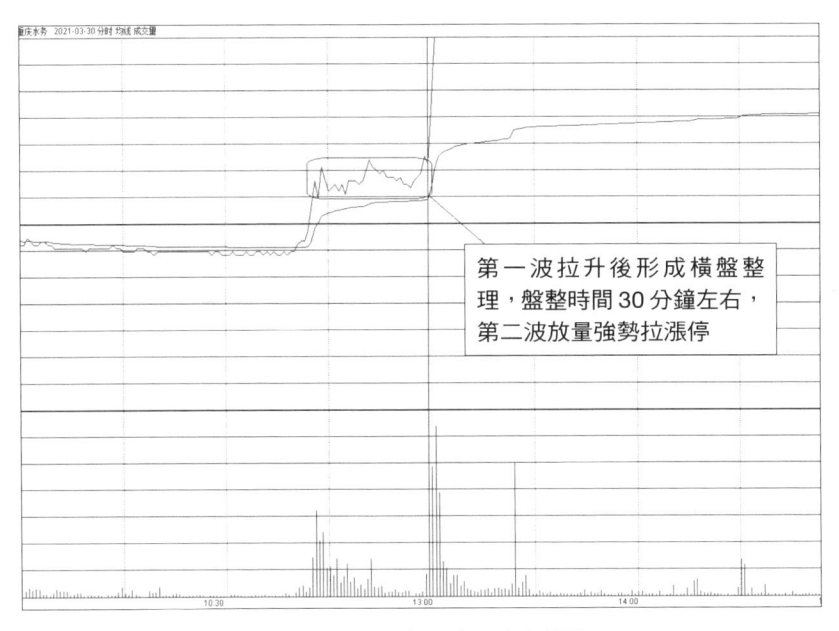

第一波拉升後形成橫盤整理，盤整時間 30 分鐘左右，第二波放量強勢拉漲停

▲ 圖 3-3　重慶水務分時走勢圖

三、次日經典分時

　　不同的板有不同的優缺點，首板不確定性最高，2 板性價比最好，3 板靠情緒博弈，4 板、5 板才會醞釀出妖股。但妖股不是任何時候都有，市場賺錢效應差時，3 板、4 板經常就是天花板。整體分析下，2 板實戰

操作靈活性強，進可望4板、5板有獲利空間，退仍有首板墊底可以防守，2板可以用固定的打板模式操作。

首板產生後，次日2板有兩種經典分時圖：一是直線衝高型，二是震盪衝高型。

1. 直線衝高型

條件：競價開平或小幅開高（低於3%），開盤後迅速衝高，5~10分鐘股價上漲7%左右，10:00之前上板最佳，最好不要晚於10:30，這種分時圖整體是震盪攀升格局。對於開高幅度，不特別誇張就行，比如開高7%或開低3%就很尷尬。任何市場都有意外，這個條件只是參考，關鍵還是要揣摩型態背後的情緒，找情緒切換點。

圖3-4為合興股份2021年3月15日的分時走勢。市場環境：當時操作主線是汽車電子，邏輯是股權集中，市場正由弱轉強，賺錢效應逐漸走好。走勢總結：首板爛板放量，這是分歧。次日小幅開高後直線衝高，最終漲停，這是一致，整個過程情緒從分歧到一致。

圖3-5是漢鐘精機2020年2月25日首板尾盤炸板，2板轉一致，分歧爆量承接，3板加速。

走勢總結：該股和合興股份近似，首板炸板，分歧放量。次日小幅開高後直線衝高上板，情緒就從分歧到一致。

2. 震盪衝高型

條件：競價開平或小幅高開（最好低於4%）開盤後呈現震盪運行，震盪時間2小時左右，整理後衝擊漲停。這種分時走勢，對何時漲停沒有限制。圖3-6為寶光股份2021年1月13日的分時走勢，小幅開高2.71%，經過盤中震盪換手後，轉為一致，股價直線拉漲停。

市場環境：當時市場流行炒妖股，賺錢效應非常好。市場炒作主線

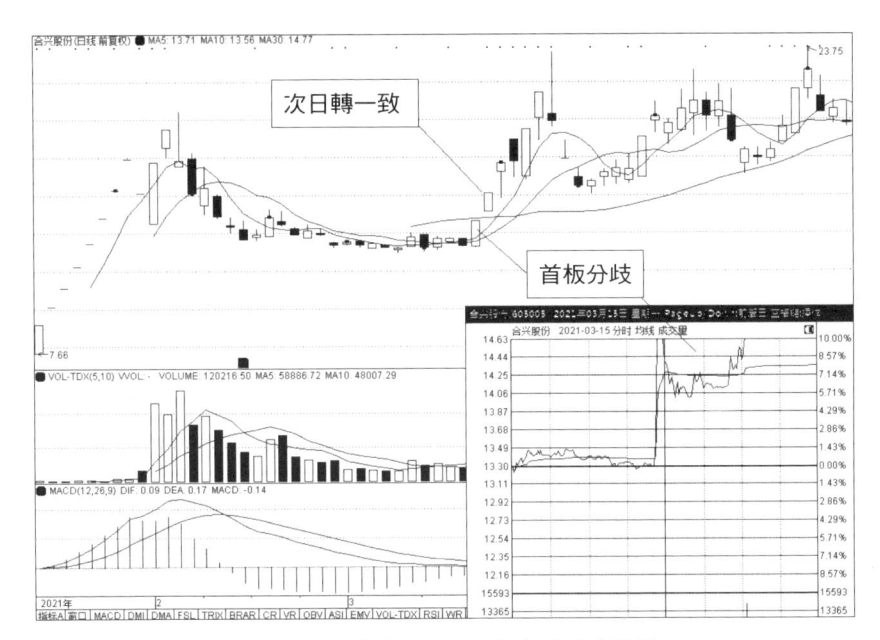

第 3 章　主力買入與出貨的秘密武器──漲停板操作法

▲ 圖 3-4　合興股份日 K 線和分時走勢圖

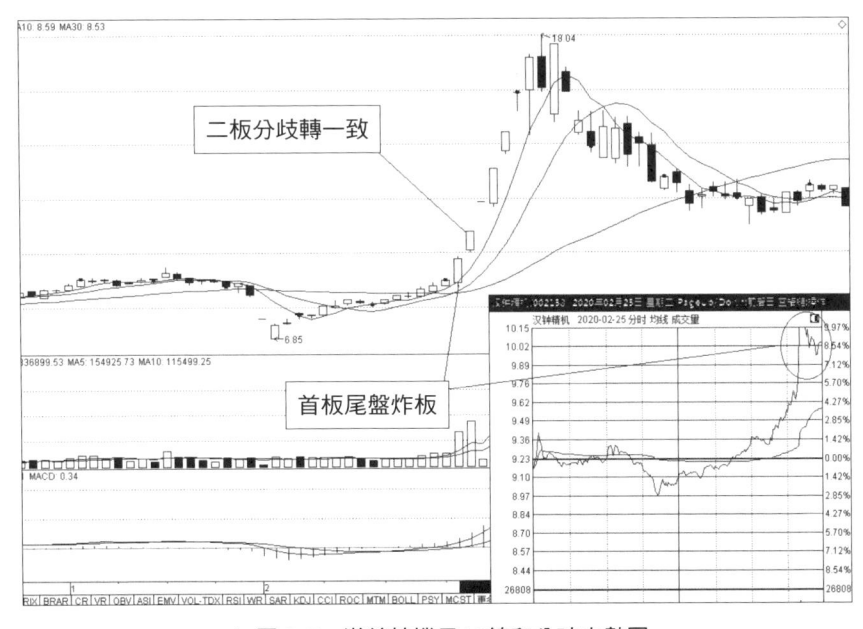

▲ 圖 3-5　漢鐘精機日 K 線和分時走勢圖

139

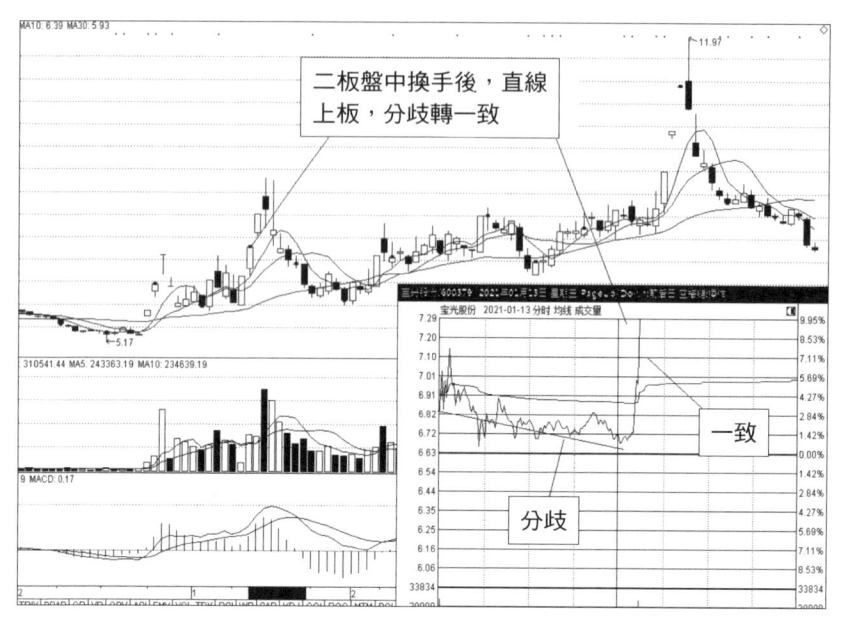

▲ 圖 3-6　寶光股份日 K 線和分時走勢圖

是氫能源，該股適逢其時。走勢總結：首板縮量，換手欠積極，所以資金普遍不看好。2 板當天，早盤小幅開高而後震盪，午後衝擊漲停。

該股從首板到 2 板，次日換手震盪，然後拉漲停。情緒是從一致到分歧再到一致，捕捉的就是分歧到一致這個機遇。

圖 3-7 是杭州解百 2021 年 4 月 13 日的分時走勢。市場環境：當時市場炒作主線是醫美概念，該股有潛在題材。

走勢總結：首板直線上板，換手不積極。由於是醫美板塊的跟風，2 板當天爆量，小幅開低後持續震盪。午後直線衝擊漲停，盤中炸過一次板，資金認可度一般。情緒是從分歧（炸過板，偏分歧）到分歧再到一致，3 板、4 板加速。

2 板當天開低也符合預期，但開低後衝高震盪，臨近中午或尾盤漲停。情緒是從分歧（首板）到分歧（震盪）最後到一致（2 板），比如

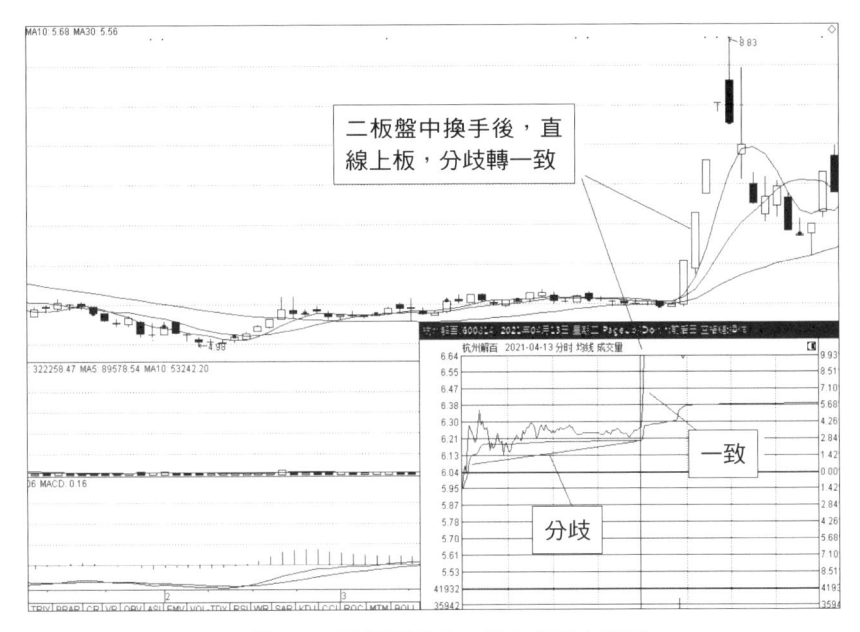

第 3 章　主力買入與出貨的秘密武器——漲停板操作法

▲ 圖 3-7　杭州解百日 K 線和分時走勢圖

2021年3月25日的重慶燃氣就是這種走勢。或者開盤幅度較大，漲停開板或衝高震盪，位置也遠高於平盤，盤面沒有明顯回落，但核心都是一致的。次日開高，震盪或開板，最後漲停。情緒也是一樣，從首板一致，到2板盤中分歧，最後漲停一致，比如2020年12月15日的豫能控股就是這種走勢。

3-2 在接續的漲停板中進場，有 3 個操作要點

一、分歧轉一致

　　放量分歧轉一致的接力板，連板數量要求比較低，選擇 1 個板以上的個股都可以。最好的接力板分時就是放量震盪到午盤，然後一條直線拉板，參與分歧轉一致的接力板，安全性大大高於加速板接力。

　　通常遊資想出貨的話，一般早上就出了，因為早上流動性最好，所以對於早上砸不死，分時走勢反而很穩定的個股，應當特別關注。

　　圖 3-8 為珠江股份 2021 年 4 月 30 日的 3 板分時走勢，開盤後上下震盪，重心有所下沉。9:44 直線拉漲停，說明有大資金鎖倉。這時有人出手拉升的話，鎖倉大資金基本上是不會砸盤的。這類震盪整理拉板，就是一個不錯的放量分歧轉一致板，理解力強的投資人可以選擇在股價上穿均價線時介入，追求穩定的投資人可以選擇打板入場。

　　圖 3-9 中，雙良節能 2020 年 9 月 22 日一字板後出現放量分歧，但是市場承接充分，分時走勢一致穩定。尾盤點火拉升封板就是一個介入點，安全性很高，這就是一個放量分歧轉一致板的經典模式。

　　次日又是一個加速秒板，安全性也很高。為什麼呢？因為前一日已

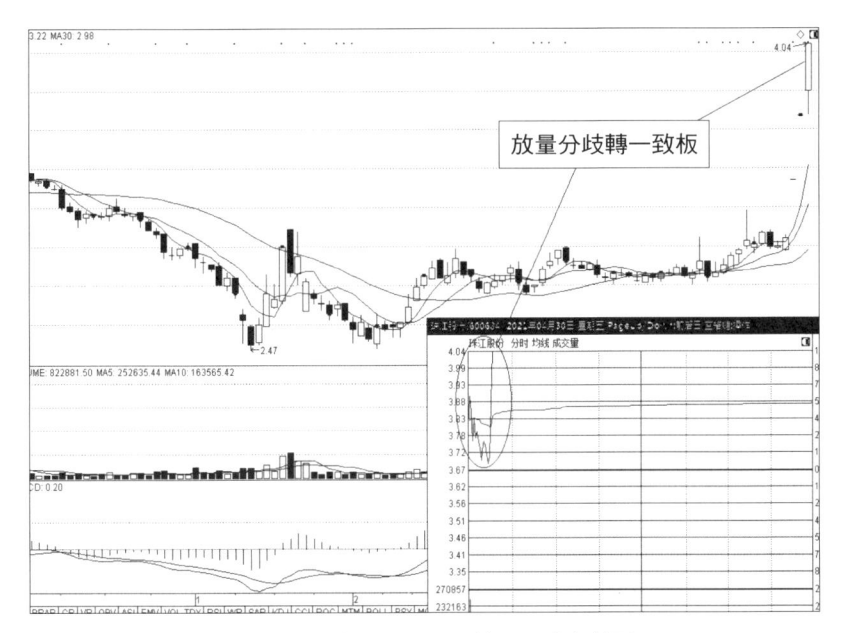

第 3 章　主力買入與出貨的秘密武器──漲停板操作法

▲ 圖 3-8　珠江股份日 K 線和分時走勢圖

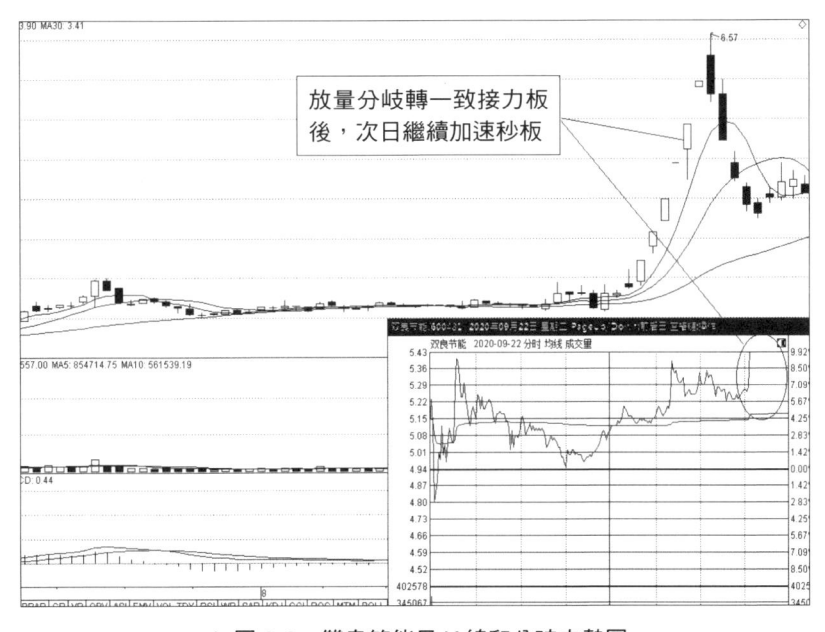

▲ 圖 3-9　雙良節能日 K 線和分時走勢圖

經經歷一個放量分歧。在5板介入的，大多是做超短線追求暴利的人，次日只要出現秒板基本上不會走人。也就是說，妖股只要經歷放量，次日加速，籌碼都會非常穩定。所以9月23日介入的人，對市場理解力很深，做事很有勇氣。儘管次日沒有繼續漲停，但也給了足夠的溢價離場機會。

放量分歧轉一致，特別是一字板後出現的放量分歧，只要籌碼承接充分，次日大多會有溢價機會。圖3-10中，(a)圖是中化岩土的日K線和分時圖，2021年4月2日放量分歧轉一致，在分時圖中上穿均線或打板入場，次日漲停。(b)圖是經緯輝開的日K線和分時圖，2020年7月31日，放量分歧轉一致，在漲停價介入，隨後股價出現5連板。

在實戰操作中，放量分歧轉一致接力板，應掌握以下技術要點：

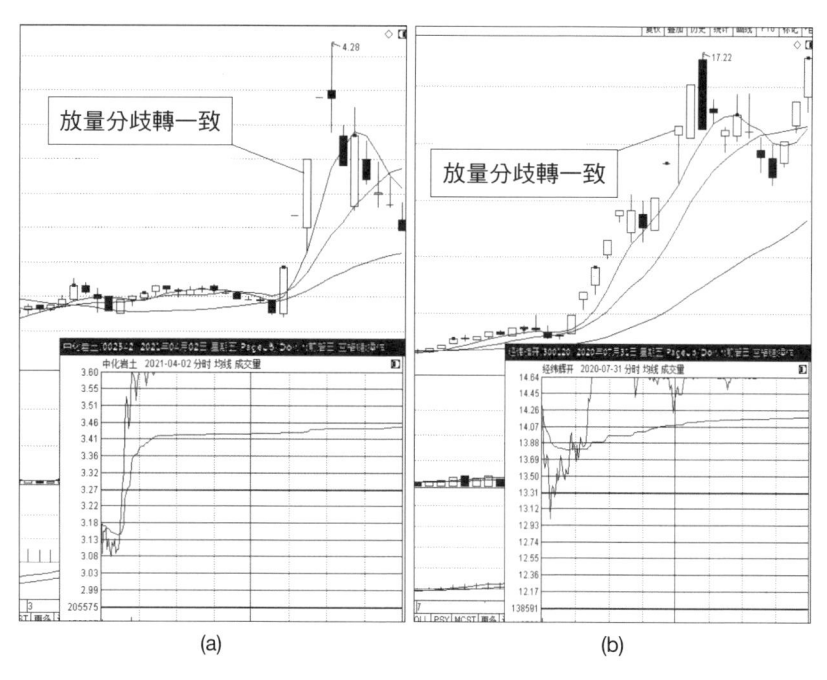

(a)　　　　　　　　　　　(b)

▲ 圖3-10　中化岩土和經緯輝開日K線和分時走勢圖

(1) 股性好的個股，上板可以不講邏輯。但股性一般的個股，一定要有邏輯，否則不要入場。

(2) 市場毫無熱點時，直線板可以觸發做多情緒。市場熱點太多時，要遠離直線板，因為這時是市場跟風高峰期。

二、接力板的形式

1. 分時換手的含義

分時換手也稱為日內換手，經由分時盤面震盪完成換手接力，讓盤中短線籌碼離場，又讓場內新資金進入，當日完成換手後當日上板。具體來說，就是在分時上出現大幅震盪走勢，但在日 K 線上保持連板。

圖 3-11 中，宜賓紙業 2021 年 1 月 6 日收出低位首板。次日，股價小

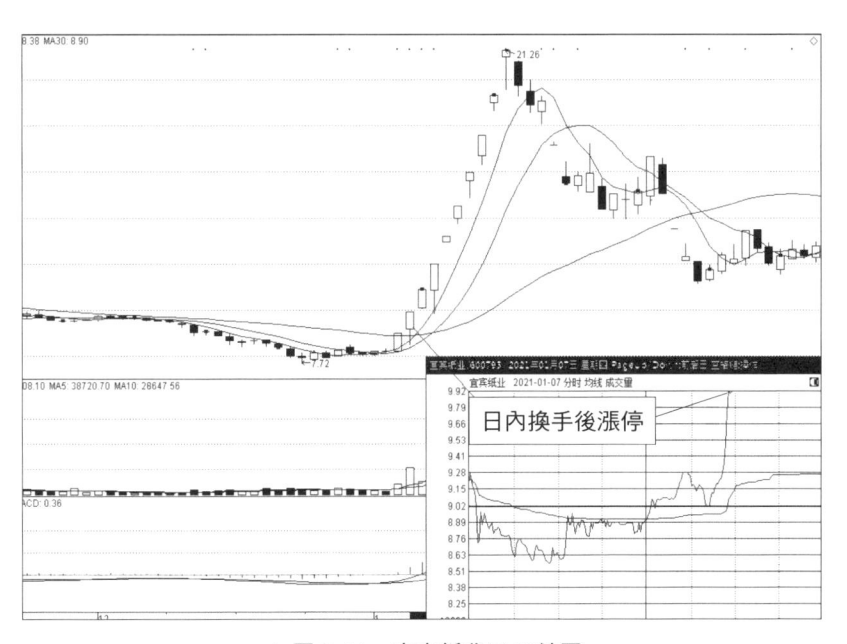

▲ 圖 3-11　宜賓紙業日 K 線圖

幅開高後向下回落，進行弱勢震盪整理。午後，接近14:00時直線拉漲停，完成日內分時換手。1月8日股價加速漲停，第二天同樣是日內分時換手。之後股價加速上漲，形成10連板行情。

實戰中有的個股既有日線換手，又有日內換手，換手形式屬於混合結構。由於換手非常充分，股價仍有走高的動力。

圖3-12中，菲達環保2021年3月15日出現首板後，接著連續2個一字板。3月18日，股價出現日內分時換手漲停，K線形成4連板。3月19日低開5.25%後股價衝高震盪，當日沒有漲停，成為日線換手。3月22日又是分時換手，之後股價出現3連板。

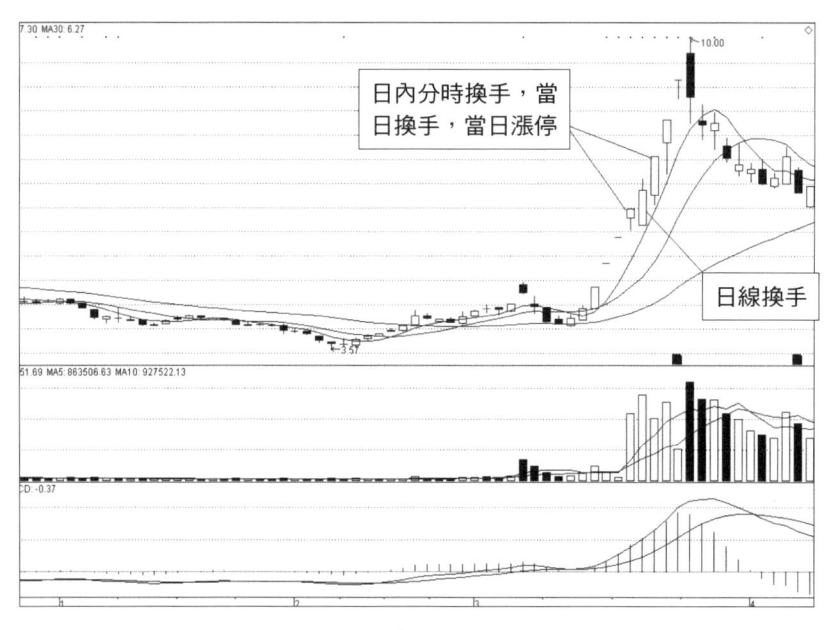

▲ 圖3-12 菲達環保日K線圖

2. 分時換手的形式

一般情況下，日內換手有以下兩種形式：

(1) 板上換手：這種換手是指主力將股價拉升至漲停後，反覆開板震盪故意不封板，直到尾盤才封盤，就是平常所說的爛板。

圖3-13中，(a)圖是順控發展的日K線和分時圖。2021年3月26日，開盤後股價向上拉升至漲停，然後在漲停位置多次開板震盪。盤中籌碼得到成功換手後，股價輕鬆封於漲停，之後股價繼續連板上漲。(b)圖是順博合金的日K線和分時圖。2021年3月17日，開盤後先是向下打壓換手，然後直線拉板，午後反覆開板換手，尾盤成功封板，之後股價加速連板上漲。

(2) 震盪換手：這種換手是指主力沒有將股價直接拉漲停，而是在盤

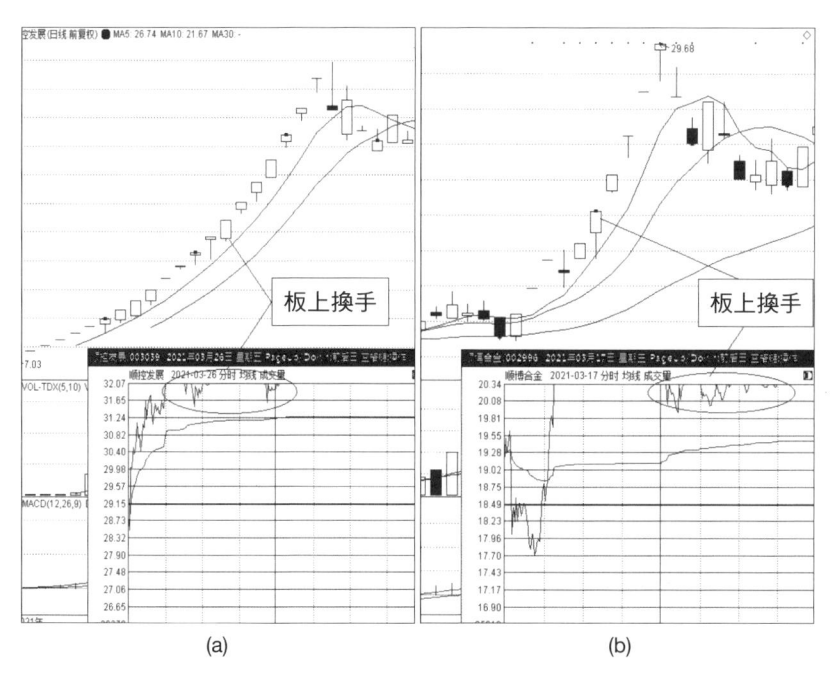

▲ 圖3-13 順控發展和順博合金日K線和分時走勢圖

中上下震盪，或者逐波推高股價，最後將股價封於漲停狀態。震盪換手又可以分為：推升式換手、波段式換手、平台式換手、打壓式換手等多種換手形式。

圖3-14中，(a)圖是長源電力的日K線和分時圖。2021年3月19日第一波快速拉高，然後股價在7%左右平台震盪，成功換手後上板，之後股價4連板。

(b)圖是宜賓紙業的日K線和分時圖。2021年1月11日，開盤後閃電下探，然後快速拉至7%附近橫向震盪，午後成功封板，留下一根長下影線的K線，之後股價連板上漲。震盪換手形式很多，這裡不一一舉例分析，投資人可結合實戰後歸納整理。

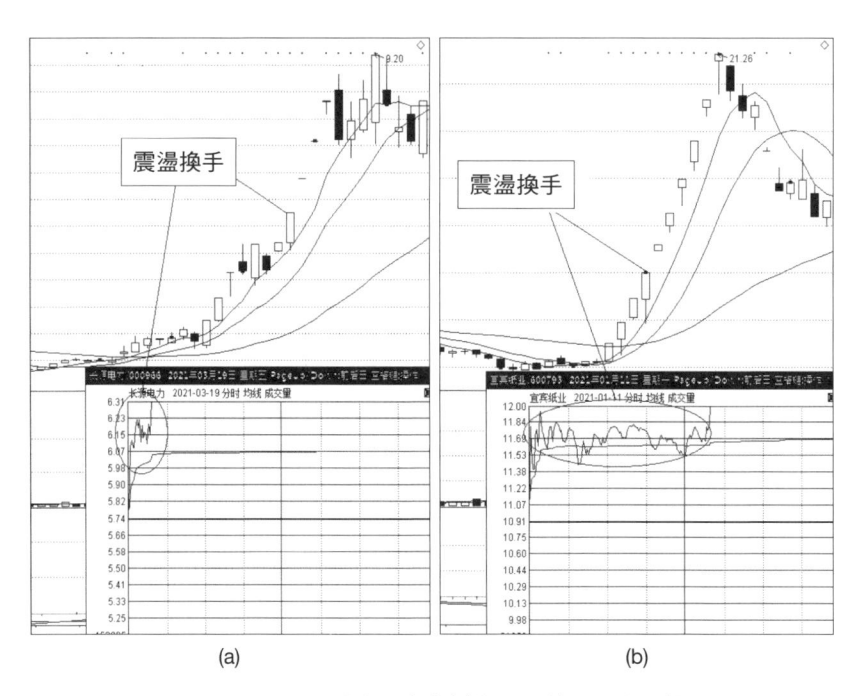

▲ 圖3-14　長源電力和宜賓紙業日K線和分時走勢圖

三、回封板的邏輯

A股市場中，有些主力專門選擇熱門漲停個股作為操作目標，選擇那些超短線遊資介入程度不深的個股，待其漲停衝高回落，主力資金出得差不多後快速介入。這類主力也是超短線遊資，他們選擇同行已炒熱的個股作為攻擊目標，在同行炒熱衝高獲利退出後進行接力，之後繼續往上做多。

這是一種較特別的選股思維，是實戰中行之有效的一種操作方法。正是因為存在這些主力，所以常看到短線漲停或者連續漲停個股，盤中明明大資金在砸盤出貨，股價正跌得一塌糊塗無力回天時，突然又被大資金快速拉起直奔漲停。這種怪異的表現一般人難以理解，但其實這本非意外，而是部分短線遊資有計劃的操盤形式。

市場上的熱門個股，一般都是有概念或利多的，這些個股大部分都是短炒遊資輪番炒作，在遊資的推波助瀾下出現漲停甚至連續漲停。這些遊資以超短線操作為主，往往是今天進、明天出。

尤其是龍頭股，它們之所以連續上漲，大多是因為各路遊資不斷接力炒作所致。個股或板塊被炒熱後，大量遊資都盯著這些股票，隨時都有入場搏一把的可能。當然，這些遊資有著嚴明紀律，無論炒作是否成功，次日都會快速出來。

熱門股的短炒資金大多在次日開盤後15分鐘內撤退，部分態度不夠堅決的短炒資金，也在10:30之前陸續賣掉。漲停股出現砸盤時，從開盤到10:00之間砸得最兇狠，這段時間是超短線資金集中賣出時段。

圖3-15中，美邦服飾2021年4月2日幾乎開盤就秒板，股價連續7個漲停。圖中A點，獲利資金出逃打開漲停，隨後股價快速下跌。B點位置，開盤幾分鐘的賣量相當大，短線資金利潤豐厚，爭相出逃也是正常的。9:50股價止跌，說明大部分超短線資金已經撤出。不過，被市場

發掘後充分炒作的個股，此時人氣仍然高漲。C點位置，一些思維獨特的另類資金又快速入場，推高股價並封漲停，表明新主力入場接力做高股價。

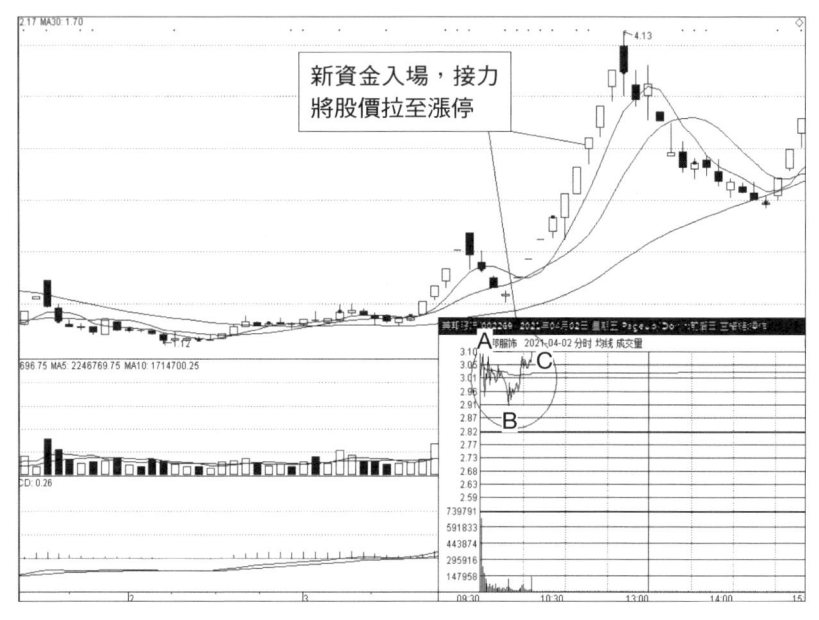

▲ 圖3-15　美邦服飾日K線和分時走勢圖

　　圖3-16為銀寶山新2021年4月19日的分時走勢。該股新主力、老主力其實都是短炒資金，目標都是炒一把就走，入場時機各有各的選擇，新主力是在老主力將股價炒熱獲利退出後入場接力。
　　老主力獲利退出的重要依據，是分析盤面分時走勢以及一些公開數據。新主力只有在有把握的情況下才會去接力，這種操盤模式是一種比較特別的選股入場方法，對於新接手主力而言沒有對錯之分，只有操作成功與否之別。

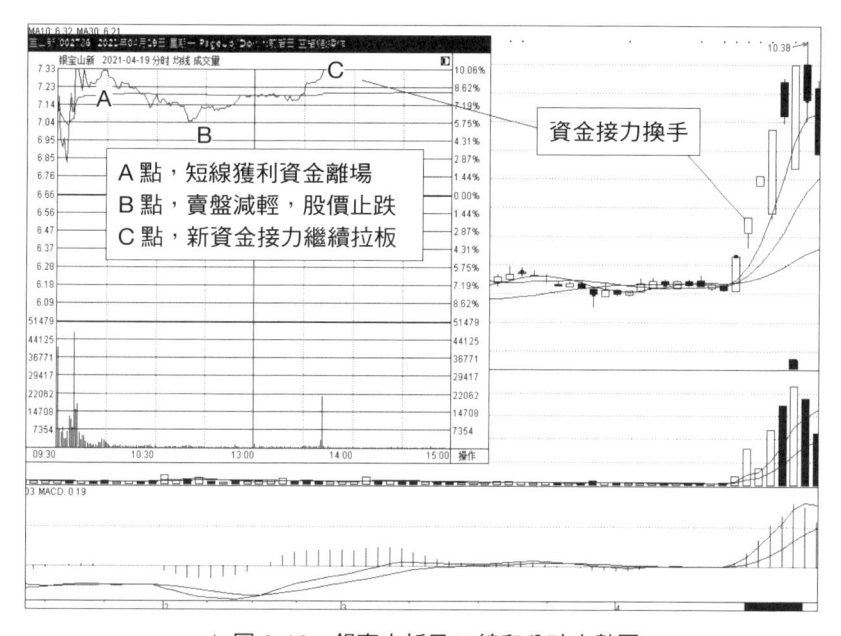

第 3 章　主力買入與出貨的秘密武器──漲停板操作法

資金接力換手

A 點，短線獲利資金離場
B 點，賣盤減輕，股價止跌
C 點，新資金接力繼續拉板

▲ 圖 3-16　銀寶山新日 K 線和分時走勢圖

3-3 用漲停分時圖，看穿主力的5種出貨手法

一、衝高出貨

衝高出貨是主力最好的出貨手法之一。盤面特徵為：開盤（開高、開低）後股價快速拉至漲停（有時摸板）或漲停價附近，然後股價開始震盪走低，一路下行，一路出貨，K線收出大陰線或長上影線，為典型的衝高出貨走勢。

圖3-17中，同為股份連拉6個漲停後，2023年2月6日跳空開高，分三波衝板，節奏分明氣勢強盛，看起來漲停沒有懸念，這也吸引了許多投資人的參與。但股價兩次摸板都沒有成功封盤，最終全天呈現震盪走勢，尾盤繼續走低翻綠。從當天分時走勢看，主力出貨意圖非常明顯。

圖3-18中，金發拉比該股連續拉升後，主力獲利非常豐厚，在高位大幅震盪中悄悄派發籌碼。2023年1月18日股價低開高走，主力暗中出貨，尾盤拉板誘多。次日低開走低，股價跌停收盤，隨後幾日繼續維持高位震盪，主力出貨手法如出一轍。

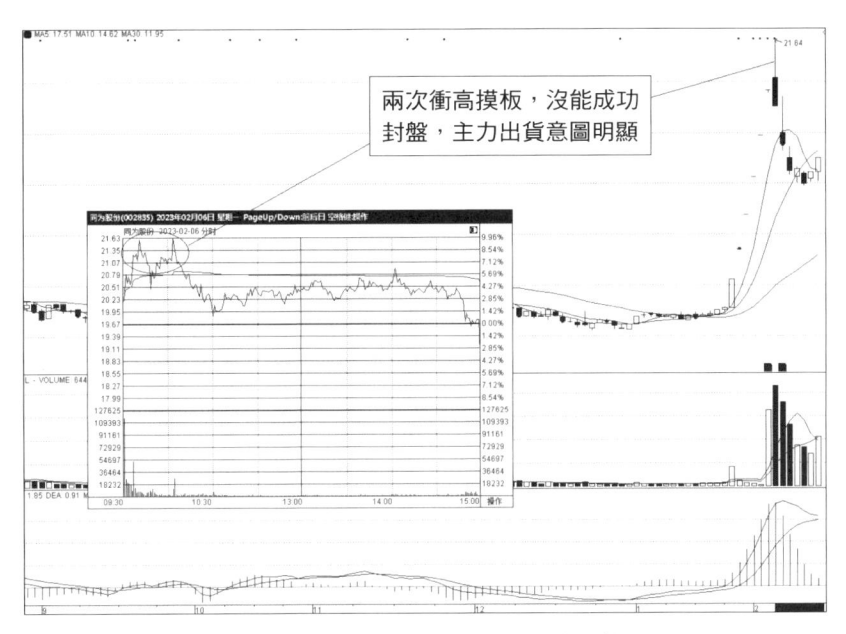

第 3 章　主力買入與出貨的秘密武器──漲停板操作法

兩次衝高摸板，沒能成功封盤，主力出貨意圖明顯

▲ 圖 3-17　同為股份日 K 線和分時走勢圖

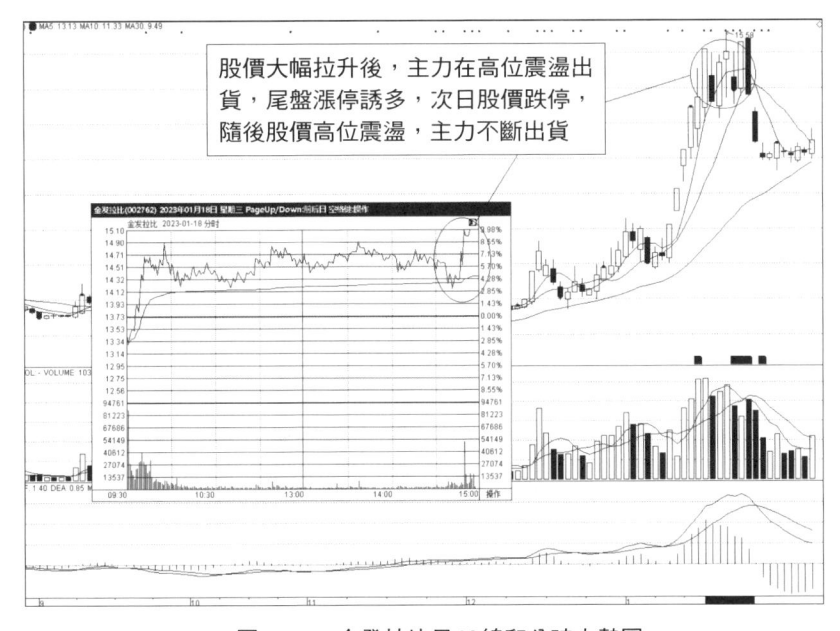

股價大幅拉升後，主力在高位震盪出貨，尾盤漲停誘多，次日股價跌停，隨後股價高位震盪，主力不斷出貨

▲ 圖 3-18　金發拉比日 K 線和分時走勢圖

二、推升出貨

這種出貨手法與衝高出貨相比顯得溫和許多，主力出起貨來悠然自得，悄無聲息。

推升出貨分為兩種情況：一種是日線級別的推升出貨法，股價整體處於震盪走高態勢，主力用邊拉邊出的手法出貨；一種是分時級別的推升出貨法，股價開盤後逐波向上推升，尾盤漲停或接近漲停價收盤，K線收出漲停大陽線或光頭大陽線。

1. 日線級別出貨

推升出貨在中小型股中比較多見。在整個拉升過程中，雖然沒有快速拉升出貨法那麼兇悍，但也相當迅速，成交量也處於高換手狀態。這種手法往往會給投資人介入機會，所以具有重要的實盤操作意義。這類個股的操盤核心，就是跟隨短期趨勢操作。具體操盤方案如下：

第一，買入條件：(1)技術形態必須保持完好的上升趨勢。(2)在拉升過程中，成交量明顯放大。(3)以5日或10日均線作為短期趨勢線，緊貼10日均線分批介入。此時30日均線保持上行狀態，助力股價向上走高。

第二，賣出條件：(1)單日放出巨量，換手率超過前期的1倍，且股價明顯滯漲。(2)在日線上出現吊頸線、射擊之星、大陰線等頂部K線型態。(3)股價有效跌破短期趨勢線，即5日或10日均線，5日均線拐頭下行，此時30日均線上升速度放緩或平走，表明上漲氣勢漸漸減弱。

圖3-19中，麥克奧迪的主力成功吸納大量低價籌碼後，股價慢慢向上爬高，然後進行短期的橫向震盪整理。2019年11月15日，以一字板的方式向上突破股價出現飛漲，短期漲幅翻倍。在高位股價出現震盪，上漲步伐明顯有些遲緩，說明主力已無心繼續做多，從K線中可以看出端倪，但主力為了出貨方便，還是不時拉出幾個漲停來誘多散戶。

第 3 章　主力買入與出貨的秘密武器──漲停板操作法

　　這顯然屬於主力邊拉升邊出貨型漲停的操作手法，其間出現的 4 個漲停，就是主力為了更順利派發籌碼而故意拉高行為。投資人遇此情形時不但不能盲目入場，還要做好逢高離場準備。12 月 19 日股價跌破 10 日均線時，應果斷清倉離場。

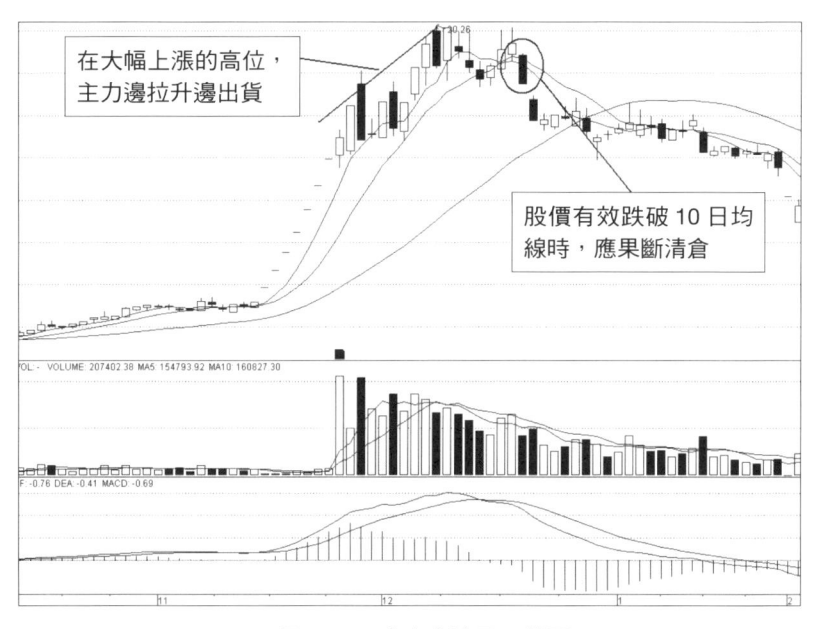

▲ 圖 3-19　麥克奧迪日 K 線圖

2. 分時級別出貨

　　在股價高位，開盤後穩步向上推高，尾盤股價拉至漲停。具體表現形式：一是分時沿著一定的角度穩步向上走高，尾盤股價漲停；二是股價以小波段的形式向上走高，最後漲停收盤；三是台階式走高，以漲停收盤。當然，不論何種形式的漲停，都需要結合日 K 線分析。

　　圖 3-20 中，麥趣爾成功見底後連拉 8 個漲停，盤中堆積大量的獲利籌碼。2022 年 12 月 30 日，在第八個漲停的分時走勢中，股價衝高後回

155

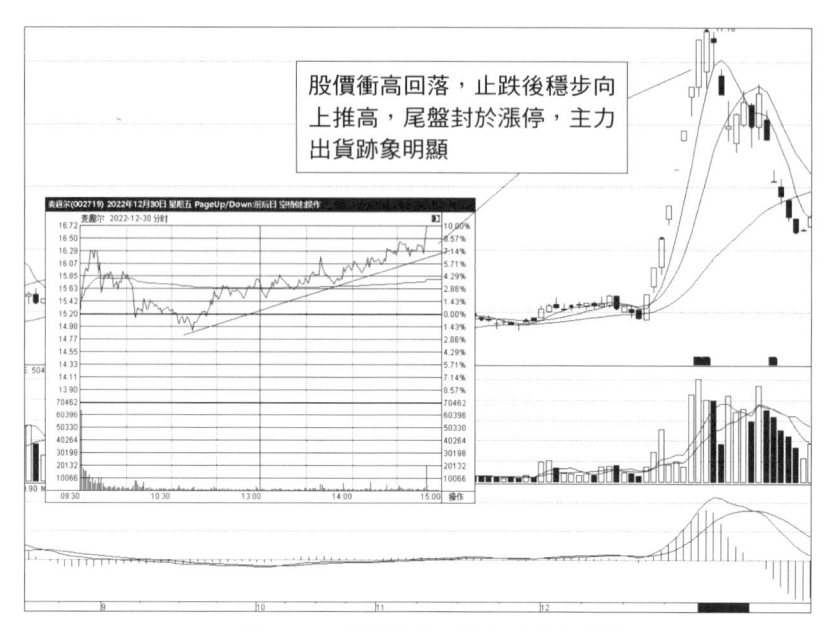

▲ 圖 3-20　麥趣爾日 K 線和分時走勢圖

落，止跌後沿著一定的上升角度穩步走高，尾盤以漲停報收，日 K 線保持完美的攻勢。次日，股價開低後出現同樣的分時走勢。看起來分時走勢非常健康，但如果發生在漲幅較大的高位，就要當心主力推升出貨。

圖 3-21 中，黑芝麻見底後走出一波趨勢行情，短期股價累計上漲幅度較大。2023 年 1 月 11 日開盤後遭到獲利盤的賣壓，股價止跌後呈現波段式上漲，尾盤股價漲停。次日股價衝高回落，高位收出十字星 K 線，隨後股價快速下跌。對於實戰經驗不豐富的新手來說，可能看不出有主力出貨的跡象，但如果結合第二天的十字星和日 K 線分析，就可知道主力有明顯的出貨跡象。

圖 3-22 中，安妮股份突破後連拉 5 個漲停，主力短線獲利非常豐厚，股價在高位出現震盪，經小幅整理後再次出現走強。2023 年 1 月 10 日開盤後向上推高，然後出現盤整走勢。午後股價呈現台階式上漲，3

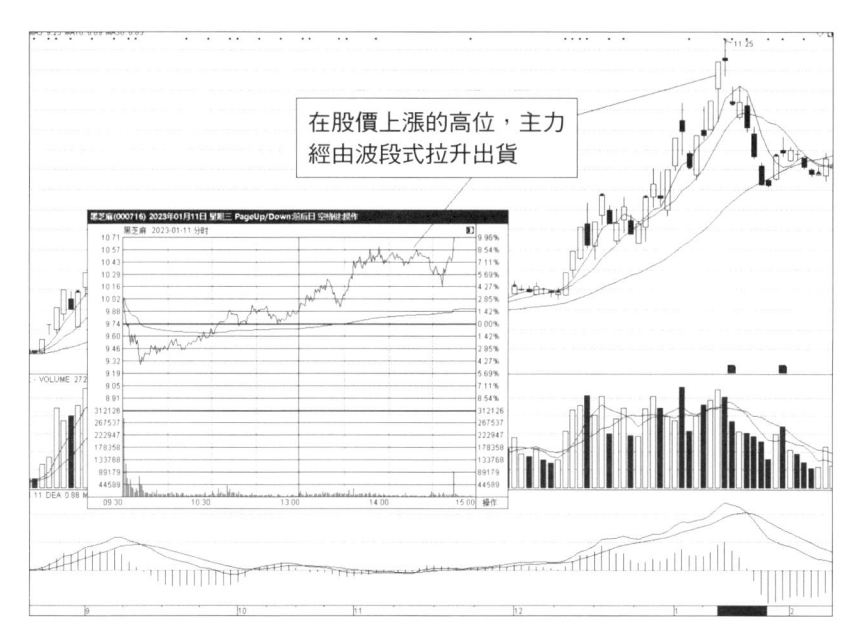

第 3 章　主力買入與出貨的秘密武器──漲停板操作法

▲ 圖 3-21　黑芝麻日 K 線和分時走勢圖

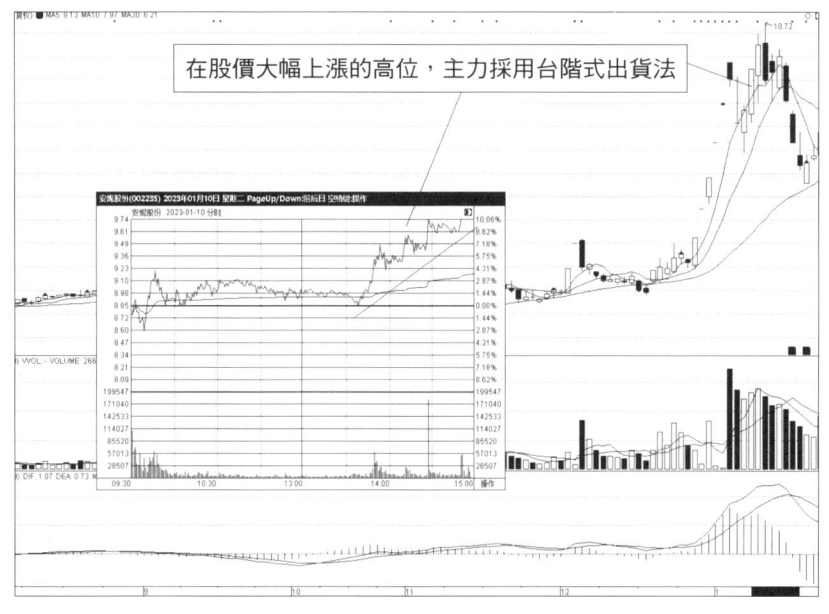

▲ 圖 3-22　安妮股份日 K 線和分時走勢圖

個台階上板,然後震盪,尾盤回封。結合日K線分析,可知主力出貨行為明顯。

三、爛板出貨

爛板有時候是主力建倉、洗盤的手法,有時候卻是主力出貨的表現方式。在出貨盤面中,股價短線連續大漲之後,主力往往會選擇在漲停板位置出貨,經由「掛單、撤單、再掛單」營造封單比較大的良好氛圍,最後來一個「撤單加出貨」,將打板的投資人一網打盡。

圖3-23是北清環能2021年3月2日的分時走勢。早盤接近開平後,二波拉漲停看起來非常強勢,但午後開板長時間震盪,尾盤勉強回封形成弱勢漲停,日K線中很完美。這種盤面如果次日開盤後不能強勢運

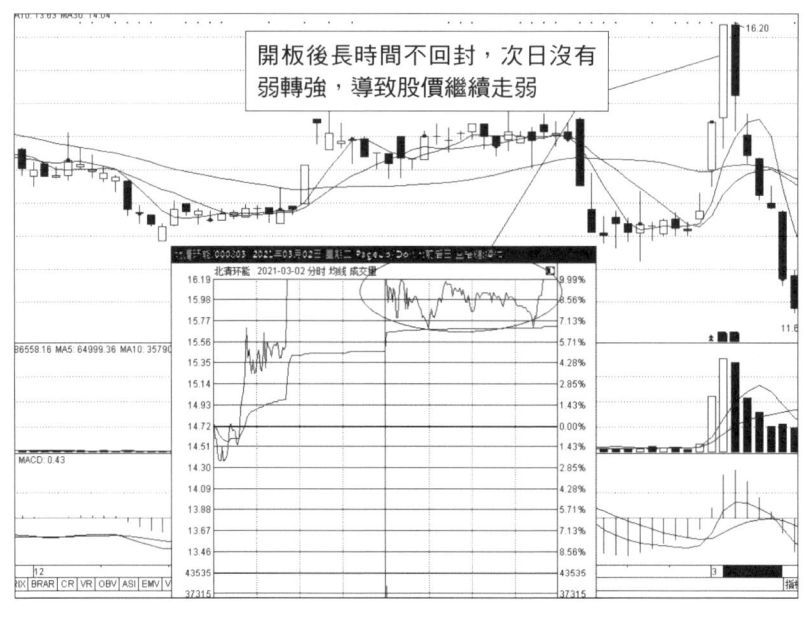

▲ 圖3-23　北清環能日K線和分時走勢圖

第 3 章　主力買入與出貨的秘密武器──漲停板操作法

行，則進一步走弱的可能性大增，所以次日走勢非常關鍵。如果次日不能持續走強，表明當天的爛板就是主力在出貨。

圖3-24中，人人樂兩波大幅炒高後，主力出貨那是必然的。2023年1月3日股價小幅開高後衝高回落，然後再次拉起，股價強勢走高，一度封在漲停板。幾分鐘後漲停板打開，股價回落震盪，尾盤回封。分時走勢是一個大爛板，雖然尾盤漲停，但不能掩飾主力出貨的意圖。次日直接開低走低，將前一天介入的散戶悉數套牢，當天股價跌停收盤。

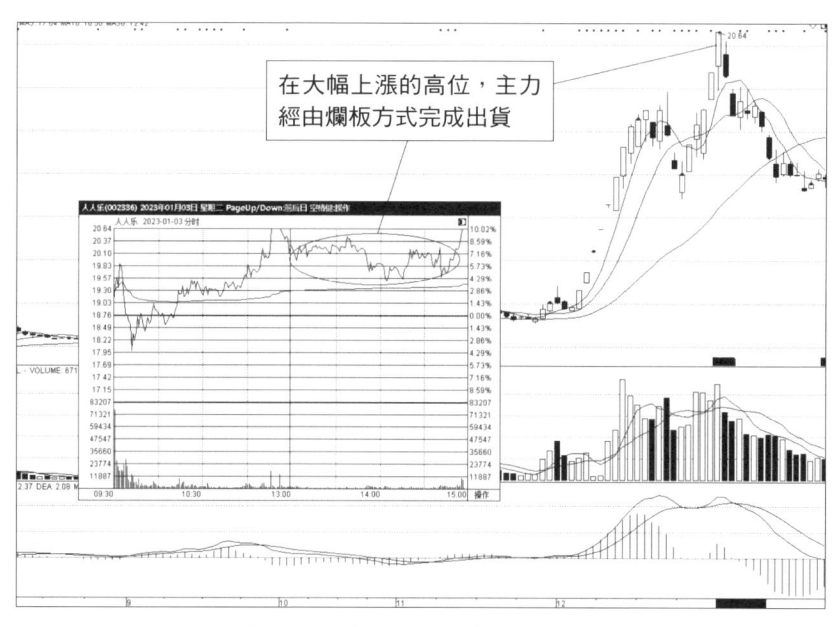

▲ 圖 3-24　人人樂日 K 線和分時走勢圖

四、跳水出貨

分時盤面跳水有很多種含義。從主力手法來看，有建倉跳水、試盤跳水、出貨跳水等；從股價位置來看，有高位跳水、中位跳水、低位跳水等；從時間方面來看，有早盤跳水、中盤跳水、尾盤跳水等。

1. 早盤跳水

早盤通常是指開盤後的30分鐘內，在這個時間段股價出現快速下跌，一般單波跌幅超過3%。俗話說：「好的開始是成功的一半」，無論技術方面還是人氣方面，股價早盤跳水對全天的走勢，會產生很大的負面影響，比如主力建倉、試盤，就能達到預期的效果。那麼怎麼理解出貨階段的早盤跳水呢？這自然有主力自己的考量。

首先，可以將部分獲利籌碼兌現，股價開高的個股一定程度上可以給投資人帶來信心和希望，尤其是一字板開盤的個股，無疑讓投資人吃了一顆定心丸。在大家放鬆警惕時，股價突然向下跳水，主力大幅減倉；其次，在股價止跌回升或震盪整理過程中，也會吸引部分散戶的跟風介入，認為跳水之後股價跌不動了。有的散戶以為自己買到低價籌碼而暗暗自喜，豈料主力暗中出貨，這就是主力跳水出貨的本質。

圖3-25中，如意集團2022年12月19日股價慣性大幅開高9.01%，盤中秒板後沒有一次性封盤，小幅回落後再度上板，但封盤不到1分鐘就開板下跌。隨後股價大幅跳水，股價一度打到跌停板位置，但股價也沒有封在跌停位置。之後股價再次拉起，一度又上漲7%多。

從該股的分時走勢中，可以清晰看出主力的出貨軌跡。首先，在跳水之前股價兩度上板，這時吸引不少散戶打板進場，也就是說，主力在跳水之前出了很多的獲利籌碼。其次，在此後的股價回升過程中，主力也出了大量的貨。再次，在之後的橫盤震盪以及尾盤的回升中，也是主

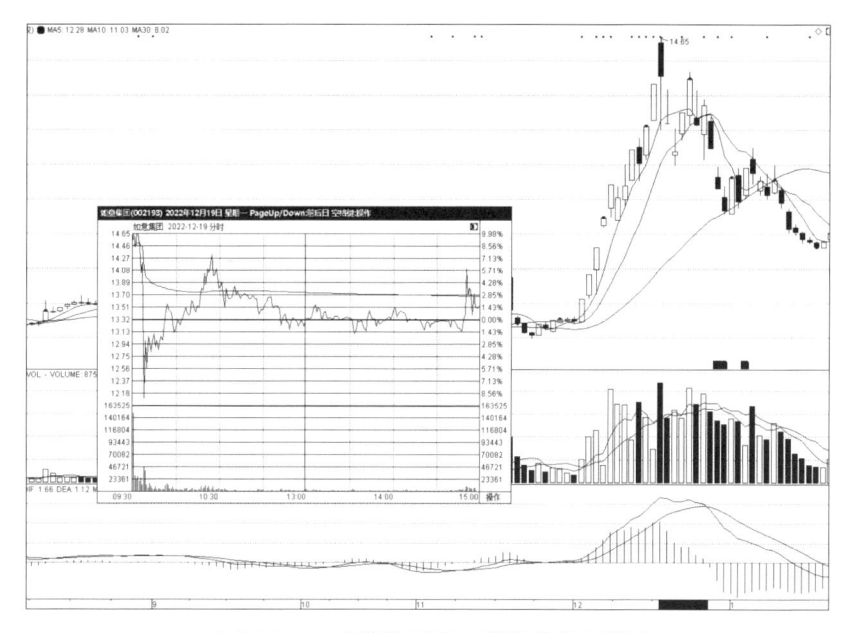

第 3 章　主力買入與出貨的秘密武器──漲停板操作法

▲ 圖 3-25　如意集團日 K 線和分時走勢圖

力出貨的好時機。該股是主力出貨的經典之作，手法運用十分巧妙。

2. 中盤跳水

中盤出貨是指除了早盤和尾盤這兩個時間段之外，其他盤中任何時間段出現的跳水走勢。但跳水機率比較多的，還是集中在上午收盤前的 30 分鐘和下午開盤後的 30 分鐘時間。

中盤跳水也可以分為多種情形：緩升後釣魚式跳水、平台整理突破性跳水、緩跌後加速跳水、漲停後開板跳水等。

圖 3-26 中，深振業 A2022 年 12 月 5 日股價大幅開高 6.35%，盤中秒板，盤面氣勢強盛，整個上午基本上處於封板狀態，看不出異常現象。可是，臨近上午收盤前打開封板，午後隨之而來的就是大跳水，股價逐波下跌，當天下跌 753% 收盤，主力出貨行為非常果斷。

161

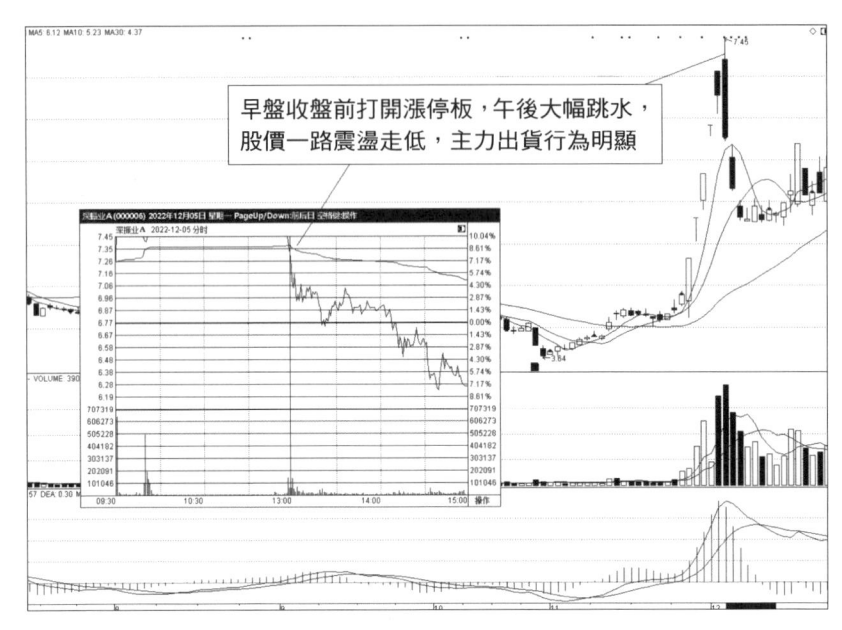

▲ 圖3-26 深振業Ａ日Ｋ線和分時走勢圖

圖3-27中，日出東方2022年8月16日，股價在大幅上漲的高位，出現明顯的震盪出貨走勢，上午呈現逐波上漲，分時節奏尚可，但午後出現突破性跳水現象，之後股價漸漸走低。

3. 尾盤跳水

市場中所說的「黃金2點半」就是指尾盤分時走勢變化較大，往往打破全天平衡的運行格局，其中尾盤跳水是常見的盤面現象。尾盤跳水有各種目的，而出貨是其中常見的主力手法，投資人應用心領會尾盤跳水背後的邏輯。

圖3-28中，力盛體育短線出現快速拉升行情，2022年11月11日開高震盪衝板，但沒有成功封盤，尾盤大幅跳水回落。在分時走勢中明顯察覺到主力的出貨跡象，先是在高位強勢震盪，讓人感覺股價仍有漲停

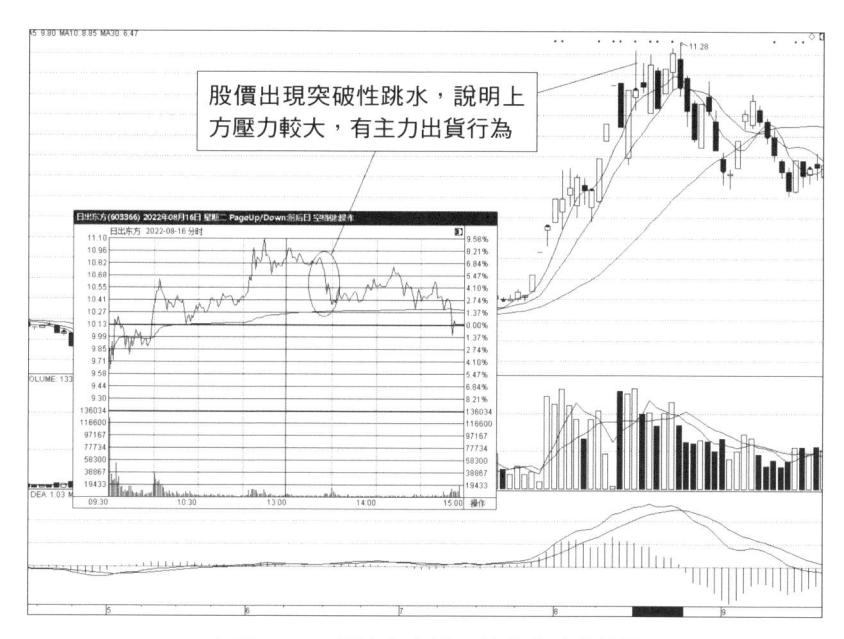

第 3 章 主力買入與出貨的秘密武器──漲停板操作法

股價出現突破性跳水，說明上方壓力較大，有主力出貨行為

▲ 圖 3-27 日出東方日 K 線和分時走勢圖

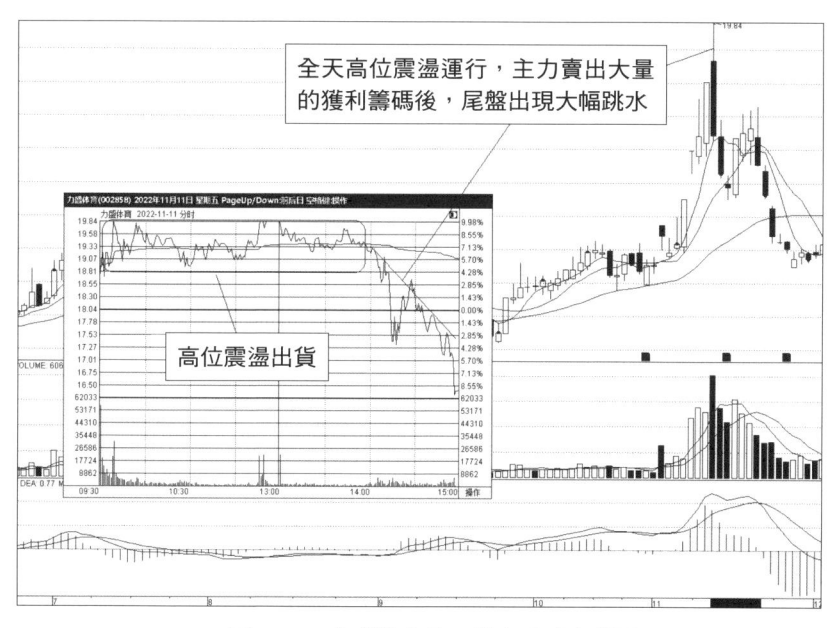

全天高位震盪運行，主力賣出大量的獲利籌碼後，尾盤出現大幅跳水

高位震盪出貨

▲ 圖 3-28 力盛體育日 K 線和分時走勢圖

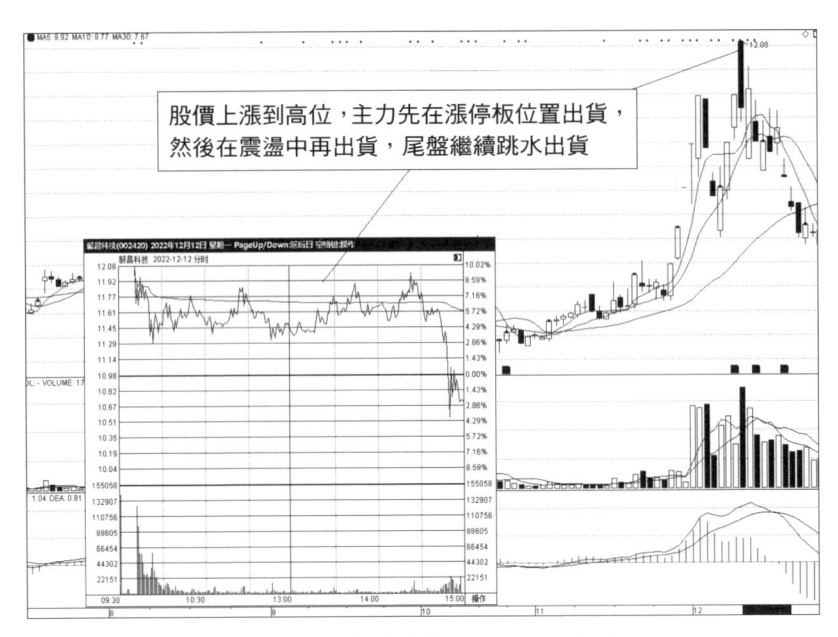

▲ 圖 3-29　毅昌科技日 K 線和分時走勢圖

的可能，吸引散戶入場。而主力卻在暗中大量出貨，在主力賣出大量籌碼後，該股出現加速跳水走勢。

　　圖3-29中，毅昌科技連拉5板後出現2個跌停板，之後又拉出2連板。2022年12月12日股價從漲停板開盤，封盤10分鐘後開板震盪，之後一段時間維持高位震盪，尾盤跳水下跌。該股主力出貨意圖也是非常清晰的，首先在漲停板位置悄悄出貨，其次在高位震盪中再出貨，最後在尾盤繼續跳水出貨。

五、震盪出貨

　　震盪出貨是主力常用的一種出貨手法。股價處於高位，分時波動幅度較大，當盤面明顯走弱時卻神奇般地拉起，而看著要大漲時卻突然跌

第 3 章　主力買入與出貨的秘密武器——漲停板操作法

落下來，這種大起大落的盤面總是吸引一些散戶跟風入場。有時維持在一個區間範圍內出貨，有時在大起大落中暗中出貨，幾個回合後主力就

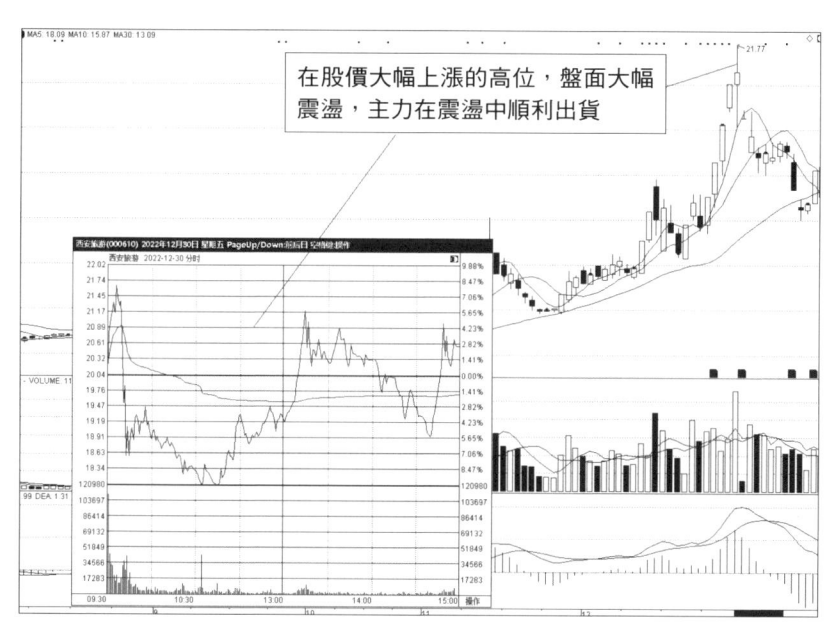

在股價大幅上漲的高位，盤面大幅震盪，主力在震盪中順利出貨

▲ 圖 3-30　西安旅遊日 K 線和分時走勢圖

能順利完成出貨計畫。

　　圖 3-30 中，西安旅遊成功見底後逐波走高，高位連拉 4 板，股價加速上衝。2022 年 12 月 30 日，在第五板位置出現大幅震盪，股價幾起幾落，主力成功地完成大量出貨計畫，之後股價漸漸走低。

　　圖 3-31 中，粵傳媒連拉 6 個漲停後，在高位出現大幅震盪，日 K 線大起大落，分時走勢也是大幅波動。2022 年 12 月 2 日開盤後逐波下跌，然後強勢拉起，股價創出新高給人許多遐想。轉眼間，股價大幅回落，尾盤接近最低點收盤。從分時走勢到日 K 線結構，無不隱藏著主力的出貨意圖，之後幾日股價大幅回落。

如何運用簡易波浪理論 抓到漲停板

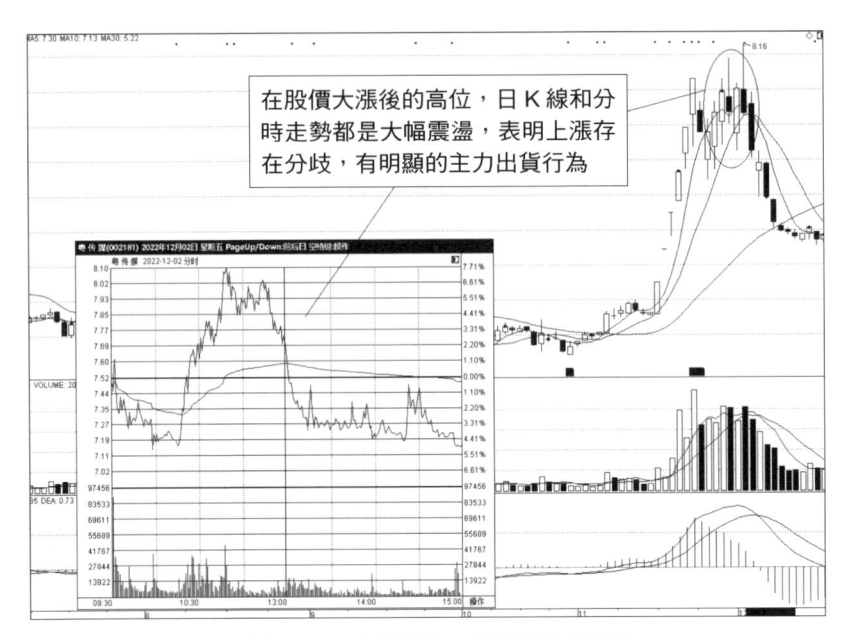

在股價大漲後的高位，日K線和分時走勢都是大幅震盪，表明上漲存在分歧，有明顯的主力出貨行為

▲ 圖3-31 粵傳媒日K線和分時走勢圖

3-4 為何漲停又跌停？都是主力操作的結果

一、天地板的含義

一般來講，漲停價位置稱為頂天，跌停價位置稱為立地。股價從漲停板回落到跌停板收盤，稱為「天地板」，而股價從跌停板回升到漲停板收盤，稱為「地天板」。由此還可以延伸出「天地天」板和「地天地」板。為了表述上的方便，這裡統稱為「天地板」。

股價一天20%的幅度極少出現而且不容易掌握，如果以漲停價買入，不幸股價回落到跌停板收盤，那一天的浮虧就是20%。反之，如果在跌停價即將打開的瞬間買入，強勢拉升到漲停板收盤，那麼一天的浮盈就是20%。

圖3-32中，羅曼股份2021年12月27日股價3連板漲停之後，繼續從漲停板開盤。但封盤不到10分鐘就被強大的賣盤打開，股價快速跳水，盤中雖有回升動作，但最終還是以跌停價收盤，形成天地板走勢，一根20%的大陰線，表明短線頂部確立。

羅曼股份上市時間不長，主力打壓出貨手法還算仁慈，股價下殺到跌停價後，還能再次出現一定的回升走勢，讓散戶有出場的機會。

如何運用簡易波浪理論 抓到漲停板

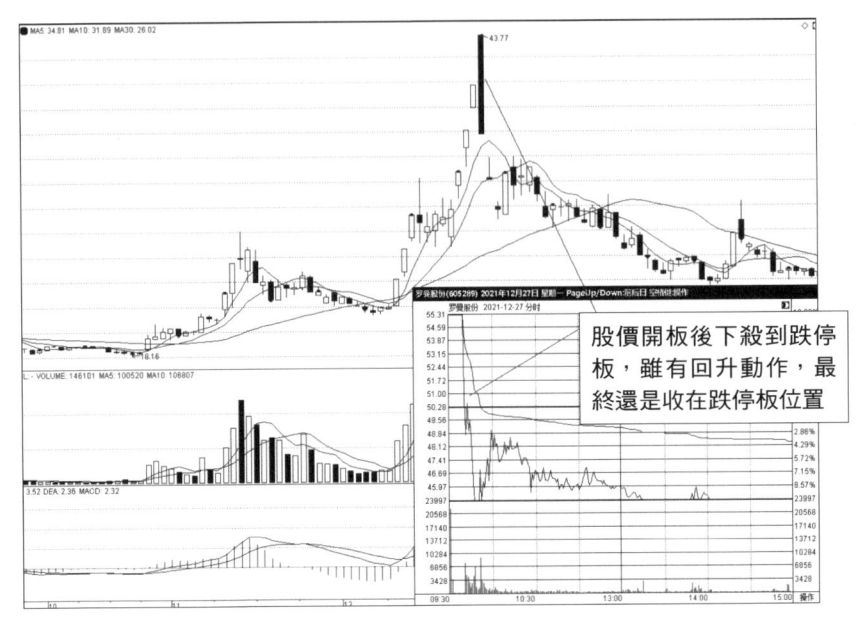

▲ 圖3-32　羅曼股份日K線和分時走勢圖

　　圖3-33中，光明乳業上市後連拉4個一字板，接著又是4個實體板，盤面上漲氣勢強勁，由此吸引不少散戶跟風入場。2022年6月2日股價從漲停板開盤後，封盤不到1分鐘就被連續的大賣單賣到跌停板位置，且沒有任何的反彈回升動力，表明主力不計成本地殺跌，次日繼續一字跌停，頂部有效形成。

　　圖3-34中，ST大集在2022年10月～2023年1月漲跌行情中，先後出現多達8次的天地板或地天板型態，分析的難度非常大。這類個股，應以股價趨勢和基本面作為分析重點和判斷依據，才能得出有參考價值的結論。

　　當天股價出現天地板後，要觀察跌停後的成交量變化。如果跌停後成交量較小，說明買盤資金抄底不積極。這種情況一般第二天都會慣性下跌，後市走勢也不樂觀，因此遇到時投資人需要在第二天開盤後擇機

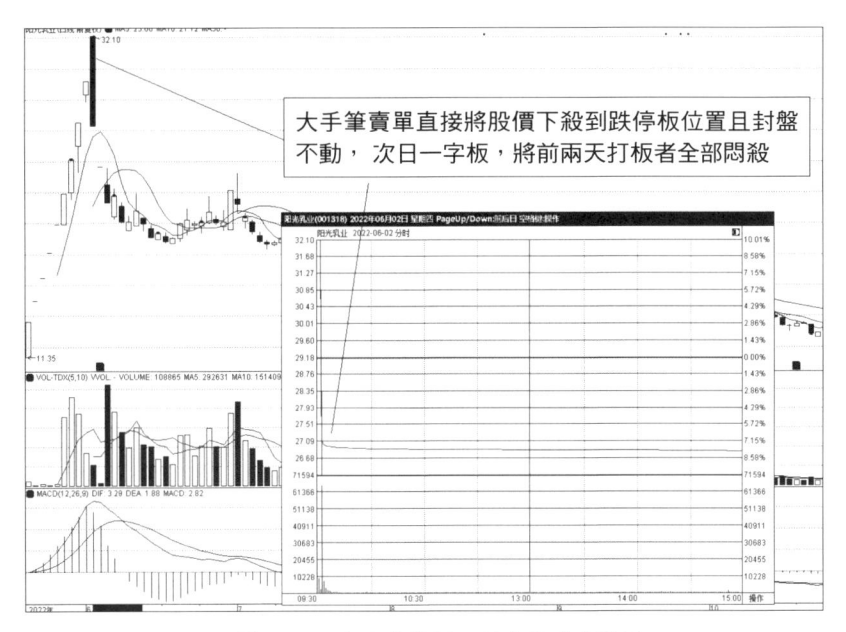

第 3 章　主力買入與出貨的秘密武器──漲停板操作法

大手筆賣單直接將股價下殺到跌停板位置且封盤不動，次日一字板，將前兩天打板者全部悶殺

▲ 圖 3-33　光明乳業日 K 線和分時走勢圖

在一輪漲跌行情中，先後出現 8 次天地板或地天板情形，這類個股以趨勢分析為主

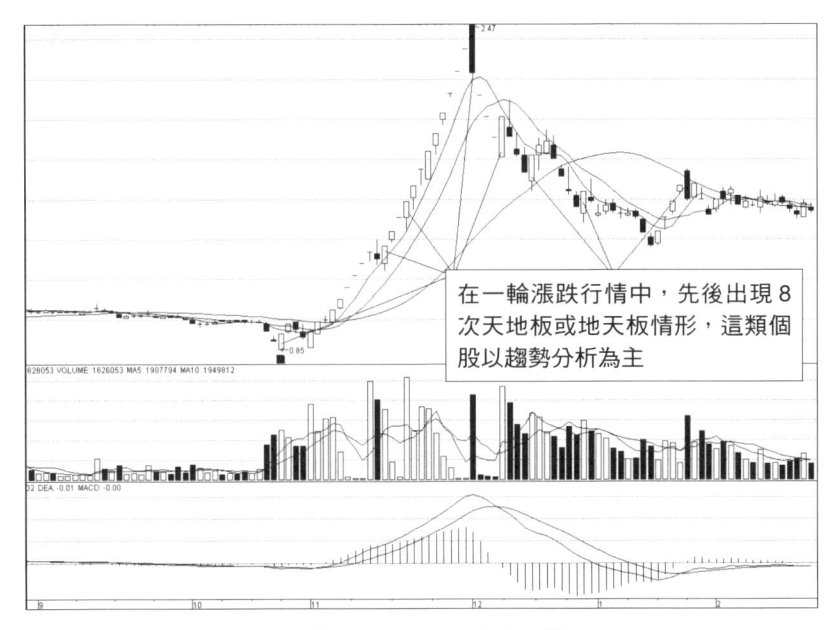

▲ 圖 3-34　ST 大集日 K 線

賣出。此情況出現的機率較大，投資人不要抱有僥倖心理。

投資人遇到天地板跌停後，如果成交量較大且有大單資金積極買入，說明有主力資金在積極抄底，第二天股價能維持強勢上漲或震盪，則後市股價反彈機率較大，投資人可繼續持有。

無論天地板還是地天板都有兩面性，有時候為見頂訊號，有時候為見底訊號，關鍵看股價所處的位置和性質。按性質不同可分為：底部止跌性、中途洗盤性、趨勢扭轉性及主力出貨性，屬於何種性質的盤面還需要結合日K線分析。

二、天地板止跌

天地板有著多重的技術意義，有時候只是一個止跌訊號，表明股價大幅下跌後的止跌，或者大漲之後的回檔結束，但並不代表對後市有趨向性指示，這種訊號買賣時要具體分析。

圖3-35中，盛泰集團連拉4個漲停後，接著就是2個跌停。2022年4月28日大幅開低6.93%，盤中弱勢整理，一度下探到跌停板位置然後又強勢拉起，盤中摸到漲停板位置，尾盤又明顯回落。這種型態屬於短線急跌後的止跌走勢，上有壓力（回檔幅度大）下有支撐（前低盤整區），後續進入盤整格局。

圖3-36中，ST奇信由於基本面不佳，股價連續下跌9個一字跌停板。2023年2月10日繼續從跌停板開盤，隨後逐波拉高，最終收於漲停板。這樣的地天板只是一個止跌型態，做空動能並未釋放完畢，後市股價難以持續走高。

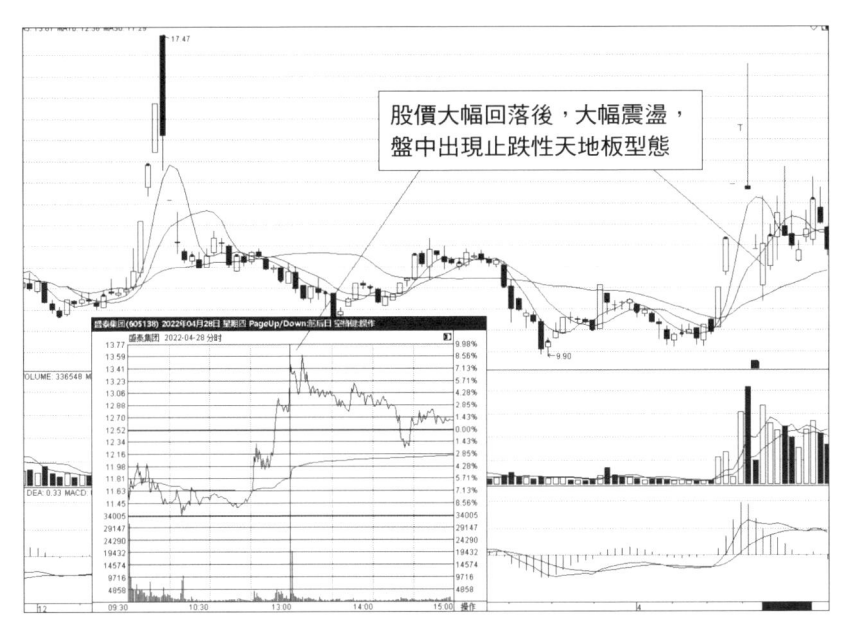

第 3 章　主力買入與出貨的秘密武器──漲停板操作法

股價大幅回落後，大幅震盪，
盤中出現止跌性天地板型態

▲ 圖 3-35　盛泰集團日 K 線和分時走勢圖

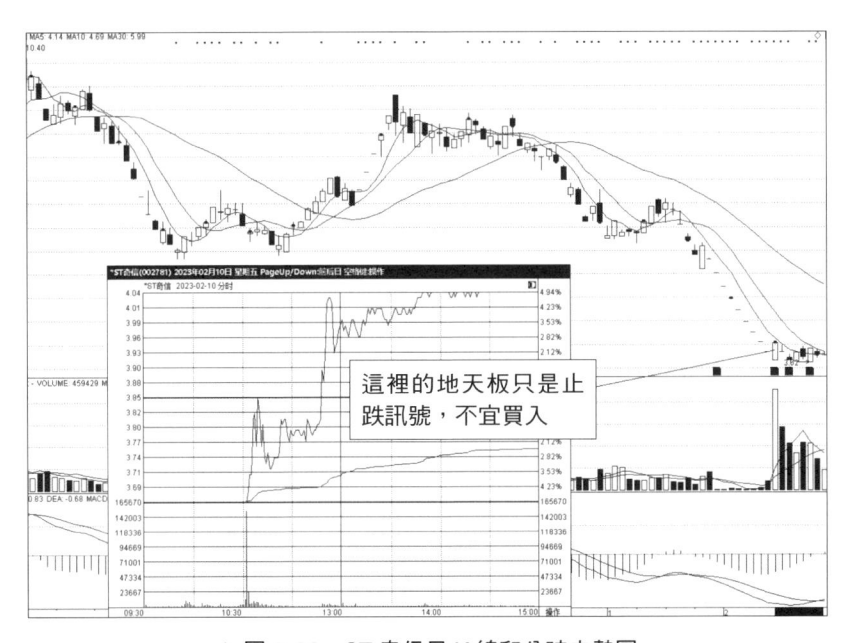

這裡的地天板只是止
跌訊號，不宜買入

▲ 圖 3-36　ST 奇信日 K 線和分時走勢圖

三、天地板轉勢

在個股出現地天板之後，有時候意味著市場行情的見底反轉，或者個股出現重大的利多消息，從而刺激投資人大量買入。股價從跌停板打開，強勢拉至漲停，這種情況說明短線股價將要反轉上漲。

圖3-37中，ST時萬大幅下跌後，2022年4月29日出現地天板轉勢訊號。為什麼是一個轉勢訊號呢？因為在前面的下跌過程中，出現過一次停頓現象，說明籌碼有換手。

需要注意的是，這類連續一字板暴跌後的股票，首次開板不一定就能成功見底，後續有很高的機率還會創新低，所以對此時出現的地天板還是要保持謹慎。

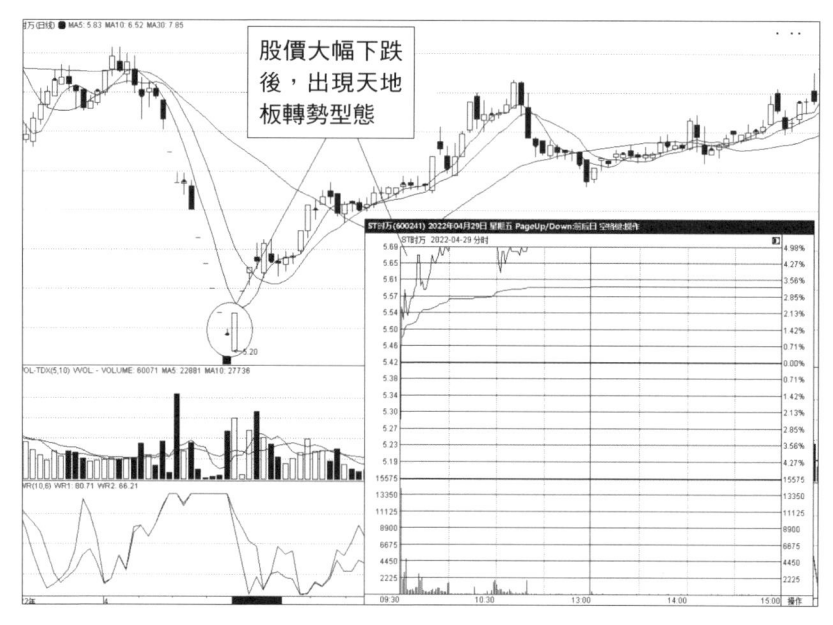

▲ 圖3-37　ST時萬日K線和分時走勢圖

圖3-38中，ST新海由於基本面惡化，連續出現15個一字跌停板。2023年2月15日股價從跌停板開盤後，盤中拉漲停，形成地天板型態。照理說這是一個見底訊號，但股價隨後還創新低，所以投資人入場需謹慎。

▲ 圖3-38　ST新海日K線和分時走勢圖

　　同樣地，個股在盤中出現重大利空或者大盤、板塊暴跌時，都會引起投資人的恐慌。加上主力的打壓，導致盤中爭先恐後地拋售籌碼，從而使股價加劇下跌，出現天地板的走勢，意味著股價見頂反轉下跌。

　　圖3-39中，春興精工股價連拉4板後，在高位出現震盪，2021年6月10日接近跌停板開盤，盤中震盪走高，午後強勢漲停，這裡卻是主力出貨行為。

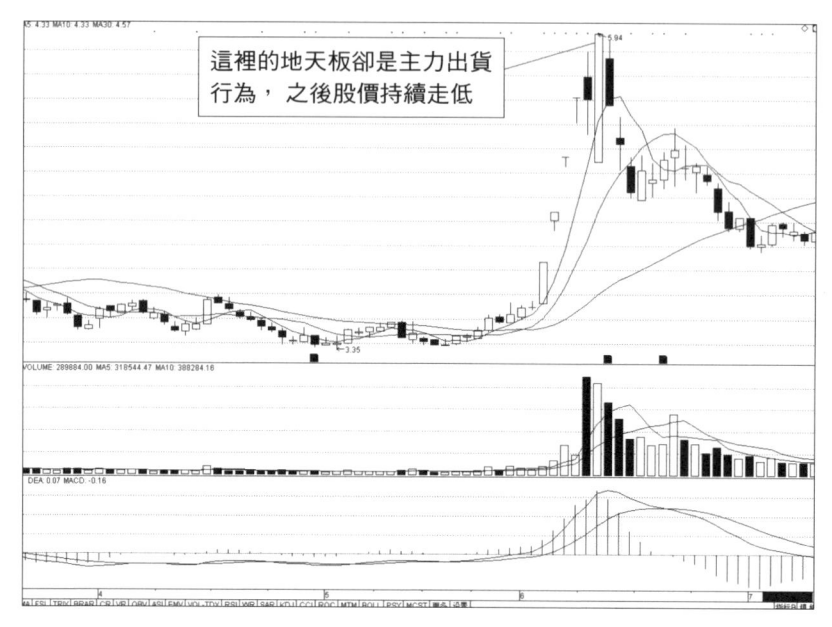

▲ 圖 3-39　春興精工日 K 線圖

四、天地板洗盤

當盤面出現天地板後，很多時候屬於主力洗盤性質，這裡要分析是否有大單入注。若有大單入注，第二天很可能繼續漲停，不可輕易賣出。若無大單注入，第二天開盤後及時賣出，防止股價回檔下跌。但天地板的後期走勢並不能一概而論，需要根據個股自身的情況而定。

圖3-40中，鄭州煤電連拉4個漲停板後，主力展開洗盤整理行情，2020年11月26日一字板跌停。次日低開5.84%後盤中震盪走低，一度封於跌停板。之後打開跌停板股價向上拉高，午後強勢拉板，形成地天板。這裡充當的是洗盤角色，主力並無出貨意圖，之後股價連續漲停。

這是一種罕見的極端走勢，它反映了多空雙方優劣態勢的大逆轉，往往是多頭反擊的開始，或洗盤、震倉的結束。其盤面先是大單壓死在

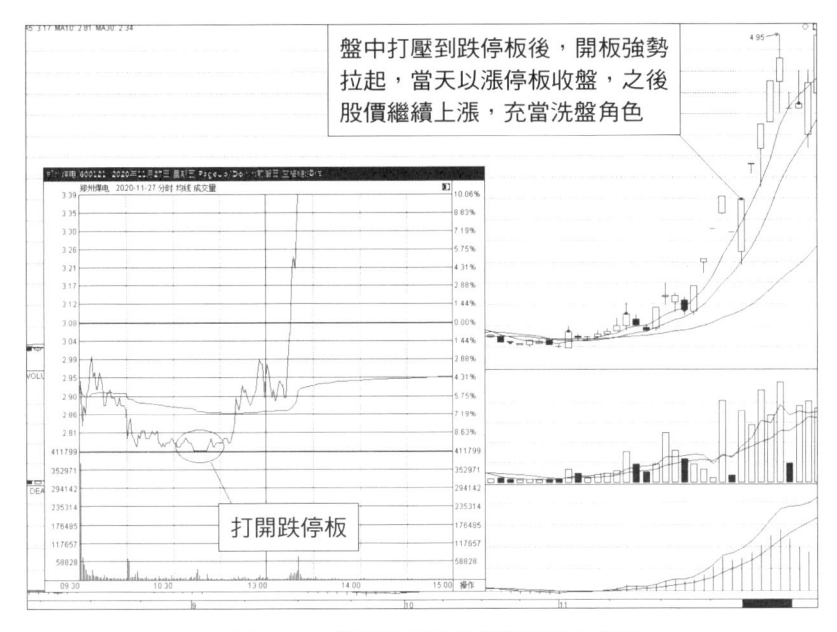

第 3 章　主力買入與出貨的秘密武器──漲停板操作法

▲ 圖 3-40　鄭州煤電日 K 線和分時走勢圖

跌停板上，突然被連續的超級大單快速吃掉，股價就像火苗一樣上竄至漲停板。在漲停板上往往會有鋸齒形開合走勢，但最終還是封住漲停板。

　　圖 3-41 中，連雲港 2019 年 3 月 26 日該股開低走低，上午兩次盤中觸及跌停價，但都沒有封盤。下午開盤就出現一波強有力的拉升，最終漲停收盤。該股主力經由跌停板方式洗盤，在上午的盤面中 K 線型態是一個標準的「黃昏之星」看空型態。當時位置處於相對高位，不少散戶看空後市，而選擇離場操作。浮動籌碼洗出去之後，下午兩波強勢拉漲停，地天板完成洗盤，後期股價呈現慣性上漲。

175

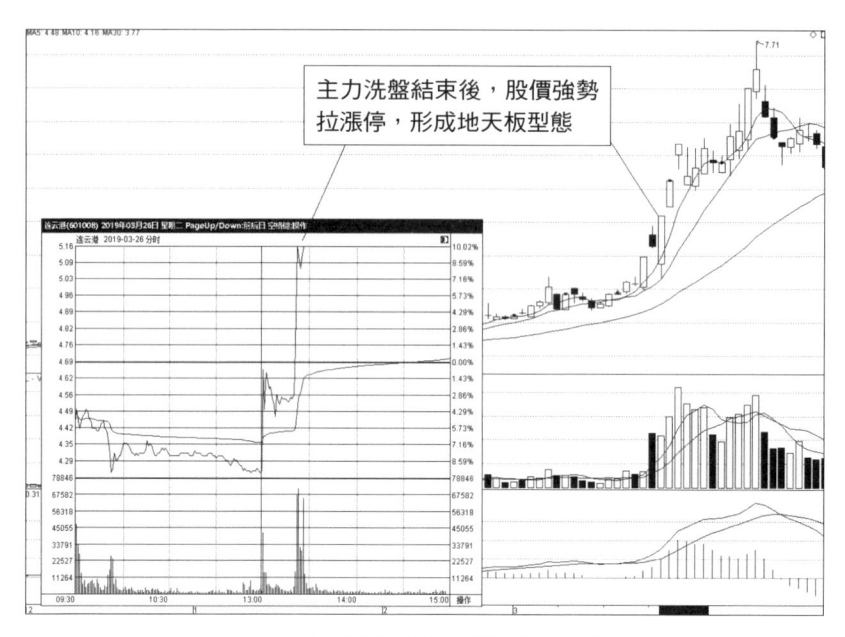

▲ 圖 3-41　連雲港日 K 線和分時走勢圖

五、天地板出貨

1. 天地板出貨

　　股價直接從漲停板開盤後，盤中出現急速跳水，最終以跌停板收盤。或者開盤後大幅衝高到漲停板位置附近，然後急轉直下，最後以跌停板收盤。這兩種情況都是主力常用的暗中出貨手法。

　　圖 3-42 中，九安醫療兩次觸及 90 元時，都分別出現高位大陰線走勢，上演天地板走勢。股價當天衝擊漲停板，最終股價又回到跌停板，一天時間的振幅達到 20%，從漲停到跌停就是天地板的表現。

　　當股價持續大漲後，出現這種天地板的情況時，通常說明資金出現內部分歧，大家對未來的預期或許發生一些改變。從漲停到跌停的模式顯現的是情緒的宣洩，意味著資金從極度看好到極度看空的演變。出現

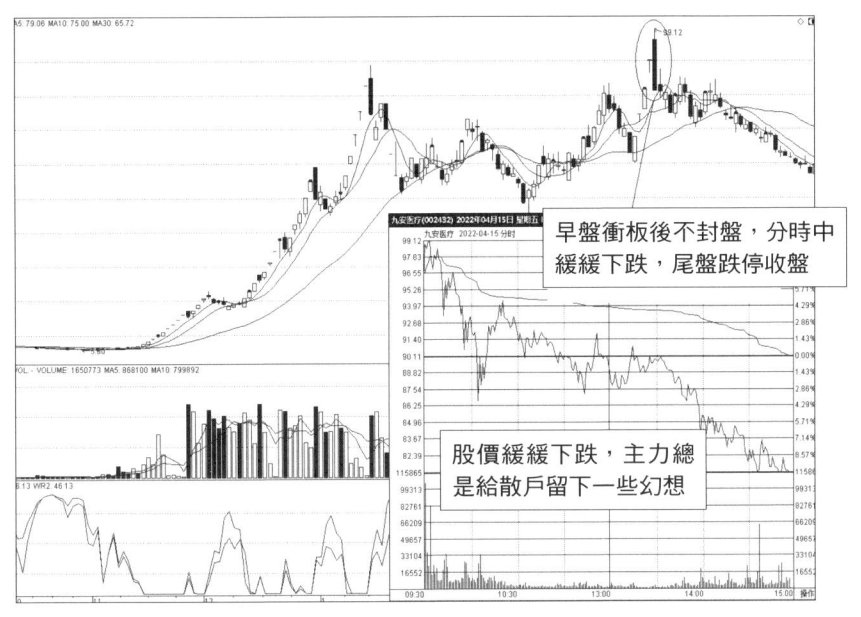

第 3 章　主力買入與出貨的秘密武器──漲停板操作法

▲ 圖 3-42　九安醫療日 K 線和分時走勢圖

這種情形不僅是個股自身資金的分歧，應該還有對行業發展的分歧。

九安醫療 2021 年 1 月 18 日和 4 月 15 日出現 2 次衝高回落，1 月 18 日之後醫療行業出現快速下跌走勢。4 月 15 日該股開盤後股價從高位緩緩下跌，最後收在跌停位置，此後上證指數也從 3200 點附近快速下跌到 2863 點。

主力利用漲停板進行出貨時，為了兌現手中的獲利籌碼，往往先拉升股價吸引散戶買入。等股價漲停時主力在上方則大量賣出，把籌碼賣給散戶，達到出貨的目的。股價在大量賣單的影響下，出現大跌甚至跌停的情況。總之，當個股出現天地板的時候，投資人應該謹慎操作，切莫在跌停的時候進行操作。

圖 3-43 中，遙望科技連續 4 個漲停後，當天股價開盤後強勢震盪，隨後連續衝擊，漲停板被打開，但資金盤中發力股價再度封板。沒想到

177

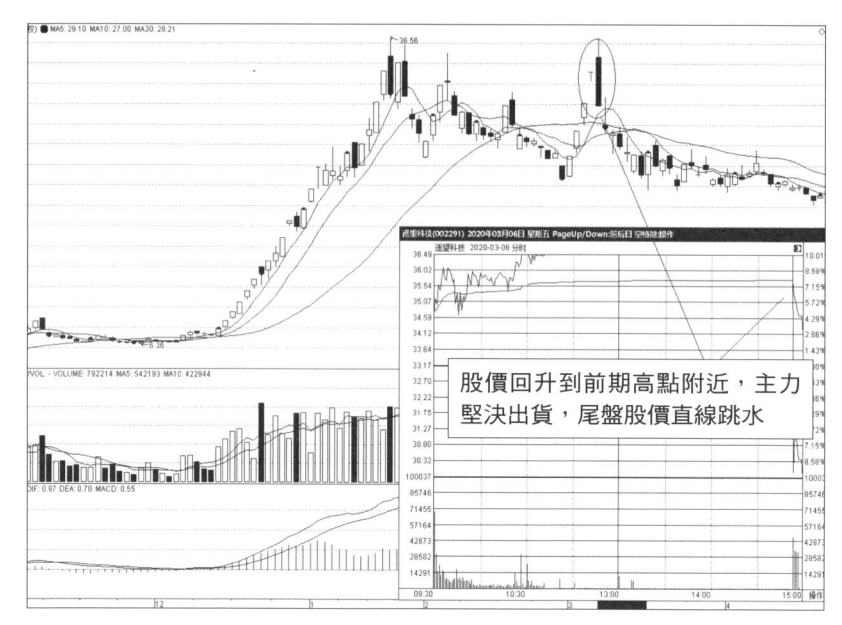

如何運用簡易波浪理論 **抓到漲停板**

▲ 圖 3-43　遙望科技日 K 線和分時走勢圖

14:52開始股價直線跳水跌停，隨後反彈無力以跌停報收，上演了一齣天地板。

從該股盤面分析，日K線結構上屬於典型的出貨型態，在高位盤整區中股價幾起幾落，每一次拉升都是主力誘多動作。在當天分時圖中，先是開高強勢震盪出貨，接著封板後悄悄出貨，然後大幅跳水不計成本出貨。經過主力前期日線級別的出貨後，再加上分時天地板出貨，主力基本上完成出貨計畫，隨後股價漸漸走低。

2. 地天板出貨

地天板是最隱蔽的出貨手法之一。之所以隱蔽，是因為很多時候會被散戶誤以為是強勢拉升，導致其倉促入市，從而中主力出貨的圈套，最終套牢造成慘重損失。

第 3 章　主力買入與出貨的秘密武器──漲停板操作法

　　圖 3-44 中的銅峰電子，作為超級電容的龍頭一口氣拿下 7 連板。2 月 27 日，分時完美演繹了地天板的走勢，很多散戶大呼新一波主升段即將開啟。然而，後面並沒有出現如期的上漲行情，反而是股價被狠狠賣在跌停板上。很多人問，這地天板難道還是出貨？沒有錯，這天確實走出了出貨走勢。在前一天 T 字板中出現巨大的分歧量，換手率達到 32.42%。如果這個量是正常換手量，那麼 27 日這天應該是快速縮量上板，結束分歧走勢。

　　但是情形完全相反，股價以近乎跌停價開盤，然後資金快速強勢向上拉升，最終股價被推到漲停板。盤中分時圖盤面多次出現對倒現象，換手率高達 34.66%。這時很多人覺得盤面非常強勢，得出這種結論只能說明看盤經驗不夠豐富。

　　圖 3-45 中，航太工程 2021 年 1 月 15 日從跌停價開盤後不久，股價

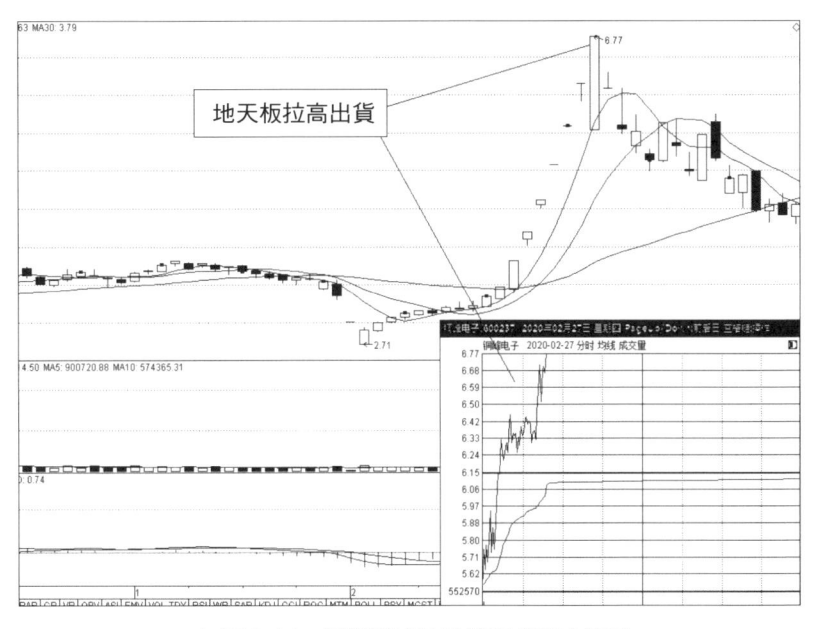

▲ 圖 3-44　銅鋒電子日 K 線和分時走勢圖

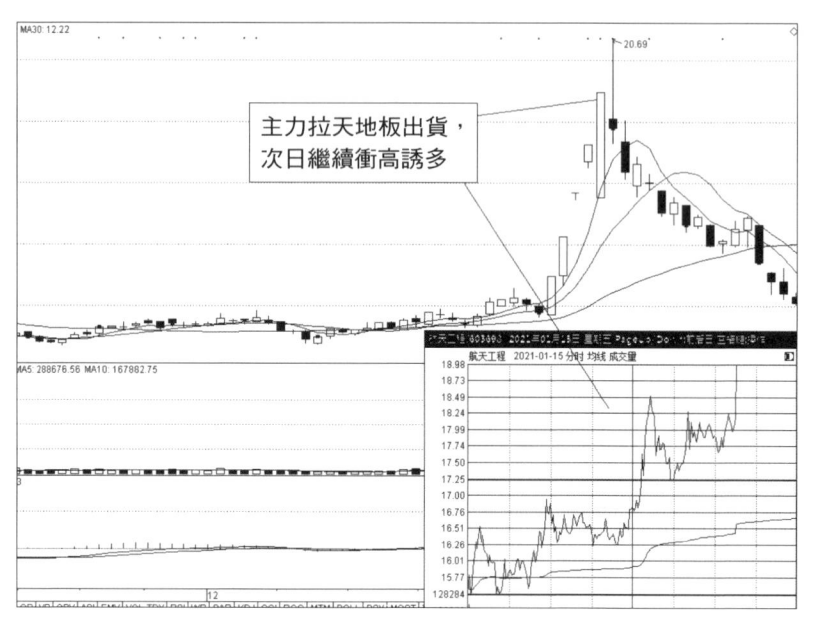

▲ 圖 3-45　航太工程日 K 線和分時走勢圖

被控制在跌停板附近。但之後被資金強勢拉升，盤中逐波震盪走高，尾盤漲停。該股的分時圖走勢與銅峰電子一模一樣，盤中也是經過多次對倒吸引散戶跟風，最終股價被推上漲停。次日，該股繼續衝高誘多，午後回落形成短期頂部。這種情況有 2 個問題需要弄明白：

第一個問題：跌停板如何打開？比如主力的籌碼賣不出去，市場承接力很弱，這時主力會用大單將股價打到跌停板。散戶見此情形也會跟風掛跌停價賣出，但是散戶的籌碼是後掛的，排在前面的主力逐步買入自己的籌碼。散戶看到有大資金入場吸籌，當封單越來越小時，他們一般撤掉賣單等著高價賣出，這樣主力就能穩定盤中的持倉散戶。

第二個問題：如何拉升出貨？股價打開跌停以後，盤面出現快速上漲，大資金順勢掃貨。散戶見此會入場博反彈，這時主力開始在下方掛大買單托住股價，並在上方不斷地以小單賣出。

這時可能出現2種情形：一種是散戶買盤踴躍，主力就可以輕鬆出貨，這個很好理解；另一種是跟風盤不夠，這時怎麼辦？主力一般會在上方有心理壓力的某一個價位掛出賣單，然後用資金吃掉賣單。散戶看到有資金掃貨，就會產生強烈的買入衝動。

但是，可惡的主力第二天沒給散戶好的賣出機會，大多直接跌停板開盤，或者開高後快速滑落，散戶也跑不掉。主力即便在跌停板上出貨都不虧錢，因為主力打開跌停板的資金買入成本很低。

六、天地板次日走勢

1. 天地板走勢

如果出現天地板個股走勢，則預示股價的下跌力度比較大，後期會有持續走跌動力，但力度會逐步地減小直至止跌，有時候是一個洗盤訊號。天地板次日怎麼走？操作上要注意以下幾種現象：

(1) 如果當天封死跌停，次日通常是弱勢震盪，盤中逢高賣出。

(2) 跌停次日慣性下挫後，股價會有短暫的整理性回升走勢。

(3) 跌停隔幾日的走勢，主要取決於個股整體趨勢。如果此前個股處於上升趨勢，後幾日股價會有個反彈修復；如果是震盪或下降趨勢，則走勢就比較隨機。跌停次日通常較弱，後續走勢取決於個股前期趨勢以及後續板塊做多氛圍。

2. 地天板走勢

如果出現地天板個股走勢，位置處於相對低位的，則有望引導股價後期持續瘋升，後期的漲幅也值得期待，但有時候只是一個止跌訊號。地天板次日怎麼走？操作上要注意以下幾種現象：

(1) 如果地天板是因為個股出現實質性重大利好，刺激投資人大量

買入,或者主力搶籌所致,則投資人可以考慮繼續持有。或者在漲停次日賣出一部分,降低持倉成本,減少個股後期下跌帶來的風險。

(2) 如果地天板是主力拉升誘多操作,第二天拉高時應果斷出貨。

(3) 如果在低位出現地天板,通常是一種止跌的訊號,投資人可以適當買入。穩健型投資人可觀看後幾日交易情況是否止跌,之後再介入。

(4) 股票天地板後如果有大單注入,第二天很可能繼續漲停,不可輕易賣出。如果沒有大單注入,則應在第二天開盤後賣出,防止股價回檔下跌。

無論是天地板還是地天板,它們的出現都是比較引人注目的。只不過天地板讓人遠離,而地天板則容易受到資金的持續看好而大漲。所以,凡是天地板走勢的個股,要暫時遠離它;對地天板走勢的個股,要關注其後的再次上車機會。

第 **4** 章

高手如何從日線看趨勢線、分時圖——買賣點選股法

4-1 用分時抓買入時機：6種買入法大解密

K線圖是分析股票未來走勢最為重要的依據，但對於短線投資人而言，具體的買賣還要結合分時走勢來進行，日線抓趨勢、分時選買點，才能捕捉到較理想的短線機會，對投資人確保交易成功和保持良好的心態，都至關重要。若是買在階段性的低點附近，那麼該考慮的就只剩何時賣出，也就是賺多賺少的問題。因此從這個意義上說，一個好的買點，就等於一筆交易已經成功了一大半。

一、強力試盤後的買入法

個股出現強力試盤訊號後的買點，主要有以下兩類：分時突破買點和分時低吸買點。

1. 分時突破買點

主要是指突破上影線高點時買入，這是可信度比較高的買點。當股價放量突破上影線高點時，也就說明上漲空間將正式打開，可見勢追漲介入。

第 4 章　高手如何從日線看趨勢線、分時圖——買賣點選股法

在日 K 線分析過程中，常以股價突破某一高點來作為操作的依據。這種方法之所以使用廣泛，是因為某個階段股價的最高點，往往就是上漲過程中壓力最為沉重的壓力。一旦有效突破了，就預示股價還有慣性上漲的空間。

圖 4-1 中，首航高科 2022 年 7 月 22 日和 28 日分別收出兩根衝高回落的長上影 K 線，29 日小幅開高後緩緩向上推高，11 點過後股價再度摸高到上影線高點附近，主力並沒有一次性穿越過去，而是再次選擇回落整理。午後放量拉起，直線拔高，成功突破前面兩根 K 線的高點，預示主力有做多的願望。這時就可以及時跟進，當日股價成功漲停，次日有溢價機會。

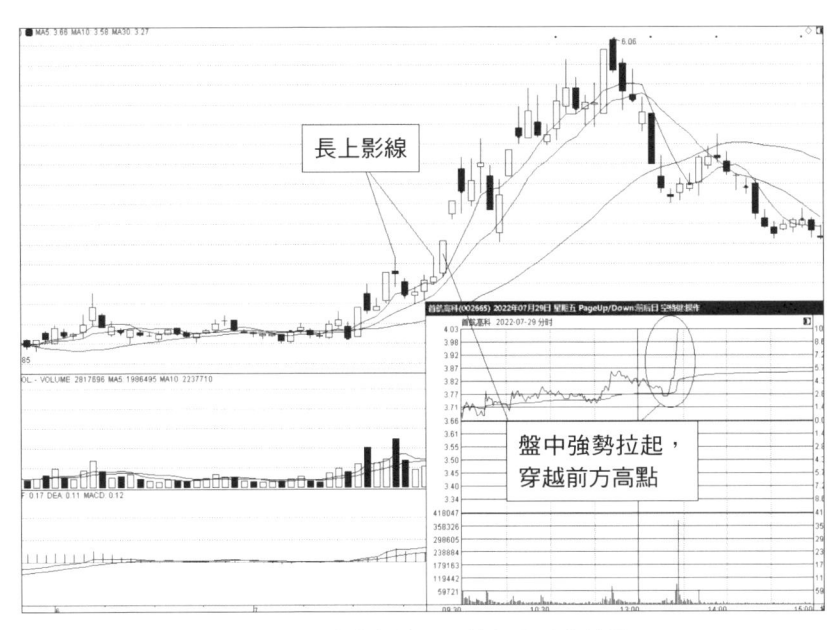

▲ 圖 4-1　首航高科日 K 線和分時走勢圖

實戰操作中很多時候會出現多個盤整區高點，這是多重前高突破買入法，也就是股價突破前一天（或前幾天）的兩個或兩個以上價位相近的高點之後，進行買入的操作方法。這個方法與突破分時高點買入法有明顯區別，主要有兩點：一是前者針對的是前一天的相對高點，而後者針對的是當天分時前面的高點；二是前者要求在前一天至少有兩個相近的高點，而後者則沒有硬性要求。當然，若是有的話那就更好了。

這種方法實用性很強，是應用較廣的即時介入法之一。若前一天的分時走勢具有以下特點，那麼突破的可靠性更高，之後上漲的力度通常就更大了。其中包括：一是上影線較長，一般在3%以上；二是這幾個價位非常接近的高點之間，間隔時間不要太短，最好至少大於1個小時；三是股價上面已經沒有明顯的重要壓力位，尤其適用於創出歷史新高的股票。

重點提示：在絕大部分情況下，突破前高買入法，是針對前一天的最高價突破之後作為較佳買點的。在少數情況下，只要前一天至少有兩個明顯的較高點被突破了，同樣是較好的介入時機。這種特殊的買入法，主要在距離當天最高價較遠時採用。因為，若是距離當天的最高價較近，那還不如等到突破最高價之後再介入。

2. 分時低吸買點

前面講述的突破買點方法，優勢在於可信度高，缺點有二個，一是不能使利潤最大化，二是碰上大盤轉弱，如果不能封板，容易陷入追在高點被套的尷尬境地。所以，這裡有必要再講一下分時低吸買點。分時低吸買點主要是指強力試盤訊號後，在股價回落整理低點時入場。

這需要確認分時盤面的強度，只有承接力度強，分時異動明顯時才可低吸介入。在分析判斷上，股價不有效跌破均價線，而是在均價線附近盤整，就可以認為有買方承接。

第 4 章　高手如何從日線看趨勢線、分時圖——買賣點選股法

　　圖4-2中，中通國脈2023年2月27日主力強力試盤，股價衝高回落，隨後一直在均價線附近整理，清洗浮動籌碼，股價下探時有大資金承接。在日K線中，股價回測30日均線不破或跌破後迅速拉起，成功站穩在均線系統之上。在分時圖中，股價下探後重新站於均價線之上，回落不有效跌破均價線時，就可以在均價線附近低吸。

　　經由該股的兩個買點，也可以看出低吸買點利潤空間要大，而突破買點可信度要高，可直接享受主升段。關於低吸買點涉及的承接強弱判斷，很多散戶可能還不太懂，這裡再說明一下。判斷分時承接強弱最簡單的方法，就是看股價與均線系統之間的關係。

　　如果股價始終在均線之上波動可視為有買方承接，在均線系統之上持續上行，則說明承接力度強。反之，股價回落到均線系統之下運行，不斷走低，則說明承接力度弱。

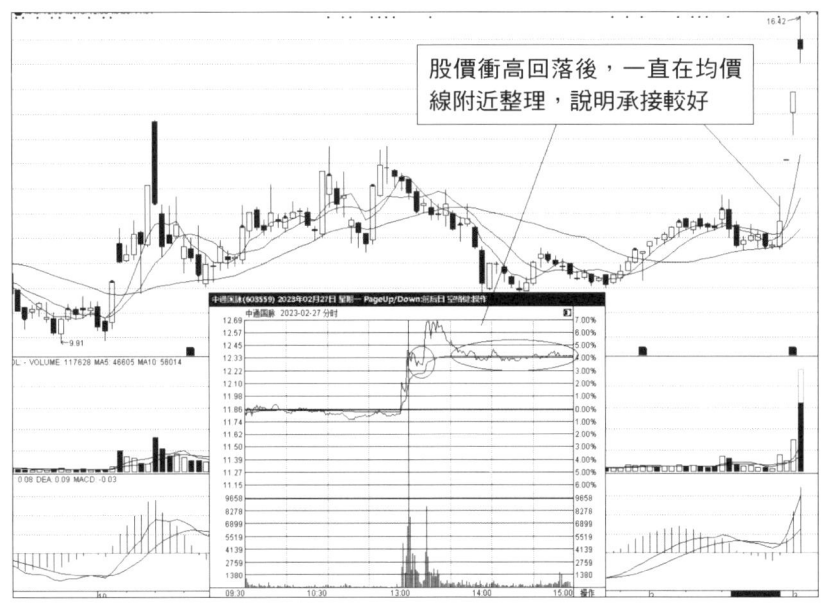

▲ 圖4-2　中通國脈日K線和分時走勢圖

二、第一波回檔結束買入法

　　第一波回檔結束買入法，是指開盤後先出現第一波衝高，在小幅回檔結束後，當股價再次開始向上拐頭時，就及時買入的操作方法。

　　圖4-3中，襄陽軸承的股價拉高後回落洗盤，圍繞30日均線進行整理，均線系統出現膠著狀態，預示著股價即將做出方向性選擇。2022年7月22日，開盤後1個小時繼續維持震盪，10:31開始出現一波快速流暢的拉升，上漲幅度超過4%，股價脫離底部盤整區。第一波見頂回落後的整理幅度很小，表明主力做多意願堅決，上升動能充沛，可以在股價剛剛拐頭向上時及時介入，之後股價第二波拉漲停。

　　圖4-4中，禾盛新材2022年7月27日股價小幅開高後，出現一波強勢拉升走勢。股價上衝然後回落到開盤價附近，止跌後再次拉起，這時

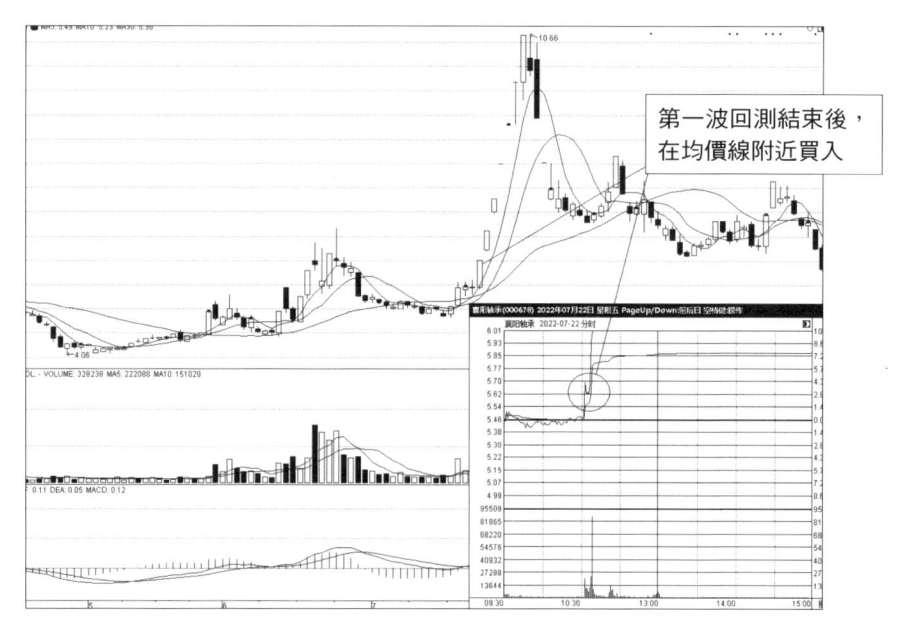

▲ 圖4-3　襄陽軸承日K線和分時走勢圖

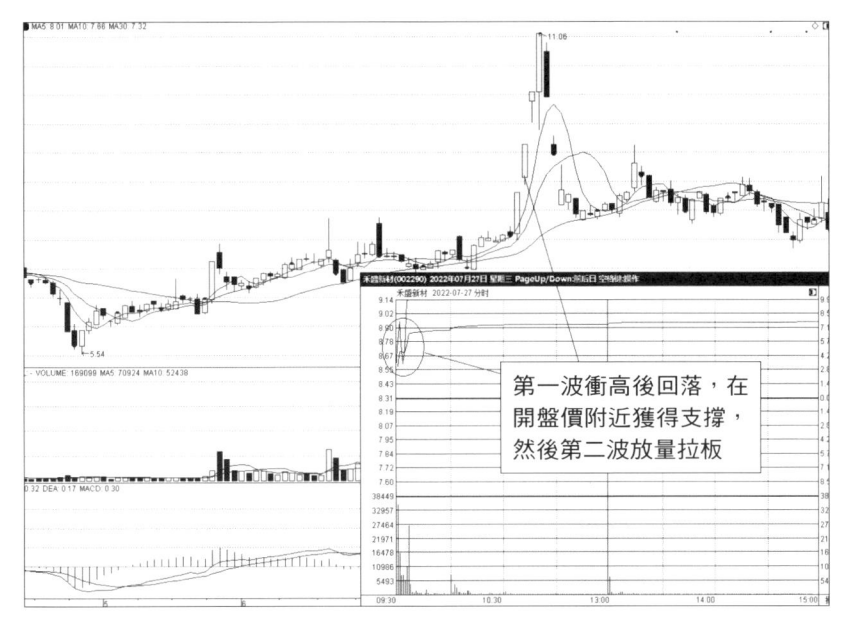

▲ 圖 4-4　禾盛新材日 K 線和分時走勢圖

（圖中標註：第一波衝高後回落，在開盤價附近獲得支撐，然後第二波放量拉板）

可以及時買入做多，當日股價成功漲停。

重點提示：首先，均線系統黏合時間越長越好，震盪整理過程中量能呈現嚴重萎縮態勢。其次，當天第一波的上漲最高點，已經突破均線以及整理期間的最高價。為了確保有效的操作，股價前期最好出現大幅的下跌整理，這也是一種超跌買入法。這種方法同樣適用於第二波回檔買入。第二波衝高之後，在淺幅回檔結束，股價開始向上拐頭時，也可以及時買入。

技術要求：通常前面兩波漲幅不大，盤中沒有出現過放量衝刺現象，這樣第三波可能就是分時主升波。

三、超越第一波高點買入法

超越第一波高點買入法，是指股價開盤不久，出現第一波衝高之後，經過短暫的回檔整理，當股價再次拉升突破第一波上漲的高點時，就可以及時買入的操作方法。

圖4-5中，賽象科技2022年7月18日開盤後出現一波拉高行情，股價上漲，隨後進行短暫的回檔整理，股價沒有大幅回落，表明主力回檔蓄勢整理。幾分鐘後主力進行第二波拉升，成功穿過第一波高點，這時可以及時跟進，當日股價成功封漲停。

圖4-6中，怡球資源經過充分的下跌整理後，在低位出現一段時間橫盤整理，表明主力建倉極其充分，隨時都可能出現突破走勢。2022年7月21日該股開盤後小幅拉高，然後出現回落整理，很快展開第二波強

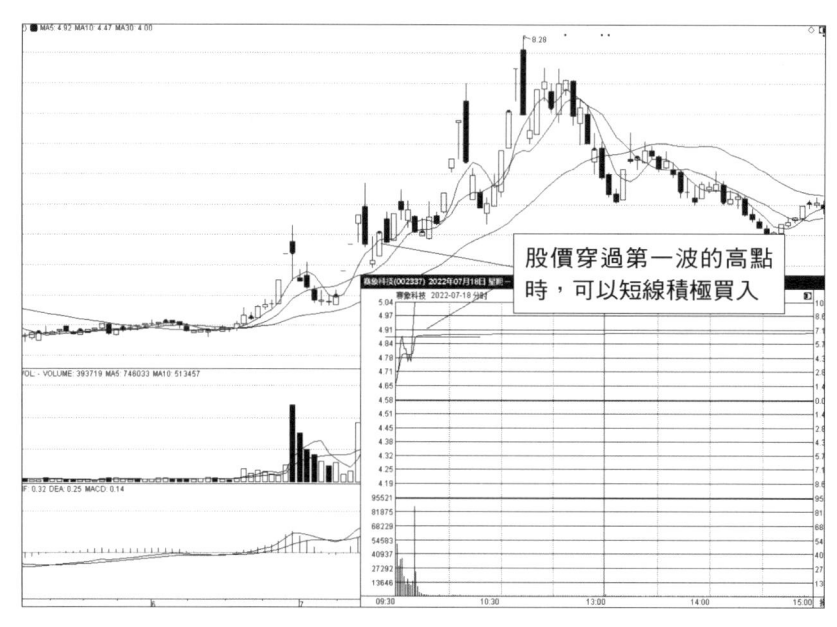

▲ 圖4-5　賽象科技日K線和分時走勢圖

第 4 章　高手如何從日線看趨勢線、分時圖──買賣點選股法

勢拉升走勢，股價直奔漲停。在當天的分時走勢中，主力啟動拉升跡象非常明顯，當股價放量突破第一波高點時可以及時買入。

這種方法同樣適用於超越第二波高點買入。在股價第二波衝高之後，經過短暫的回檔整理，當股價向上突破第二波上漲高點時，也是較好的短線買入機會。

重點提示：這種方法較適合當天分時已經具有較大的漲幅，在前面的走勢中出現一些不太理想或不太確定的狀況，需要做二次整理。因為，突破第二波的高點之後，股價的漲幅往往已經距離漲停價較近，這時候只要突破前期高點，不需要拉升太大的漲幅，就可以達到漲停價位置，因此封板的機率比較高。這種型態就是經常所說的掃板，有時候等到股價更高一點再介入，往往具有更高的可靠性。

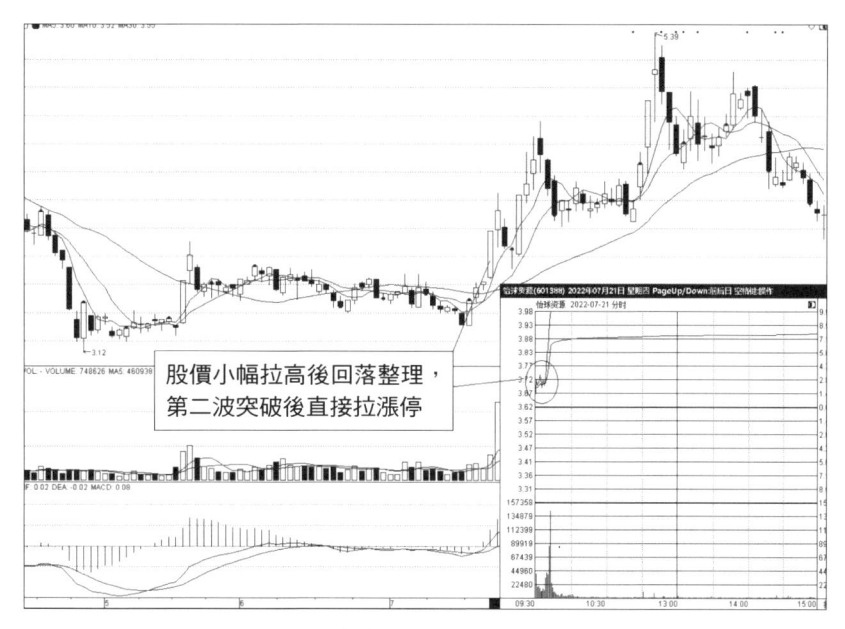

▲ 圖 4-6　怡球資源日 K 線和分時走勢圖

四、突破前期高點買入法

突破前期高點買入法，是指股價當天先出現一輪上升行情，接著進入一段時間的整理。隨後股價再次發力上攻，在突破當天最高價時，進行買入的操作方法。

圖 4-7 為重慶路橋 2021 年 11 月 26 日的分時走勢圖，股價開盤後維持箱體震盪，區間波動幅度較小，午後放量向上拉起，突破前期最高價，這是一個較好的買點。當天股價漲停收盤，產生一波強勢行情。

圖 4-8 中，聯誠精密的股價長時間處於築底走勢，主力準備工作非常充分。2020 年 7 月 28 日開盤後繼續維持盤整態勢，盤中幾次試圖拉升，但主力手法穩健，並不急於強行拉升。經過充分的蓄勢整理後，午後主力開始放量拉起，一舉突破盤中兩個明顯的高點壓力，這時形成較好的買入機會，隨後股價兩波放量漲停。

股價一旦突破前期高點，那麼這個高點就由原來的壓力轉換為現在的支撐，所以股價回落到當天整理平台的高點附近時，就可以進行買入操作。

這個方法與突破前期高點買入法有密切的聯繫，可以理解為突破前期高點買入法為第一買點，那麼在股價回測到前期高點附近時，就屬於這個型態的第二買點。其實，第二買點也是突破後的有效確認過程，股價跌不下去得到有效支撐，說明突破有效，買入確定性更高。

圖 4-9 的宇環數控在 2022 年 4 月 13 日的分時走勢中，該股先是三小波上拉，然後第四波拉漲停，盤面很有節奏感。第二波拉升結束後的回檔，股價在第一波的高點附近得到技術支撐，然後展開第三波拉升走勢。同樣，第三波拉升結束後的回檔，在第二波的高點附近得到技術支撐，然後第四波拉漲停。分時逐級上高，買點清晰，確定性高。

重點提示：這種買入法要求在最初的上漲行情中，股價走勢要流暢

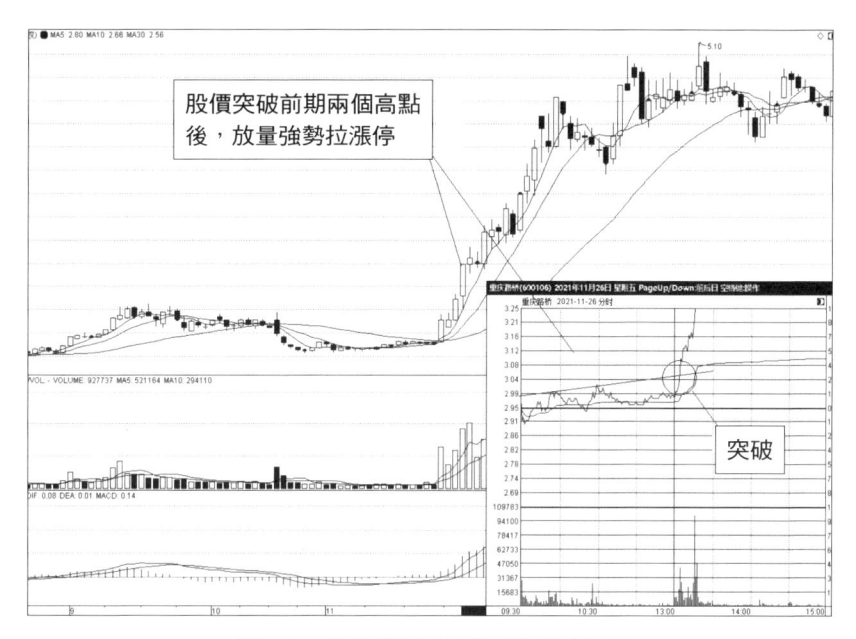

第 4 章　高手如何從日線看趨勢線、分時圖──買賣點選股法

▲ 圖 4-7　重慶路橋日 K 線和分時走勢圖

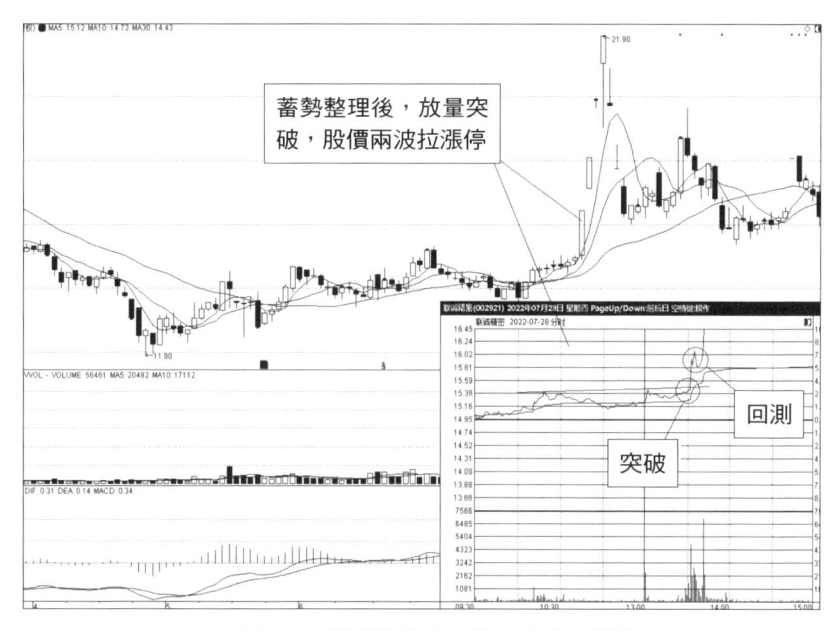

▲ 圖 4-8　聯誠精密日 K 線和分時走勢圖

有力，回落後的區間震盪位置不能太低。在震盪整理階段，股價最好始終處於分時均線之上運行，震盪區間內最好有兩個以上較為接近的高點，股價突破的支撐力度往往較強。

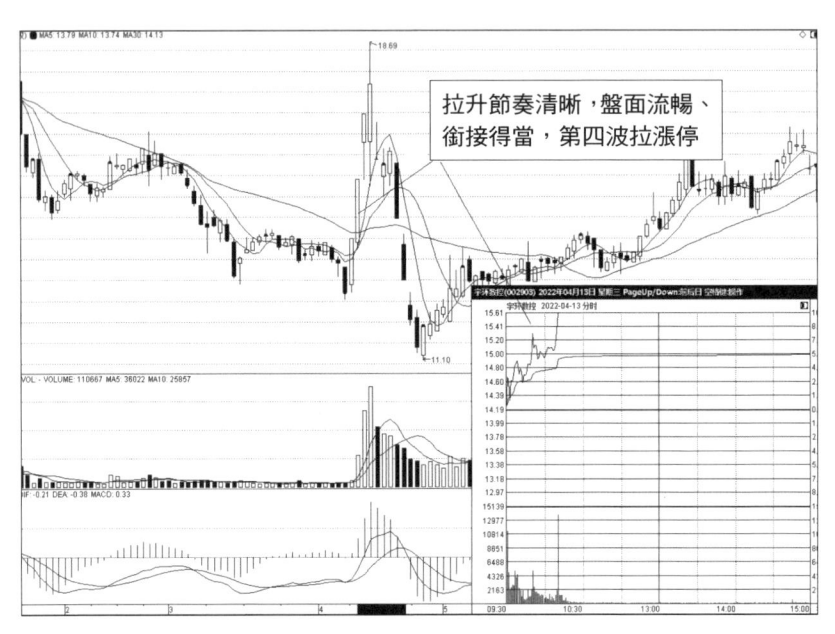

▲ 圖 4-9 字環數控日 K 線和分時走勢圖

五、低位突破買入法

　　低位突破買入法，是指開盤後股價處於窄幅震盪整理，然後股價放量突破拉起，脫離盤整區的約束。或者股價出現較大幅度的開低，一直在昨日收盤價之下的低位進行較長時間的區間震盪，然後向上拉起直至漲停。通常震盪整理時間在 1 小時以上，在隨後突破盤整的最高點時就及時買入的操作方法。

　　圖 4-10 中，日上集團在底部長時間的震盪整理，主力準備工作極為

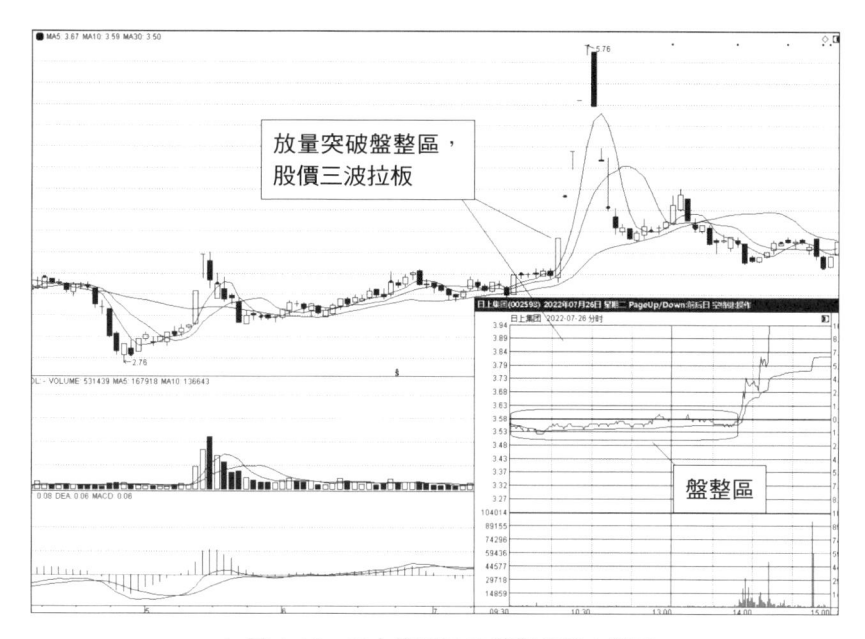

第 4 章　高手如何從日線看趨勢線、分時圖──買賣點選股法

▲ 圖 4-10　日上集團日 K 線和分時走勢圖

充分。2022年7月26日小幅開低後，整個上午基本上維持在盤下弱勢運行，似乎多頭力量不足。但午後放量拉起，脫離整理盤整區，這就形成較好的買點。當日股價三波拉至漲停，之後出現5連板行情。

圖4-11的禾盛新材在日K線走勢中，主力完成空頭打壓後，股價緩緩向上推高，底部重心不斷上移。2022年7月26日開盤後，股價一直維持震盪整理走勢，盤面十分低迷。午後出現放量突破走勢，這時可以及時跟進做多，當時股價強勢漲停，之後出現4連板行情。

實戰中不管是何種原因，只要股價突破盤局，股價後續上漲的機率就很大，甚至有的個股出現利空，也不會對股價造成不利影響。由於主力已經提前做好準備，實力強大的主力不會因為出了利空就棄之不顧。反之，會不斷地推高股價，以獲取預期收益。

這種型態也常發生在以下兩種情形的次日：一種是有較強實力的

195

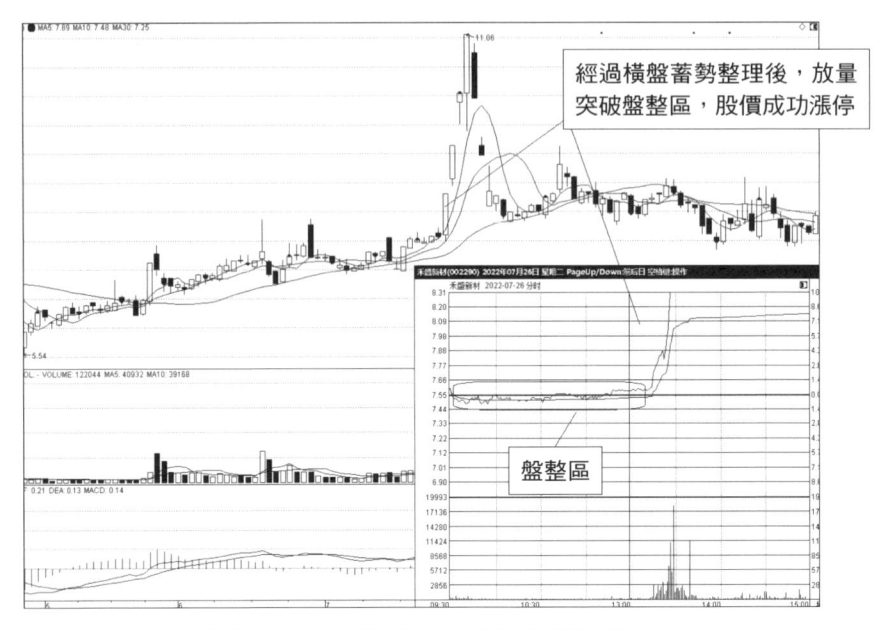

▲ 圖 4-11　禾盛新材日 K 線和分時走勢圖

主力，開始拉升股價，前一個交易日股價大幅衝高，尾盤回落收長上影線。那麼，股價在次日往往就會順勢大幅開低，先是進入一個整理階段，然後放量拉升。另一種情況是股價前一天封於漲停，但公司突發利空消息，使投資人措手不及次日紛紛拋售籌碼，導致股價大幅開低震盪，而主力在此種情況下，正好順勢完成洗盤。

六、重要技術突破買入法

　　實戰中能夠產生技術突破的位置很多，比如均線、趨勢線（通道）、前高（前低）、盤整區（成交密集區）、頸線位和整數關口等。一旦股價向上突破，往往有一波慣性上漲行情，是非常好的買入機會。

1. 突破趨勢線買入法

是指股價從高位回落，進入較長時間的整理階段，在股價突破下降趨勢線的壓力之後，及時買入的操作方法。

圖 4-12 為康強電子 2022 年 10 月 20 日的分時走勢圖。股價小幅開低之後，略作衝高走勢，之後的一段時間股價重心下行，在分時圖中形成一條下降趨勢線。不久，股價放量向上突破下降趨勢線的壓力，這時是第一個較好的買入時機。接著股價強勢回升，然後回測確認，構成第二個買點。經過突破後的回測確認成功，顯示下跌趨勢的逆轉已經明確。之後該股強勢上漲，短線獲利空間較大。

重點提示：下跌趨勢線是由兩個點組成，第一個起點一般是最高價，這個比較簡單。關鍵是在第二個點的選擇上，不同投資人的選擇往往不一樣。

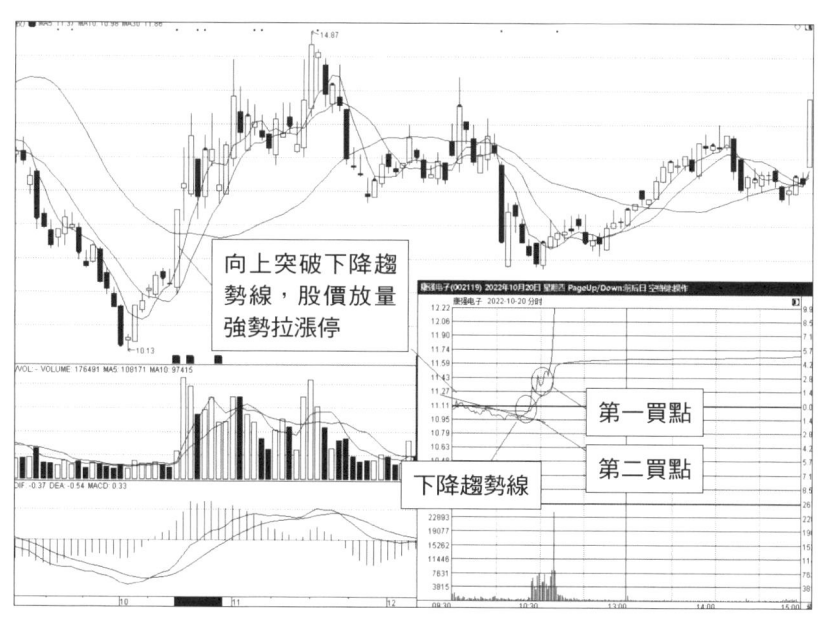

▲ 圖 4-12　康強電子日 K 線和分時走勢圖

原則上來說，比較合理的趨勢線通常應該具備兩點：一是兩個點之間的距離適中，一般不短於20分鐘；二是確立趨勢線的第二個點，反彈的幅度較大，通常是下跌過程中，反彈幅度最大的那波反彈高點。

若是剛突破股價下跌趨勢線時的價位，距離前一個反彈高點較近，就應該等到突破前一反彈高點時再及時地介入。股價回檔到剛突破趨勢線的價位附近時，往往是第二次介入的良機。

2. 調整至分時均價線買入法

經過前期較大幅度的上漲之後，當股價回檔到分時均價線附近時，短線可以及時買入。與日K線圖上以每天收盤價作為統計依據的均線不同，分時均價是以盤面總成交額除以盤面總成交量的運算方式，反映當前所有參與者的綜合持倉成本，對研判分時走勢具有重要的參考作用。

圖4-13為傳藝科技2022年6月23日的分時走勢圖。開盤不久，股價就放量強勁上攻，兩波拉高之後出現縮量回檔。在分時圖中每一次回落到均價線附近時，都是比較好的買入機會。午後快速大幅放量，將股價拉升至漲停，量價關係配合理想。之後出現7連板，股價快速翻番，異常強勁的走勢令人瞠目結舌。

重點提示：用這個方法介入時，要求分時走勢強勁有力，在上午的拉升過程中，有過漲幅在4%以上、走勢流暢、波形較長的上升波出現。股價首次形成最高點後，到回落至分時均線附近，應該有25%以上的跌幅，這樣的型態可靠性才會更高。在時間上，股價接近分時均價線，達到介入條件的時間最好不要晚於14:00，否則當天上衝漲停的機率就較低。

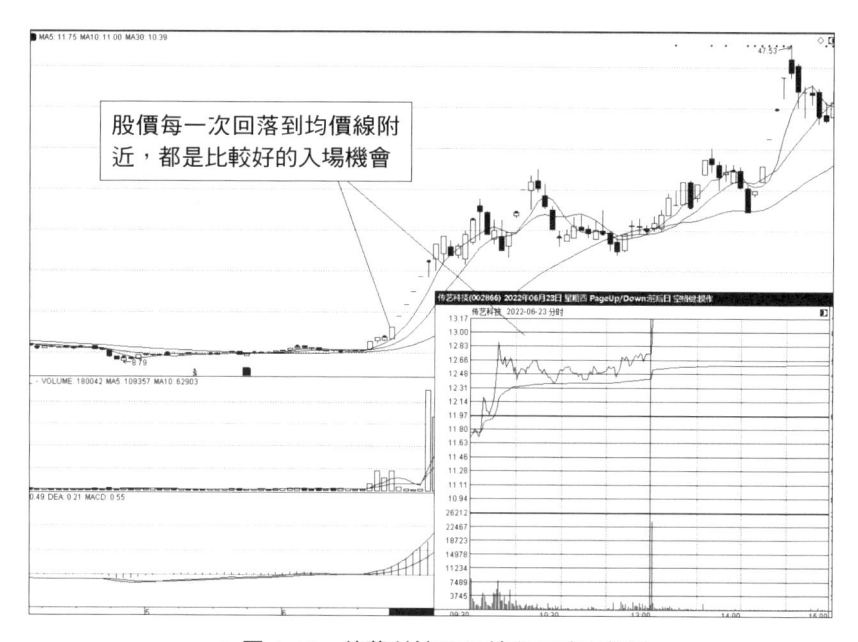

第 4 章　高手如何從日線看趨勢線、分時圖──買賣點選股法

股價每一次回落到均價線附近，都是比較好的入場機會

▲ 圖 4-13　傳藝科技日 K 線和分時走勢圖

3. 突破上升三角形買入法

箱體、平台、楔形等各種整理型態，突破原理都大同小異。下面僅介紹一種可靠性較高的方法，也就是突破上升三角形買入法。

當天股價先是經歷一段時間的上漲，漲至一定幅度之後，出現較長時間的震盪走勢。其間幾個高點的價位較接近，基本上在一條水平線附近，而幾個低點不斷抬高，於是構成上升三角形型態。那麼，在股價突破區間的最高點時及時介入的方法，就是突破上升三角形買入法。

由圖 4-14 可見，華脈科技在 2023 年 2 月 27 日的分時走勢中，出現一個經典的上升三角形突破型態。股價開盤後出現第一波比較有力度的拉高，然後出現震盪整理，幾起幾落形成一個標準的三角形整理型態。

重點提示：這裡講述的是突破區間高點之後的買點問題，所以具體什麼型態更恰當並不重要。只要出現幾個價位相近的高點，一旦型態被

突破時，往往就是較好的買入時機，這才是問題的核心所在。

在實戰中，上升三角形的高點如果處於7%左右更好，區間的振幅為3%左右。由於距離漲停價較近，而且整理較為充分，因此型態一旦向上突破，往往封漲停板的機率很大。

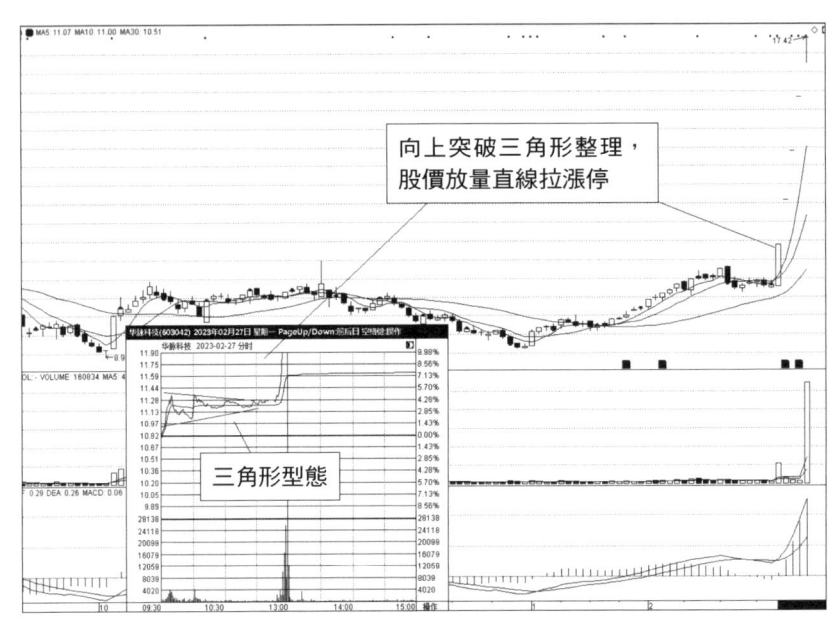

▲ 圖 4-14　華脈科技日 K 線和分時走勢圖

4-2 用分時抓賣出時機：11 種賣出法大解密

一、單波上漲賣出法

單波上漲賣出法，是在股價一波上漲的過程中，當衝至前期較為重要的壓力區域附近，股價剛剛拐頭向下時，就可以及時賣出。這在分時圖形中，往往呈現單波尖頂型態（倒 V 形）。

前期較為重要的壓力區域，通常包括前期較為敏感的高點、成交量較大的前期整理平台、較為關鍵的均線附近、下跌趨勢線附近等。

這種方法的原理為：不去預測股價能否超過這些壓力位，只根據大量的實戰經驗。當股價衝到較為重要的壓力區域時，股價遇阻回落將是大機率的走勢，遵循的就是永遠只追求大機率走勢的原則，這是股市投資中最基本的交易法則。

圖 4-15 為地素時尚 2022 年 8 月 12 日的分時走勢圖。開盤後呈現震盪整理走勢，午後股價漸漸震盪走高，隨後出現加速拉升，成交量持續放大，但在股價摸板後出現快速回落，呈現 V 形尖頂型態。結合 K 線分析，股價處在盤整區中上方壓力很大，難以形成有效突破，應及時逢高賣出。

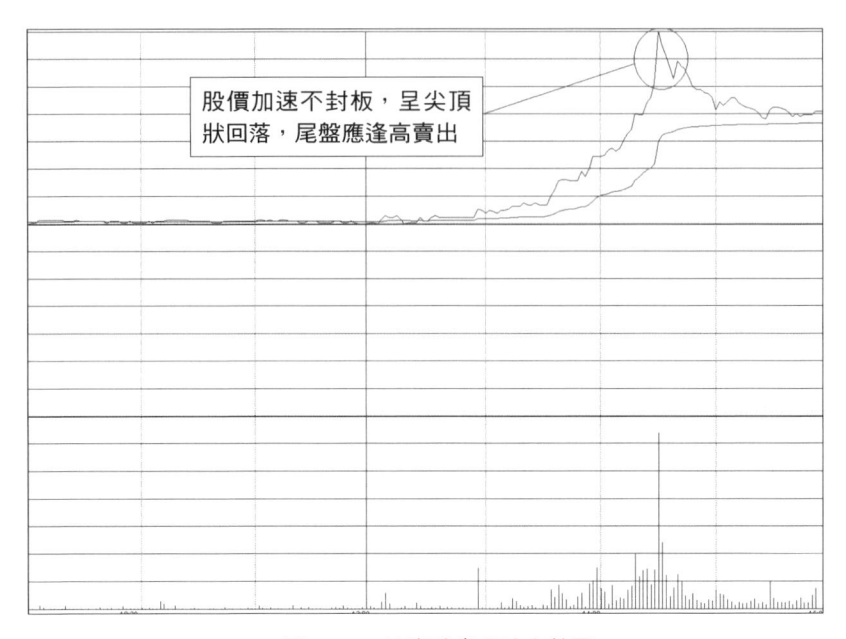

如何運用簡易波浪理論 **抓到漲停板**

股價加速不封板，呈尖頂狀回落，尾盤應逢高賣出

▲ 圖4-15　地素時尚分時走勢圖

　　重點提示：這裡講的僅是股價單波上漲之後，達到前期高點附近，在股價剛剛拐頭時要及時賣出。其實，究竟是以幾波或什麼樣的型態衝至較重要的前期高點附近，並不是最重要的，關鍵在於能不能形成突破後的持續走勢。這種方法所要表現的，在於只要股價接近前期重要的壓力區域時，就擇機出場的操作理念。

二、兩波上漲賣出法

　　兩波上漲賣出法，是在股價出現一波較大幅度的上漲後，經過短暫的回檔整理，止跌後展開第二波上漲行情。但發現第二波上漲明顯乏力，就在股價剛剛拐頭向下時及時賣出的操作方法。

　　股價上漲乏力的表現通常有：股價超越第一波的高點之後，並沒有

上漲多少就快速轉為下跌；第二波上漲的幅度或上漲的角度，比第一波上漲時明顯要小；成交量較第一波上漲時，有較大程度的減少；股價上漲不夠流暢，說明多頭主力力不從心。

圖4-16為凱盛新能2022年8月18日的分時走勢圖。開盤後股價出現一波持續的強勢推升行情，上漲幅度超過7%，經過略微下探走勢之後，出現第二波推升行情。但股價到達第一波高點附近時，由於成交量沒能跟上，導致股價沒有突破第一波的高點，之後轉為震盪走低跡象，重心出現下移。所以，在第二波股價上升無力，剛拐頭向下時就馬上賣出，往往就是較好的賣點。

重點提示：第二波的上漲，有時連第一波的高點都無法超越，形成失敗的兩波上升型態，在其他方面類似的情況下，同樣也應及時出場。很多時候，開盤不久股價就出現強勢，甚至接近漲停板。若是在大盤環

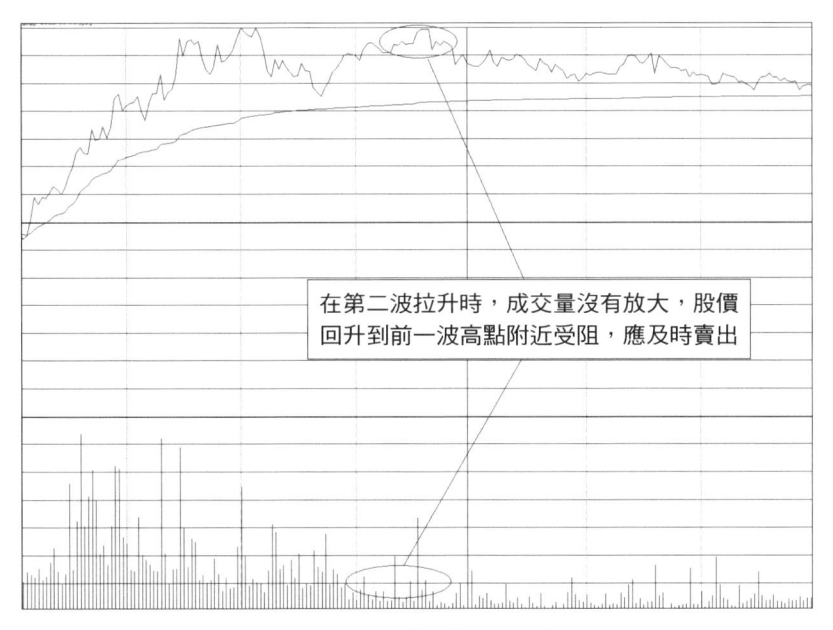

在第二波拉升時，成交量沒有放大，股價回升到前一波高點附近受阻，應及時賣出

▲ 圖4-16　凱盛新能分時走勢圖

境不好的情況下，隨後股價大幅回落的機率很高，所以這時應果斷賣出。強勢股的炒作就是如此，因為如果當天不能強勢封上漲停，很可能就會出現較大幅度的回落。

三、三波上漲賣出法

三波上漲賣出法，是在股價經過三波上漲後，在第三波股價剛剛拐頭向下時，就及時賣出的操作方法。該法和兩波上漲賣出法類似，也分為突破第二波高點和未能突破第二波高點兩種型態。

常言道：「一鼓作氣，再而衰，三而竭。」在分時走勢中也常出現這種盤面現象。短期強勢股是靠高漲的市場人氣來推動股價上漲，也是人氣強弱的外在表現。三波上漲賣出法，就是基於這一現象而成的。

圖4-17為景津裝備2022年10月28日的分時走勢圖。當天小幅開高1.98%，盤中經過兩波上漲行情之後，出現短暫的回檔走勢。但在第三波上漲時量能沒有進一步放大，說明主力無力拉板，力不從心。這種現象表明該股隨時可能出現整理，那麼當第三波剛剛出現向下拐頭時，就應該及時選擇賣出。

圖4-18為益盛藥業2022年10月28日的分時走勢圖。開盤後震盪整理1個小時左右，然後股價呈現三波式上漲。很明顯第三波上漲的力度明顯不足，上方賣壓沉重，這時如果出現向下拐頭就應短線賣出。

上述所講的一波、二波、三波上漲結束之後滯漲賣出法，對在上午開盤不久，分時出現這種型態的個股，有較好的預測效果。尤其在股價以較大幅度開高的情況下，開盤半小時以內產生這種現象時適用性更強、可靠性更高。

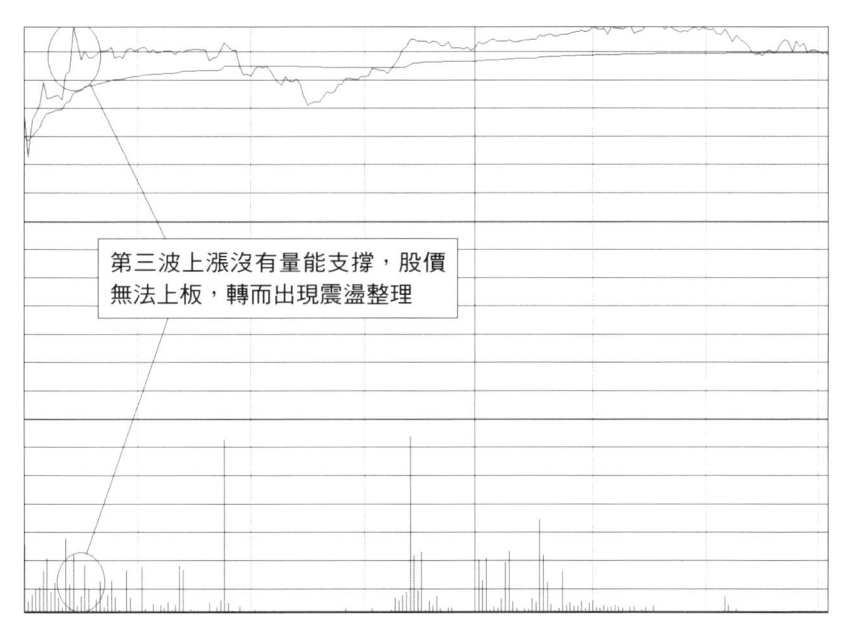

第 4 章 高手如何從日線看趨勢線、分時圖──買賣點選股法

第三波上漲沒有量能支撐,股價無法上板,轉而出現震盪整理

▲ 圖 4-17 景津裝備分時走勢圖

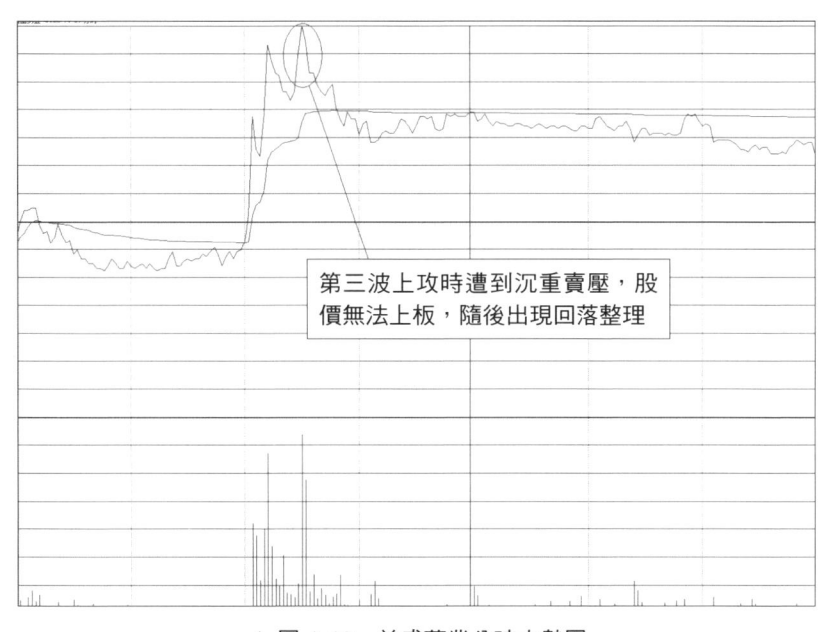

第三波上攻時遭到沉重賣壓,股價無法上板,隨後出現回落整理

▲ 圖 4-18 益盛藥業分時走勢圖

四、接近前期高點賣出法

一般情況下無論何種上升型態，只要股價上衝至較為重要的壓力位附近，一旦出現上漲乏力時，穩健的投資人就可以考慮賣出。前期較為重要的高點，不僅在日K線圖分析中是重要的壓力位，在分時走勢分析中也同樣如此。接近前期高點賣出法，就是在接近當天重要高點時及時賣出的方法。

圖4-19為中亞股份2022年10月28日的分時走勢圖。股價從漲停價開盤之後，僅封盤10分鐘就開板震盪，然後再次衝板時沒有成功，從而形成一個明顯的高點，之後重心下移。午後出現兩次衝高動作，都在接近開板回落之後，再次衝板時所形成的高點附近未能成功穿越，說明這個位置非常重要很難成功穿越。這時，之前還沒有出場的投資人應該

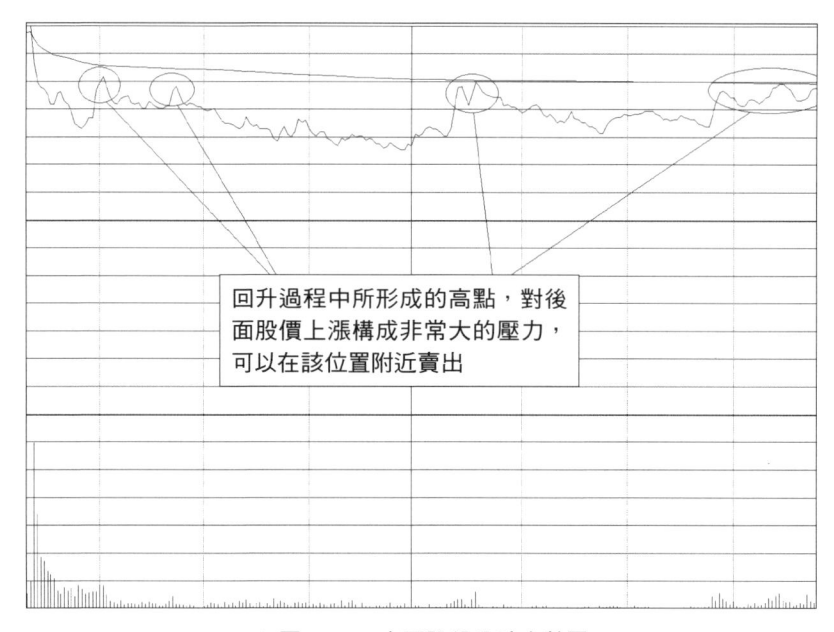

回升過程中所形成的高點，對後面股價上漲構成非常大的壓力，可以在該位置附近賣出

▲ 圖4-19 中亞股份分時走勢圖

及時賣出。因為該股當天的走勢顯得上漲無力，想要再次回封，一般情況下可能性不大。

重點提示：接近前期高點賣出法的定義，是在接近當天重要高點時，就及時賣出的方法。這裡說的是接近當天重要高點，而不是說當天的最高點，相信看了上面的實例走勢之後，就知道為什麼了。

很多時候，股價快速大幅下跌之後，當天基本上就不大可能再接近當天的最高點。所以，只能選擇比較有可能接近的明顯次高點，來作為賣出的重要參考價。當然，要結合當天的具體走勢，靈活制定具體操作策略。

五、接近前收盤價賣出法

接近前收盤價賣出法，是指股價當天在較長的時間內，均處於較大幅度的低於前一天收盤價的位置進行弱勢震盪整理，這通常是因開低或開盤後快速回落所致。當股價反彈到接近前一天的收盤價附近時，就是一個較好的賣出時機。

前一天的收盤價，通常也是次日股價中較為重要的壓力位或支撐位。若股價處於弱勢格局中，表現的是前一天收盤價的壓力方面；若股價處於強勢市場中，表現的是其支撐方面。

圖 4-20 為炬申股份 2022 年 9 月 8 日的分時走勢圖。前一天股價尾盤收高，K 線呈光頭大陽線，盤面有一定的上攻氣勢，可是第二天股價卻開低 3.90%。開盤後，長時間在前一天的收盤價下方運行，午後出現一波拉升動作。但股價到達前一天收盤價附近時，持續走高的力度不足，這時是一個較好的賣點，果然尾盤出現一定幅度的回落。

重點提示：一般情況下，當股價當天的最大跌幅為 4%~7% 時，使用這種方法的機率較大。如果股價跌幅較小，股價很可能會超越前一天

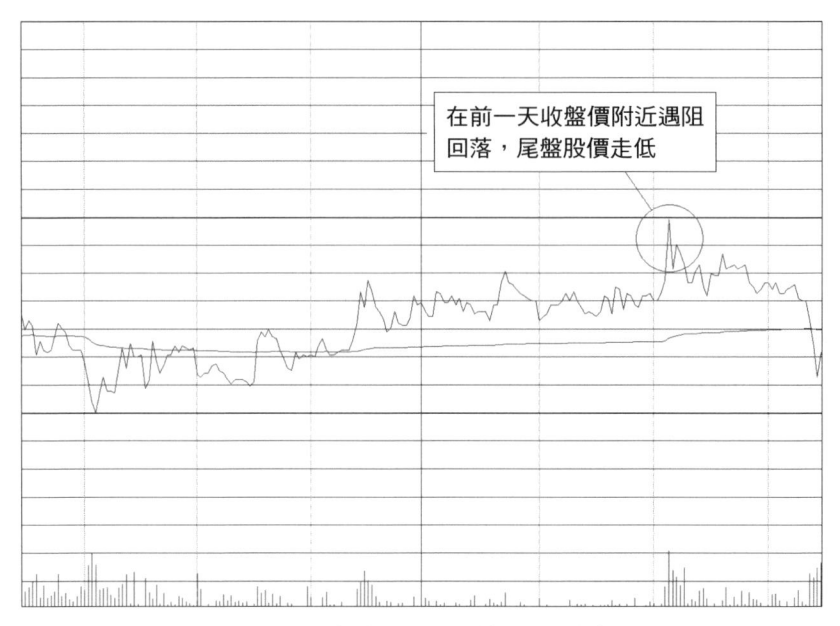

[圖表標註：在前一天收盤價附近遇阻回落，尾盤股價走低]

▲ 圖4-20　炬申股份日K線和分時走勢圖

的收盤價；如果跌幅較大，股價就很難回升到前一天的收盤價附近。

這種方法尤其適用於前一天以漲停板收盤，在次日股價就出現開低震盪，之後的反彈又接近前一天收盤價的個股。漲停價和跌停價都是股價當天漲跌的極限，不同於其他任何價位。在那個價位上往往會有大量的成交，所以一旦被跌破，尤其是較長時間被跌破，套牢盤的拋售壓力通常是比較沉重的。

六、長時間不上板賣出法

指當股價處於距漲停價不遠的位置，長時間進行震盪盤整，而不去衝擊漲停板，此時就要考慮擇機賣出。通常是在距離最近一次漲停的時間，或是距離當天最高價的時間，超過1個半小時，或是在收盤前的1小

第 4 章　高手如何從日線看趨勢線、分時圖──買賣點選股法

時以內,考慮擇機賣出。

短線投資人做強勢股,就是希望買入之後當天或次日有獲利。主要遵循的是追漲殺跌的操作手法,當次日股價在高位進行長時間震盪盤整,而無力衝擊漲停板,多數投資人心裡就感到不踏實。盤整時間越長,遭遇的賣壓就越沉重,封住漲停的難度也就越大。當天股價若不能封上漲停板,那麼尾盤出現較大幅度下跌的機率很高。

圖 4-21 為鴻路鋼構 2022 年 10 月 28 日的分時走勢圖。當天股價開高 2.45% 後,快速上衝到漲停板附近,然後在 8% 附近震盪,整理時間超過 3 個小時,基本上維持橫向運行。主力很明顯沒有封板的意思,遇到這種漲停無望的分時盤面時,應在收盤前賣出。

重點提示:在這種情況下有 3 種賣出方法,一是在接近前期多個高點的位置賣出,之前有多個價位相差很小的高點,對股價的上漲會形成

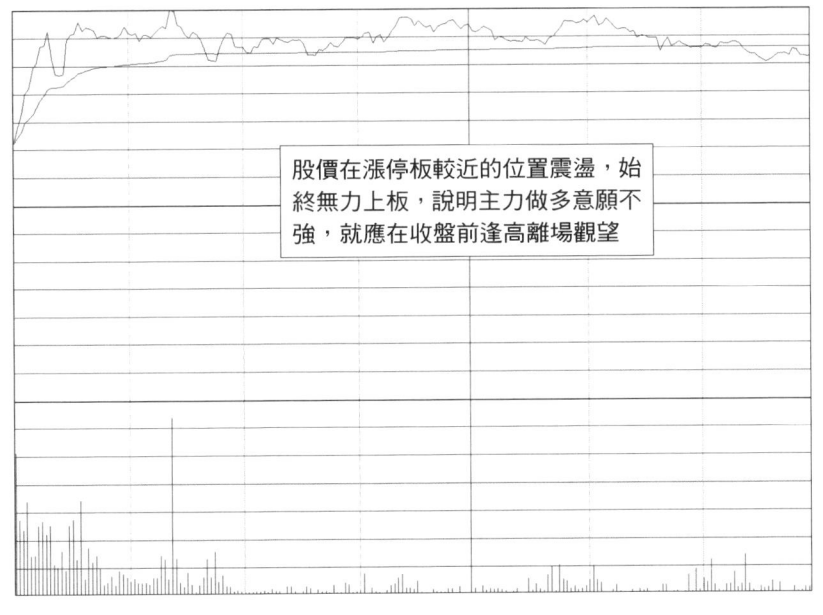

股價在漲停板較近的位置震盪,始終無力上板,說明主力做多意願不強,就應在收盤前逢高離場觀望

▲ 圖 4-21　鴻路鋼構分時走勢圖

重要的壓力；二是跌破從最高點下跌以來的第一個低點時賣出；三是跌破重要的低點時賣出。當然，不管選一種，都符合在尾盤賣出原則。

七、量價背離賣出法

　　量價背離賣出法，是指股價出現較大漲幅之後，進入一段時間整理，再次衝至前期的高點附近。但是在上漲過程中，成交量比之前上漲時所放的量能有較大幅度的縮小，出現這種情況之後，在股價接近前期高點時及時賣出的方法。

　　很多時候量在價先，經由成交量的異常變化，可以提前預判出股價的轉折。價格大多依靠成交量的堆積才能持續上漲，除了主力高度控盤的個股以外，股價短期漲幅較大，成交量大幅度萎縮。通常說明主力沒有做多的意願，也反映投資人的參與熱情正在減退，那麼股價不久就有可能進入整理階段。

　　圖4-22為東方電纜2022年10月28日的分時走勢圖。當天股價開低3.32%後出現快速放量拉高走勢，盤面表現十分搶眼，但股價上拉到7%上方後出現震盪。整理過程中曾經出現兩次拉升動作，但是成交量與之前上升時相比，出現明顯縮小且持續萎縮，靠這麼少的量能股價很難再次走強。因此，在接近前期高點附近，擇機賣出才是穩當的做法。

八、走勢異常賣出法

　　盤面走勢異常賣出法，是指當股價在盤中出現一些令人不放心的異常現象時，出於規避風險的考慮，就選擇先行賣出的一種方法。

　　這些異常現象主要包括下面兩種情況：一是突然放出巨大成交量，但股價的漲幅和量能放大程度明顯不成比例；二是在盤中突然用一筆或

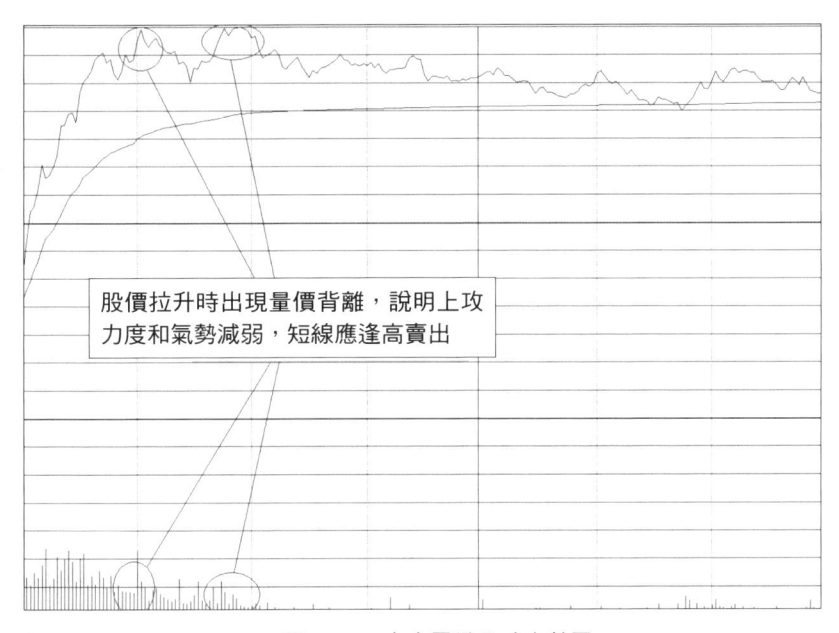

第 4 章　高手如何從日線看趨勢線、分時圖──買賣點選股法

> 股價拉升時出現量價背離，說明上攻力度和氣勢減弱，短線應逢高賣出

▲ 圖 4-22　東方電纜分時走勢圖

幾筆大單，快速將股價拉至較高的位置，或急速大幅打壓，導致盤面劇烈波動。這些通常是主力用來迷惑投資人的常用手法，往往也預示股價後續很可能會呈現下跌的態勢。

圖 4-23 為恒銀科技 2022 年 7 月 11 日的分時走勢圖。將近 3 個小時的弱勢運行後，13:54 該股突然開始放量拉升，連續的大單將股價從盤下拉漲到 3%。經過短暫回落後，該股再次展開第二波拉升走勢，股價拉升至 5% 以上。但在第二波拉升時，很明顯量能已經跟不上了，這時應及時賣出。

出現這種劇烈波動的盤面現象，之後要麼股價強勢漲停封盤不動，要麼衝高後快速回落，所以一旦股價不能成功漲停，短線就應該逢高賣出。使用這種手法，有 3 個方面可以考慮。

一是測試上方的賣壓情況，然後進行必要的整理；二是啟動股性，

211

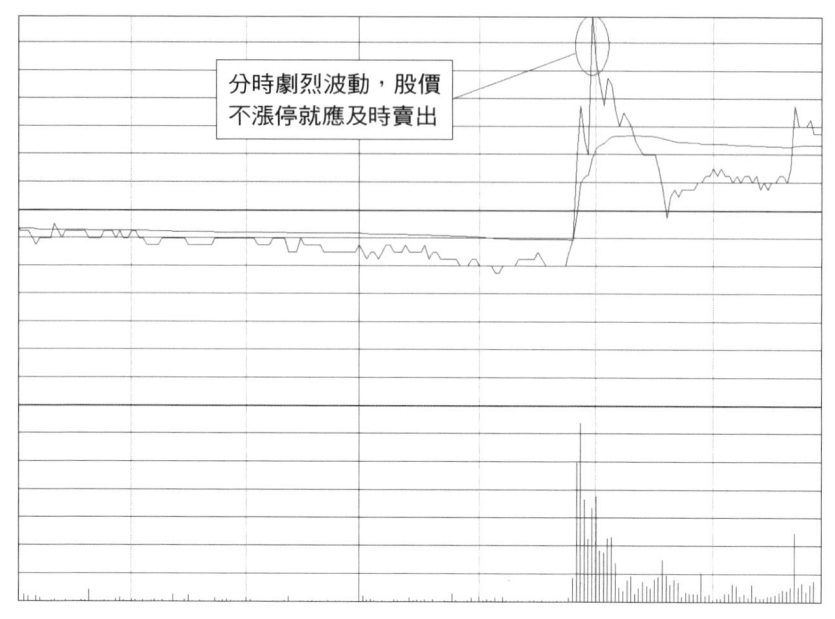

[分時劇烈波動，股價不漲停就應及時賣出]

▲ 圖 4-23　恒銀科技分時走勢圖

吸引投資人大量介入，就有可能繼續推高股價；三是就算追漲的人氣不足，但成交量較前期正常情況下也有大幅度增加，有利於主力在較高的位置大量出貨。可見，主力若是提前在低位介入，用這種方式拉高出貨，還是很有效的。

下面這個實例出現在收盤集合競價階段，股價大幅拉高，如果沒有實質性利多，那麼次日也應該逢高賣出。

圖4-24為時空科技2021年11月9日的分時走勢圖。在尾盤競價3分鐘時間裡，1692張的大買單，將股價從45.44元拉到48.42元，漲幅達6.70%。這種情況主要是主力以最小的代價，將當天的日K線做得儘量好看一些，以欺騙那些只依據日K線來分析走勢的投資人。同時也是告訴大家，主力已經有較明顯的出逃意圖。果然，次日股價開低走低，盤中一度封於跌停，最終以下跌9.75%收盤。

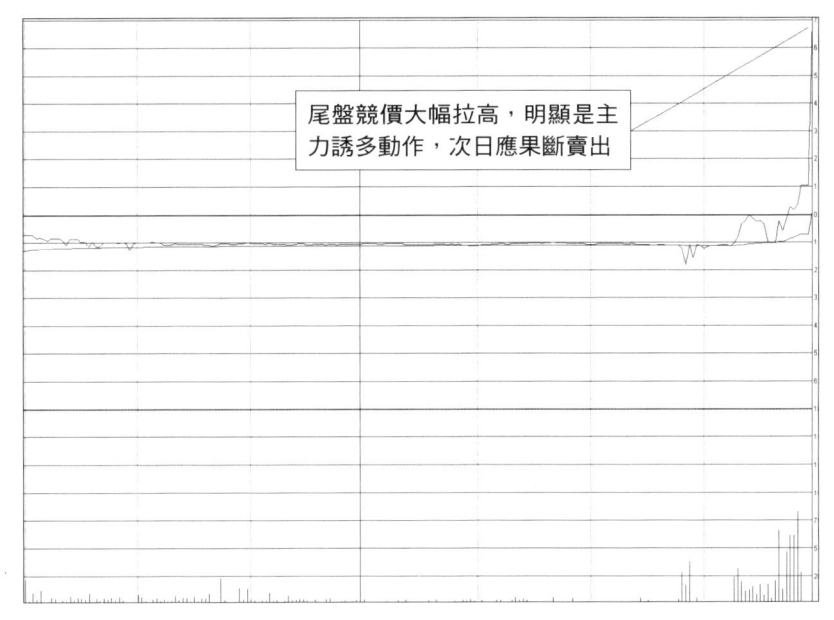

[圖表：尾盤競價大幅拉高，明顯是主力誘多動作，次日應果斷賣出]

▲ 圖 4-24　時空科技分時走勢圖

這種分時走勢，除了以上兩種情況以外，在上午和下午開盤的前 3 分鐘內也常出現。這種做法，主要是為了矇騙開盤就去追擊最先漲停個股的投資人。不管出現在哪個時間段，原理和目的基本上相同。

重點提示：這種誘多走勢的特點是拉升的時間很短，主力拉升成本低，通常只在尾盤競價最後 1 分鐘時間裡進行。而從分筆成交價位來看，相鄰兩筆的成交價相差很大，時常在 1% 以上。

九、技術破位賣出法

1. 跌破趨勢線賣出法

此為股價跌破當天較重要的上升趨勢線之後，及時賣出的一種方法。分時走勢中的趨勢線和日 K 線圖趨勢線是一樣的，在趨勢中都發揮

如何運用簡易波浪理論 抓到漲停板

重要作用。跌破當天較為重要的分時趨勢線，往往表明股價短期內步入整理。

圖4-25為盛弘股份2022年11月9日的分時走勢圖。開盤後向上拉起，隨後出現震盪走高。每一波的漲幅雖然相差不大，形成一條向上傾斜的趨勢線，但從圖4-25下方的成交量情況可以看出，股價越往高漲成交量就越小，說明市場投資人的參與熱情正在不斷降低，這樣的上漲往往是難以持續的。可見，分時中已經出現量價背離現象，那麼在股價跌破上升趨勢線時，就應該果斷賣出。

重點提示：確定分時趨勢線的兩個基準點之間的時間間隔，最好在20分鐘以上。若是幾波上漲的波形較為相似，那麼在跌破趨勢線時，準確性往往更高。

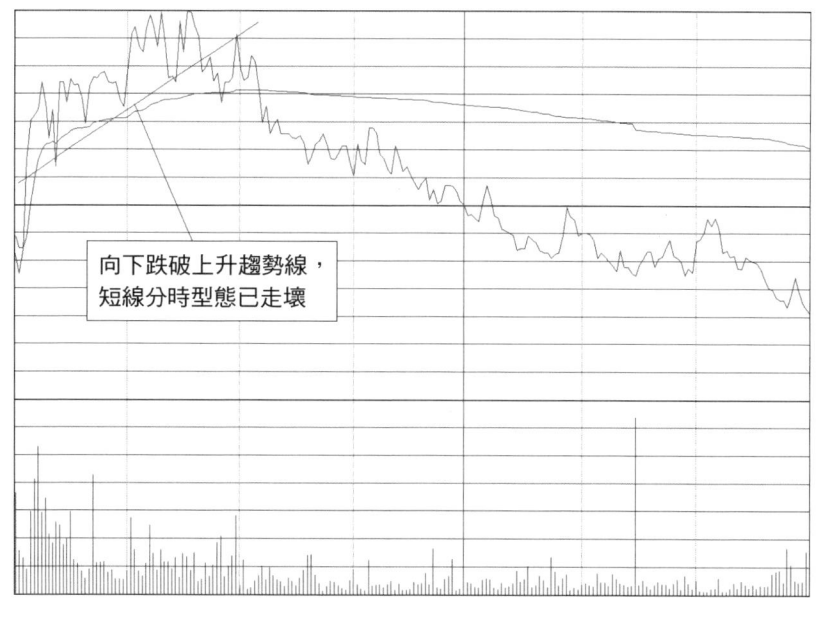

▲ 圖4-25　盛弘股份分時走勢圖

2. 跌破前期低點賣出法

此為在股價跌破當天重要的低點時賣出的一種方法。當天分時中的重要低點，往往會對股價形成強有力的支撐，若是被跌破了，短期的走勢就難以樂觀，這時應賣出。

圖4-26為申昊科技2022年8月19日的分時走勢圖。前一天股價拉出突破性大陽線，當天開盤後出現一波下探走勢，接著迎來一波快速有力的回升。但此後的回檔幅度很大，前低點被輕而易舉地擊破。從一漲一跌中可以看出，該股之前的強勢已經發生較明顯變化，當天股價走勢應以下跌為主。

重點提示：一般重要低點之後的一波上漲幅度，至少應該大於2%，或者股價曾多次在該價位附近獲得過有力支撐。滿足這兩個條件中的任何一個，對研判趨勢就有較準確的指導作用。

3. 跌破支撐位賣出法

此為在股價跌破當天重要的支撐位時賣出的一種方法。支撐位是由幾個盤中的低點所構成的，通常比單一低點對股價的支撐作用更強。一旦確認為有效突破，可靠性也比跌破單一前期低點高很多。

圖4-27為天龍光電2022年8月25日的分時走勢圖。股價在分時震盪過程中，初期的低點有一定的支撐作用，但之後還是被向下擊穿。當天兩次被向下擊穿重要的支撐位，說明主力做空意願強烈，難以抵擋當天下跌的勢頭。

重點提示：重要的支撐位一旦被跌破，之後反彈到該支撐位附近時，就是一次較好的賣出機會。若是箱體平台被跌破，通常下跌的幅度至少是箱體最大振幅的幅度。支撐位（線）有水平和傾斜兩種，而傾斜又包括向上傾斜和向下傾斜。

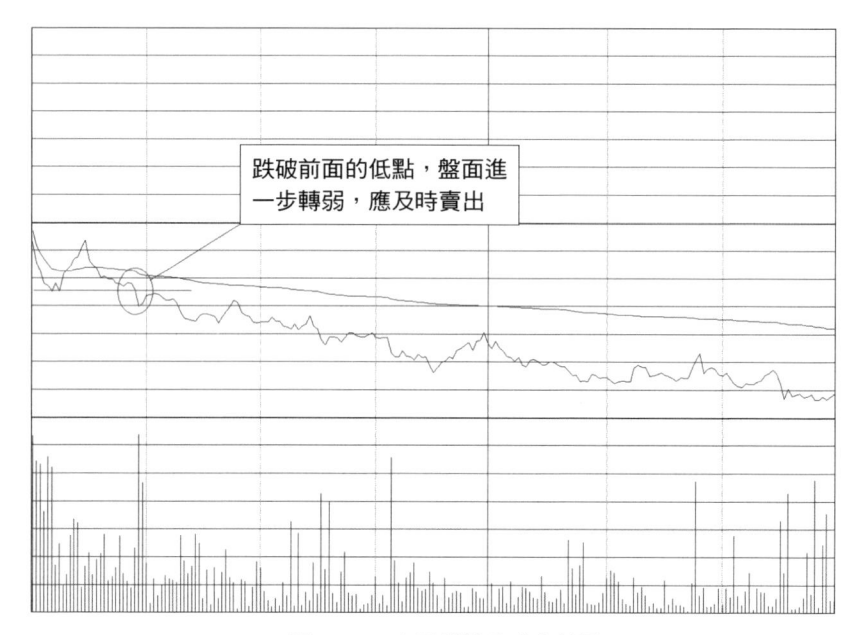

如何運用簡易波浪理論 **抓到漲停板**

跌破前面的低點,盤面進一步轉弱,應及時賣出

▲ 圖 4-26 申昊科技分時走勢圖

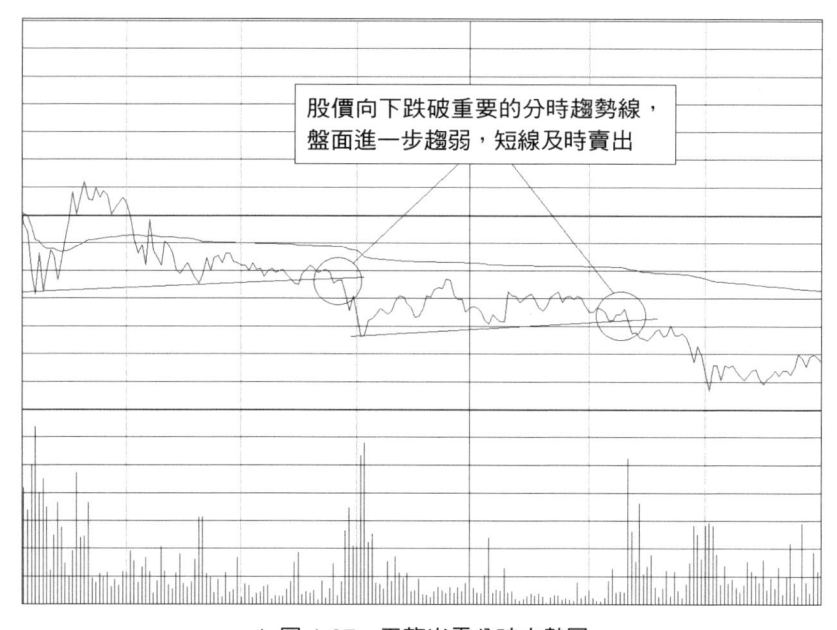

股價向下跌破重要的分時趨勢線,盤面進一步趨弱,短線及時賣出

▲ 圖 4-27 天龍光電分時走勢圖

十、接近分時均線賣出法

股價接近分時均線賣出法，是指股價跌到分時均線以下，在隨後股價反彈到分時均線附近時賣出的一種方法。

圖4-28該股當天股價小幅開高後，出現衝高回落，重心不斷下移。午後產生一波力度較大的反彈走勢，股價短暫穿過當日分時均價線，但遇到巨大的賣壓，之後股價重回跌勢，一直維持到收盤。可見，當股價反彈到分時均線附近時，就是當天較好的賣出時機。

重點提示：這裡所講的接近分時均線賣出法，可以當作上述所講的跌破趨勢線賣出法等幾種常用的方法。顯示應該賣出時機的情況下，投資人由於種種原因沒能出場，而將此作為一種不得已的補救措施來使用。也就是說，盡量不要採用此法來操作，因為較為滯後。

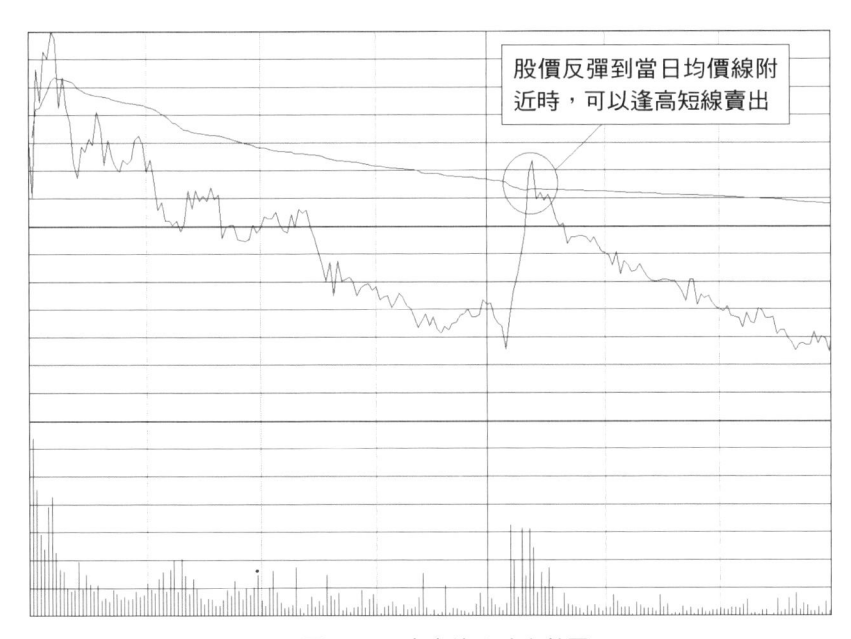

▲ 圖4-28 奧來德分時走勢圖

十一、跌停、漲停開板賣出法

1. 跌停開板賣出法

這是一種相對來說較為極端和少見的賣出法,主要適用於個股突然遭遇重大利空,股價開盤就跌停,甚至是連續跌停之後,跌停板首次被打開。這時就要依據股價所處的位置,以及利空的性質等具體情況,對股價未來的定位做出評估。如果認為後續還有較大的跌幅,就應該在跌停打開後果斷出場,以減少損失。

圖4-29為萬里股份2022年7月20日的分時走勢圖。股價大幅跳空開高7.04%,盤中股價快速滑落直至跌停。盤中雖然多次開板,但最終還是封在跌停板位置,這說明主力在利用跌停板出貨。若在這一天稍有猶豫,沒有及時出場,不僅當天被封在跌停板,之後幾天又是連續的下跌,將損失慘重。

實戰中遇到重大利空消息突襲時,股價往往出現連續跌停,開始有多個一字板跌停,這時投資人基本上沒有任何出場機會。在跌停板首次被打開後,不少散戶以為是買入的機會,其實恰恰相反,這是一個較好的出場機會。因為即使股價表現好一些的,往往也只是一次弱勢反彈,隨後還將繼續下跌;而表現較差的個股,還會出現連續跌停的現象。

重點提示:跌停板被打開之後,若沒有出現兩波以上、升幅超過5%的反彈;或是一波超過5%的反彈出現,隨後的回檔幅度超過升幅的1/2,或是在跌停板打開之後,在半小時以上的時間裡始終沒有出現過較有力度的反彈,股價還曾經多次觸及跌停。這些盤面現象說明開板回升力度不強,當天以跌停收盤的機率比較大,所以這時千萬不要在跌停位置買入。

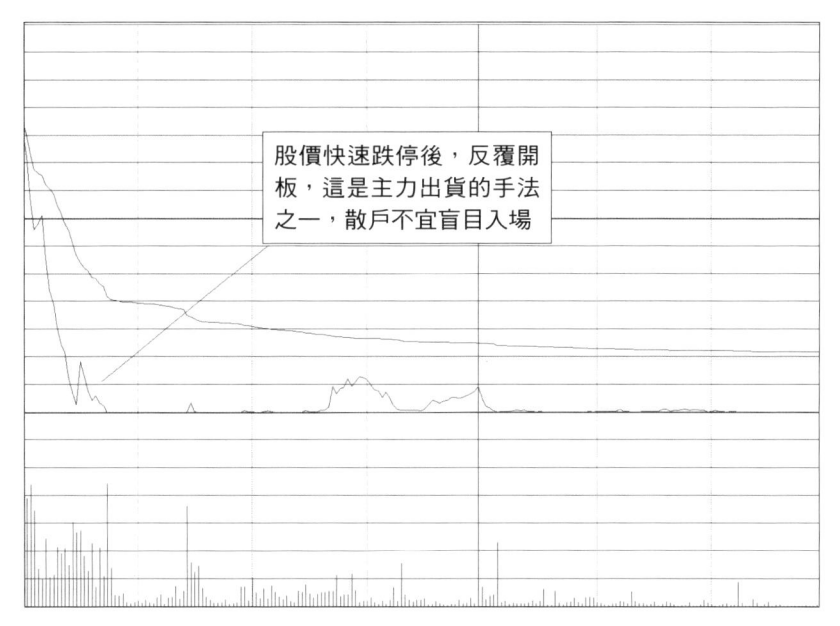

第 4 章　高手如何從日線看趨勢線、分時圖──買賣點選股法

> 股價快速跌停後，反覆開板，這是主力出貨的手法之一，散戶不宜盲目入場

▲ 圖 4-29　萬里股份分時走勢圖

2. 漲停開板賣出法

這種賣出法在漲停技法中常用到，因為當漲停板被打開之後，能否在收盤前再次回封，沒有人知道。所以，穩健的投資人在漲停板沒有被打開時不用考慮賣出，但在漲停被打開之後就要及時地賣出。這樣的賣出方法，就是漲停板打開賣出法。

圖 4-30 為中通客車 2022 年 7 月 19 日的分時走勢圖。當天大幅跳空開高 8.14% 後，股價強勢推高至漲停，雖然封盤幾分鐘後出現多次爛板，表面上看也沒有發現任何異常的狀況。但是在午後復盤時，大量的賣單突然集中出現，漲停也被迅速打開，股價瞬間回落到跌停板附近。然後出現幾次強勁的反彈現象，但最終還是收在跌停板位置，全天呈現天地板走勢，這是主力利用漲停出貨的經典手法。

實戰中，主力往往選擇在臨近收盤時搞一個突然襲擊，快速將手中

的籌碼賣給在漲停價排隊等待買入的投資人。因為，大眾心理往往看到股價漲停之後能夠牢牢地封板，說明走勢異常良好，且臨近收盤的時間不多，就容易在心理上產生麻痺，連撤單的準備都沒有。這樣，主力出其不意地大肆出貨，就可以取得較佳的出貨效果。

重點提示：當天換手率較前一天有大幅度的提高，且之前股價已經連續漲停時，就要保持高度警覺，因為隨時有可能見頂回落，尤其在前一天是一字板漲停，或當天股價開高太高的情況下，更要謹慎。

股價漲停後反覆開板，主力利用漲停板出貨

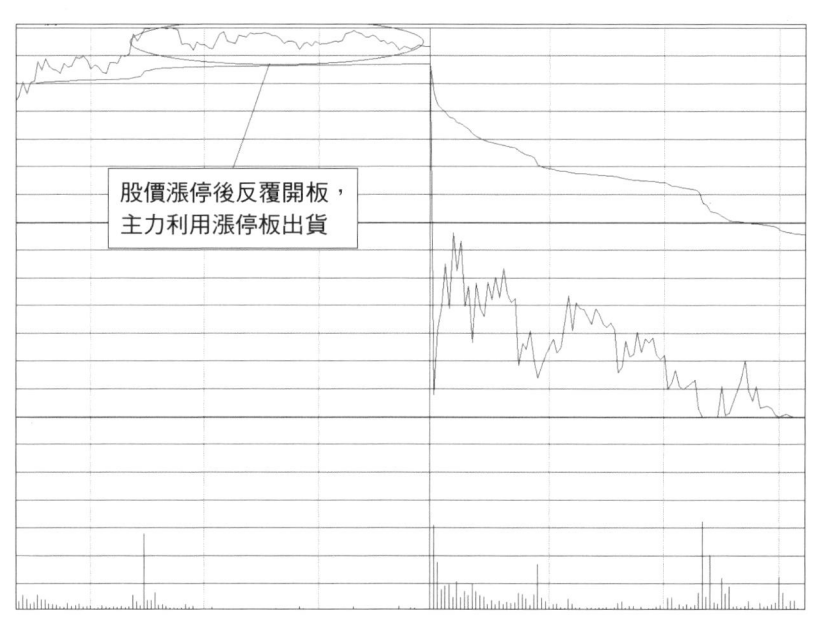

▲ 圖 4-30 中通客車分時走勢圖

第 5 章

搭上最後主升段衝刺波，狂賺 30%——實戰分析 18 個案例

5-1 什麼是衝刺波？是怎麼形成的？

一、衝刺波的意義

衝刺波是指一天的分時走勢中，出現一波量能最大、勢頭最猛、速度最快、時間極為短暫的盤面波動現象。衝刺波簡單看起來只是盤中的一個小細節，但戰面意義非常重要，很大程度上決定當日或後市走勢。衝刺波是一種短暫的極端走勢，可分為上升衝刺波（主升波）和下跌衝刺波（主跌波）兩種。

一般情況下下，出現衝刺之後股價會朝相反方向運行，這就意味著它是最後一次衝高或打壓動作，容易形成日內的最高點或最低點，因此是一個確定性很高的買賣點，投資人應重視這一特別的盤面波動現象。

在產生衝刺波之前，往往有一個「鋪墊」過程，也就是說需要一定的盤面基礎，否則就很難形成衝刺走勢。這個「鋪墊」過程，通常是緩慢地拉高或小級別的台階式上升，在此基礎上才能產生衝刺波。衝刺波在分時走勢中通常有以下兩種情形（這裡以上升衝刺波為例，下跌衝刺波的盤面現象則相反）：

(1) 股價在前面緩緩向上推高，然後加速上漲，最後在衝刺波中結束

拉升，此後幾乎沒有能力再創高點，因此是一個賣出訊號。

圖5-1為宇通客車2023年1月6日的分時走勢，開盤後股價緩緩向上推高，成交量溫和放大，然後產生加速拉升。9:59開始出現衝刺波，1分鐘內成交量劇烈放大至99154張，僅持續1分鐘左右就結束拉升，至收盤時一直處於震盪走勢。

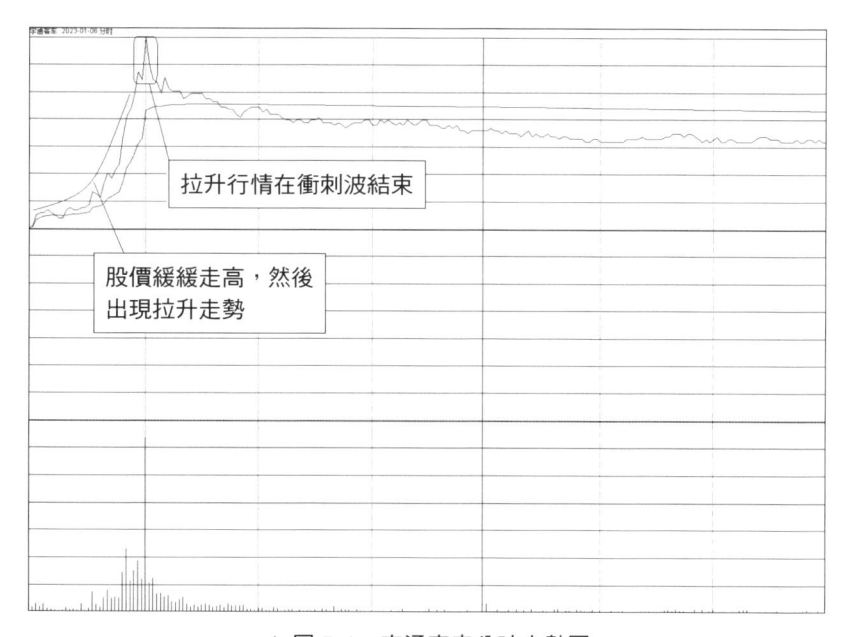

▲ 圖5-1　宇通客車分時走勢圖

如圖5-2康達新材的分時走勢，股價小幅開高後穩步向上走高，成交量活躍，然後產生放量加速拉升。10:24開始出現衝刺波，1分鐘內成交7825張，僅持續1分鐘左右結束拉升，直到收盤也沒有強勢拉起。

(2) 股價在前面出現一波或多波小級別的拉高，最後以衝刺波形式結束拉升，此後沒有能力再創日內新高，因此也是一個賣出訊號。

圖5-3為貴州燃氣2021年12月22日的分時走勢，開盤後直接強勢

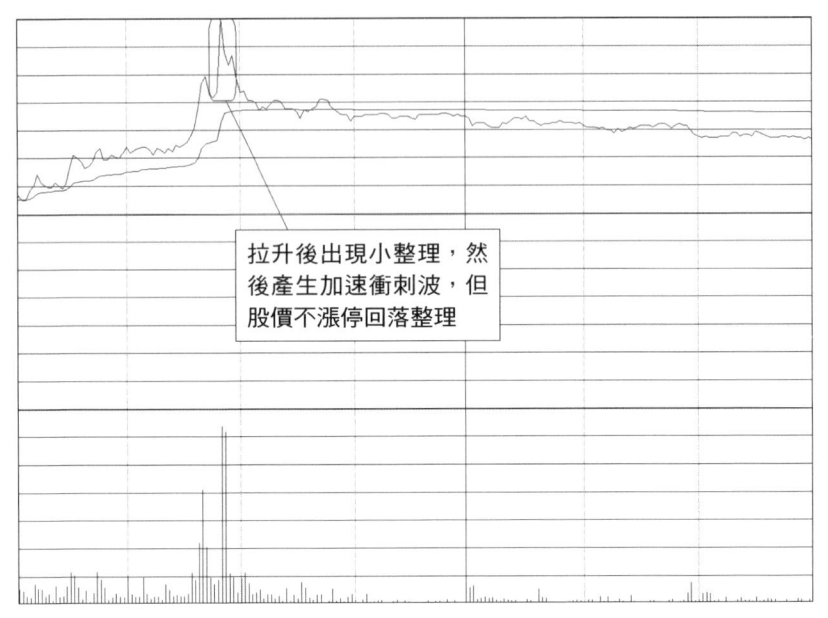

如何運用簡易波浪理論 **抓到漲停板**

▲ 圖 5-2　康達新材分時走勢圖

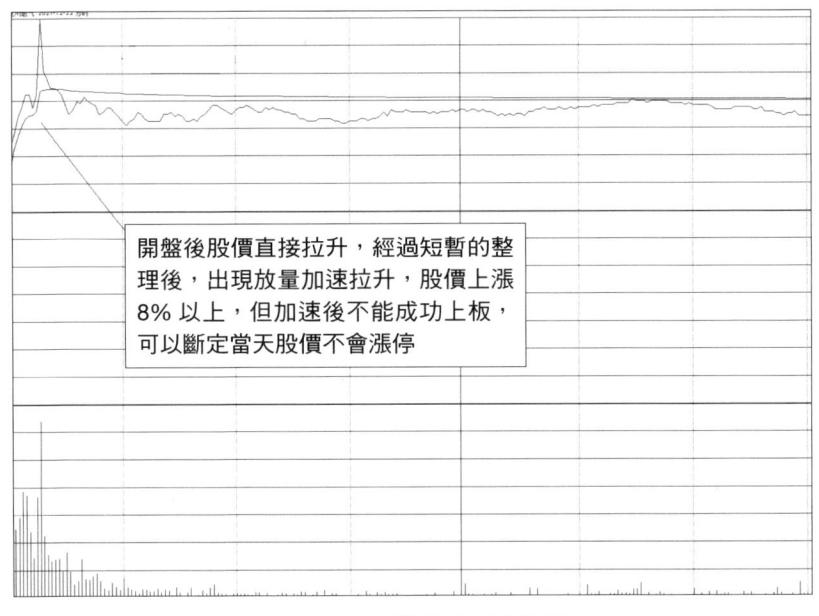

（圖中標註：拉升後出現小整理，然後產生加速衝刺波，但股價不漲停回落整理）

▲ 圖 5-3　貴州燃氣分時走勢圖

（圖中標註：開盤後股價直接拉升，經過短暫的整理後，出現放量加速拉升，股價上漲8%以上，但加速後不能成功上板，可以斷定當天股價不會漲停）

拉升，經過短暫整理後放量加速拉升，漲幅8%以上，上漲氣勢非常強似乎有漲停的可能。但是加速拉升後不能成功漲停，可以斷定當天股價不會輕易漲停了，除非大盤或板塊十分強勢，才能出現意外的驚喜。

圖5-4為乾景園林2022年5月26日的分時走勢，震盪整理3個小時後，14:00過後展開一波有力的拉升走勢，然後經過蓄勢在14:35開始第二波加速拉升，但是股價沒有成功漲停，這時尾盤應以賣出為主。

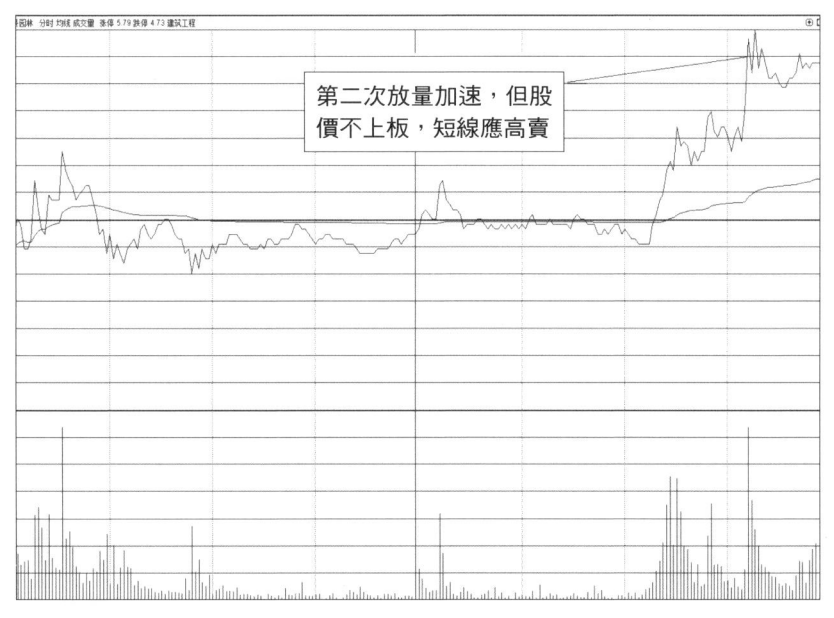

▲ 圖5-4　乾景園林分時走勢圖

圖5-5為省廣集團2021年12月15日的分時走勢，分時運行節奏非常清晰，在第三波拉升中呈現出「速度快、量能大、勢頭猛、時間短」的特點，但股價沒有成功漲停。

如何運用簡易波浪理論 **抓到漲停板**

> 第三波放量加速拉升，但股價沒有成功上板，之後直到收盤維持盤整態勢

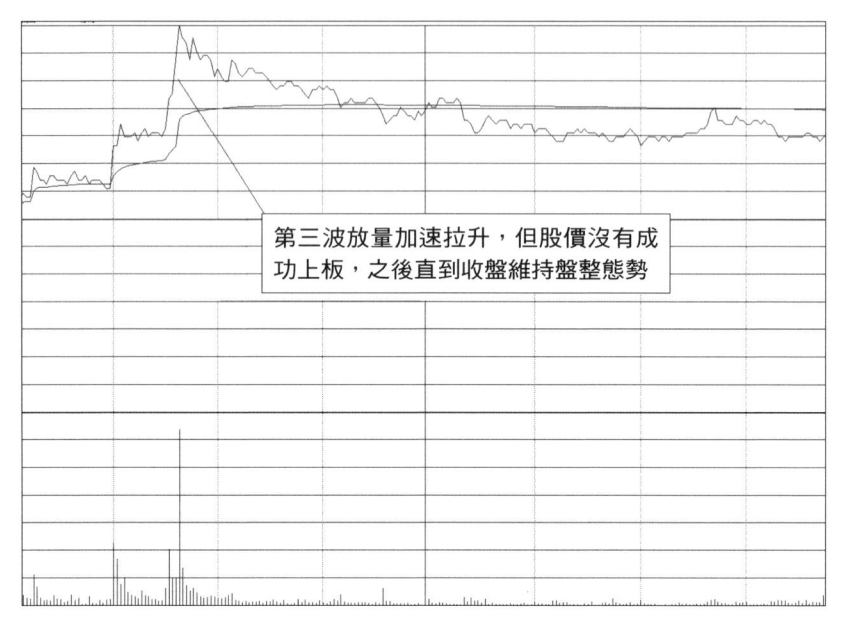

▲ 圖 5-5　省廣集團分時走勢圖

二、衝刺波的特徵

衝刺波在實戰中非常多見，應用效果也十分奏效，這裡以漲勢中的衝刺波為例（下跌衝刺波則相反），剖析衝刺波的幾個盤面特徵：

1. 速度快

衝刺波是一天分時走勢中衝擊速度最快的一次盤面波動，盤面呈現跳躍式上漲，但往往也是最後的衝擊動作，此後盤面將進入震盪整理，很難超越其高點或低點，因此是一個買（賣）點。盤面中由於上衝速度快，角度往往非常陡峭，所以持續時間不長，約1~3分鐘。

圖5-6中，慧辰股份2023年1月30日小幅開高後，出現一波拉高走勢，然後維持橫盤整理。10:25開始突破拉升，10:28停頓1分鐘，10:29

出現急速拉升的衝刺波，股價出現跳躍式上漲。衝刺波結束後，盤面維持整理，股價重心下移，直到收盤也未能穿越衝刺波的高點。

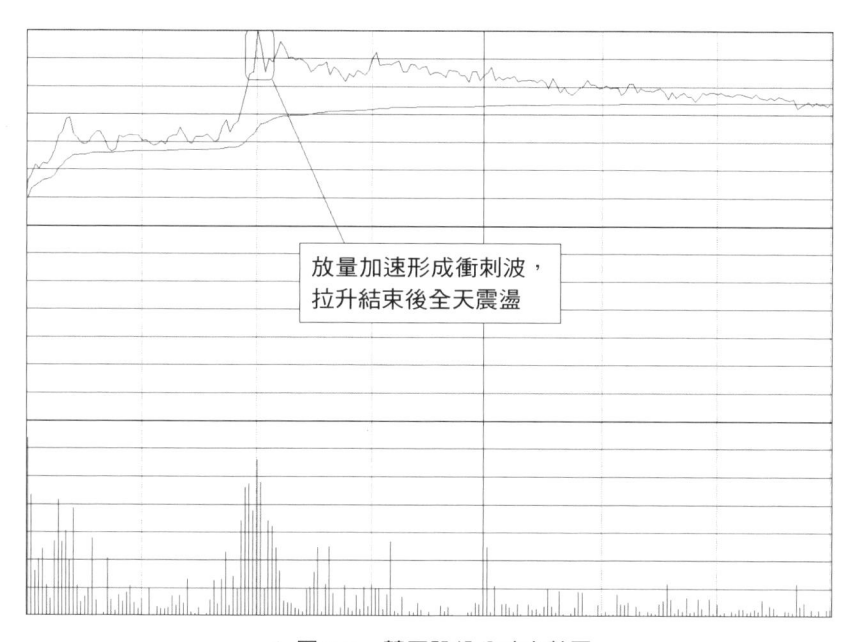

放量加速形成衝刺波，拉升結束後全天震盪

▲ 圖5-6　慧辰股份分時走勢圖

圖5-7中，李子園2022年12月14日股價開低，經過短暫的震盪整理後，開始穩步向上爬高，9:56出現衝刺波，拉升速度非常快，股價呈跳躍式上漲。9:59股價見頂回落，主力衝刺結束，之後一直維持震盪盤整，盤面沒有衝高動力。

2. 量能大

這一點很好理解，股價在上衝過程中大多伴隨成交量放大。一般情況下衝刺時會出現急劇性大量，在1分鐘單位時間裡往往是全天最大的量。如果出現縮量衝刺波，那麼其可靠性更差，應及時賣出。

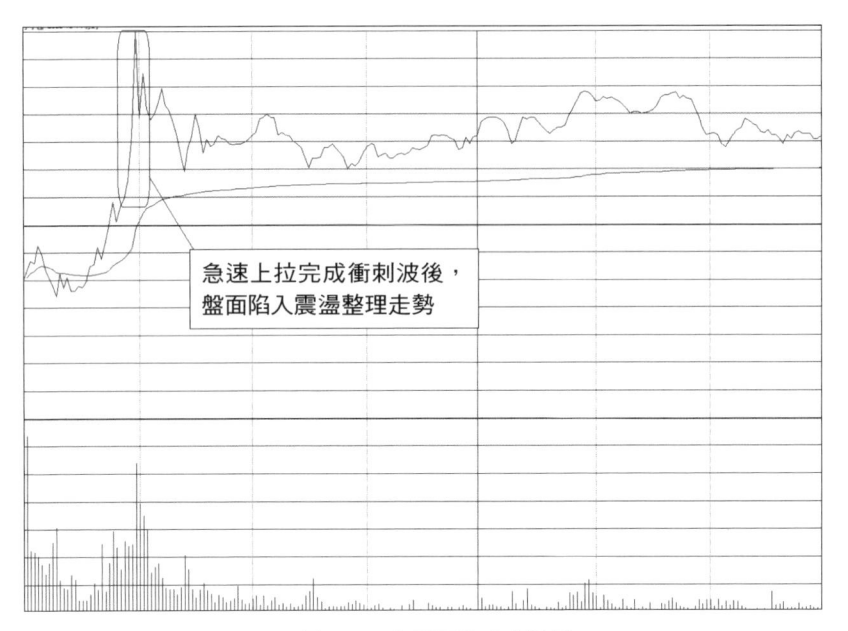

如何運用簡易波浪理論 **抓到漲停板**

急速上拉完成衝刺波後，
盤面陷入震盪整理走勢

▲ 圖 5-7　李子園分時走勢圖

　　需要提醒的是，早盤競價或開盤後的 5 分鐘以及尾盤競價的成交量除外，因為這屬於兩個特殊的時間節點，這跟盤中的成交量有明顯區別。

　　圖 5-8 中，皇庭國際 2023 年 1 月 30 日小幅開高後，震盪中出現兩小波拉高現象，9:42 開始產生急速的衝刺波，僅 1 分鐘成交 33808 張（開盤後 5 分鐘的量除外），1 分鐘單位時間裡成為全天最大的量。此後呈現縮量橫盤整理，直到收盤再也沒有出現放量拉高走勢。

　　圖 5-9 是中科信息縮量情形下出現的衝刺波。2022 年 11 月 25 日經過短暫整理後出現一輪快速拉升，然後在高位強勢整理，9:53 開始出現衝刺波，但拉升的空間不大，很快回落盤跌。很明顯，在衝刺波中成交量不足，拉升沒有動力，說明主力沒有真實的拉升意圖，遇到這種情況應及時賣出。

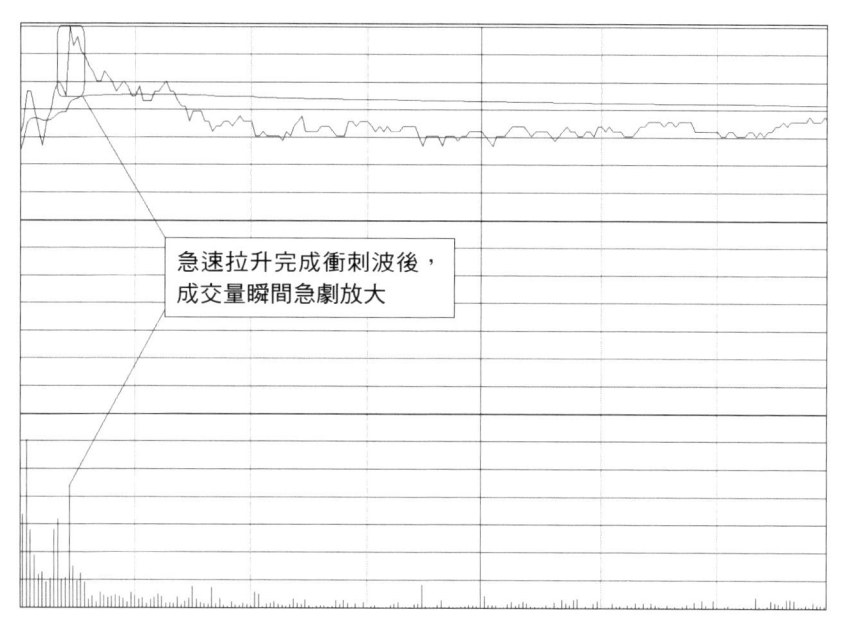

第 5 章　搭上最後主升段衝刺波，狂賺 30%──實戰分析 18 個案例

急速拉升完成衝刺波後，
成交量瞬間急劇放大

▲ 圖 5-8　皇庭國際分時走勢圖

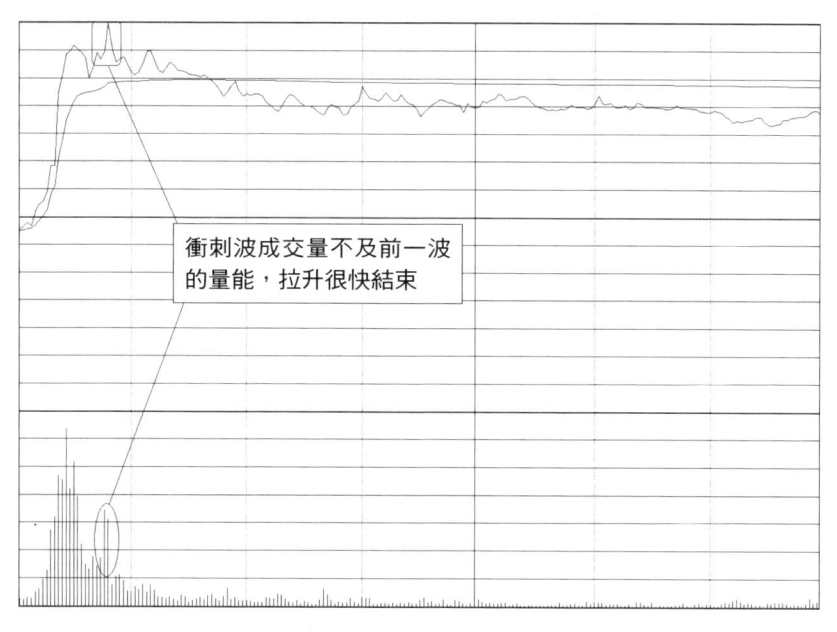

衝刺波成交量不及前一波
的量能，拉升很快結束

▲ 圖 5-9　中科信息分時走勢圖

3. 勢頭猛

由於衝刺波的拉升速度快、量能大，有一股向上噴發的力量，其上攻勢頭非常猛烈，這是衝刺波的又一個特徵。如果衝刺波不能一氣呵成，堅決封盤，一旦衝刺結束往往就是當日最高點。從盤面勢頭看，擺開放量大漲的架勢，大有非漲停不可的氣概，給人的感覺就是拉升勢不可當，因此吸引不少看盤經驗不豐富的投資人跟隨湧入，結果套牢在當日最高點。

圖5-10中，寶蘭德2023年2月8日股價小幅低開，整個上午在盤下弱勢運行，午後突然放量向上拔起。經過短暫的修復性整理後再次恢複拉升，13:23開始出現衝刺波，股價急速上漲，似乎有拉漲停的意思。但1分鐘後股價快速回落，直到收盤沒有再次拉升。

圖5-11中，天地源2022年11月30日股價小幅低開後快速回升。

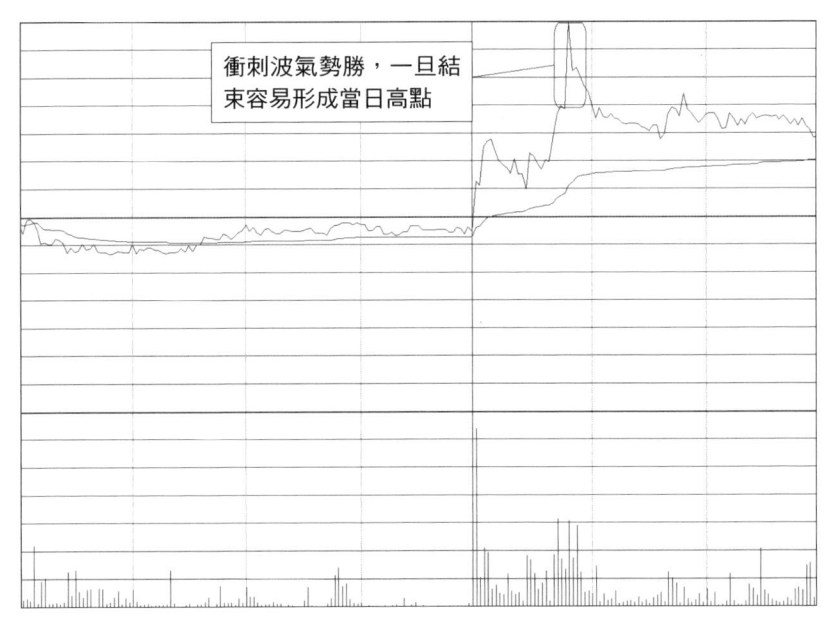

▲ 圖5-10　寶蘭德分時走勢圖

第 5 章　搭上最後主升段衝刺波，狂賺 30%──實戰分析 18 個案例

經過短暫的幾輪起落整理後，9:49 開始發動衝刺行情，上攻勢頭非常強勢，2 分鐘漲幅超過 4%，吸引不少投資人的關注。但上攻勢頭很難持久，該股衝刺結束後陷入震盪整理走勢。

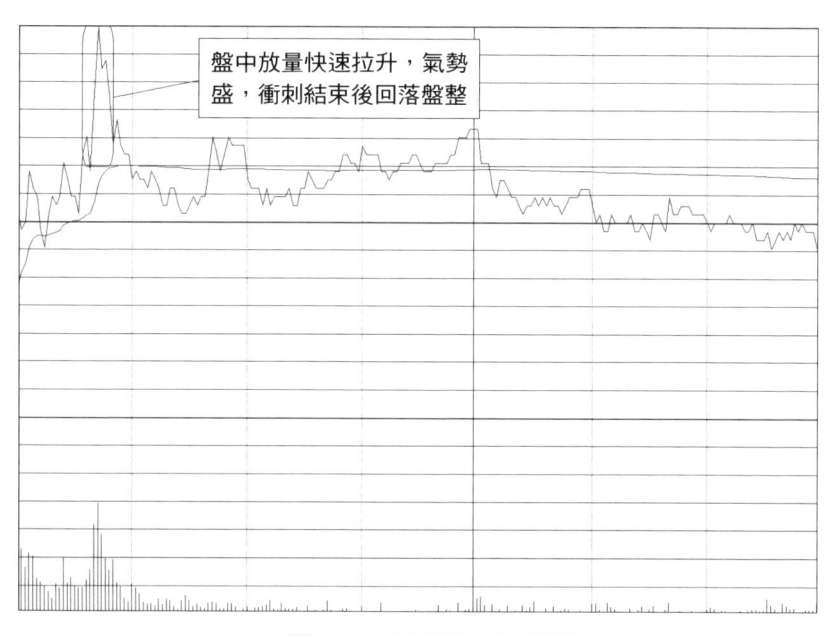

盤中放量快速拉升，氣勢盛，衝刺結束後回落盤整

▲ 圖 5-11　天地源分時走勢圖

4. 時間短

極端的盤面現象時間都是短暫的，這一點不難理解。衝刺波是分時盤面的極端波動，發展速度極快、成交量急劇放大、盤面氣勢猛烈。當然這種盤面持續時間不長，一般 1~3 分鐘就結束，很少超過 4 分鐘，隨後基本上呈反方向運行。

圖 5-12 中，中科信息 2023 年 2 月 6 日股價小幅開低後，緩緩向上推高，然後進行一段時間的盤整。接著向上拉高分時形成突破，11:11 快速拉升出現衝刺波，僅 1 分鐘就結束，隨後維持盤整走勢。

股價加速拉升，衝刺波1分鐘就結束

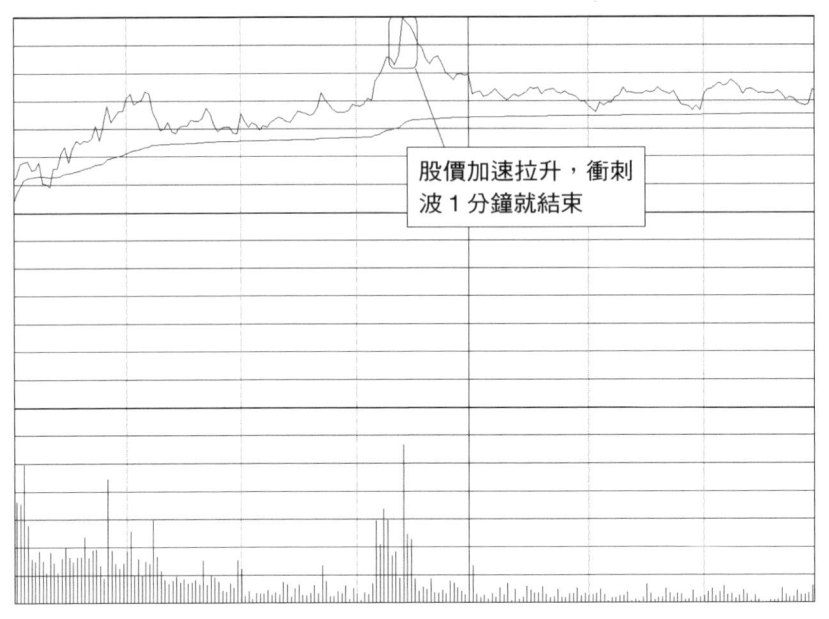

▲ 圖5-12　中科信息分時走勢圖

　　圖5-13中，安碩信息2023年1月10日股價小幅開低後震盪推高，然後出現短暫的修復盤整，10:37開始快速拉升形成衝刺波走勢，堅持2分鐘後向下回落，直到收盤維持震盪整理。

　　圖5-14中，中國電信2022年12月1日股價小幅開低後逐波推高，經過短暫的平台盤整後，10:43開始快速拉升出現衝刺波走勢，持續時間長達5分鐘。但股價無法拉至漲停板，之後漸漸震盪走低，幾乎抹去全天的漲幅。

三、衝刺波的邏輯

　　為什麼會出現衝刺波呢？背後邏輯不外乎以下3個因素：

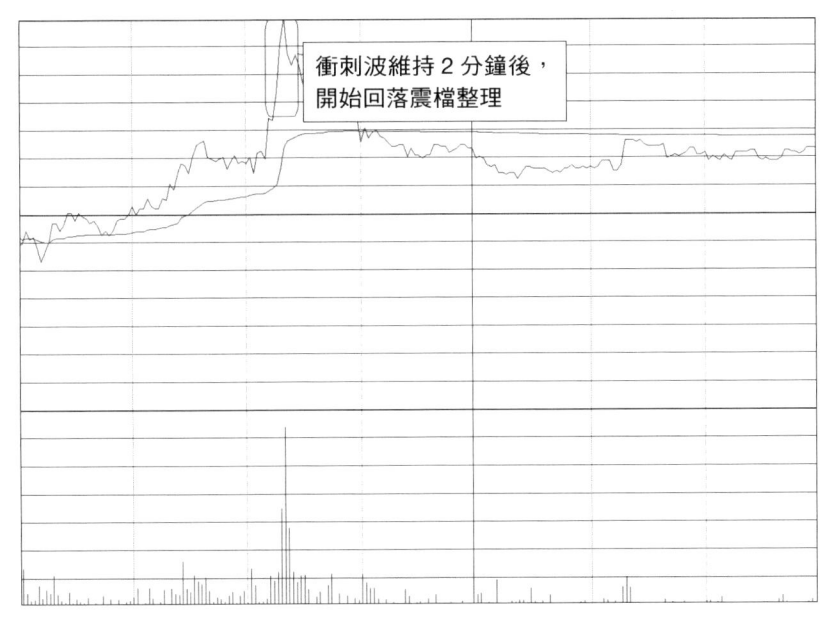

第 5 章　搭上最後主升段衝刺波，狂賺 30%──實戰分析 18 個案例

衝刺波維持 2 分鐘後，開始回落震檔整理

▲ 圖 5-13　安碩信息分時走勢圖

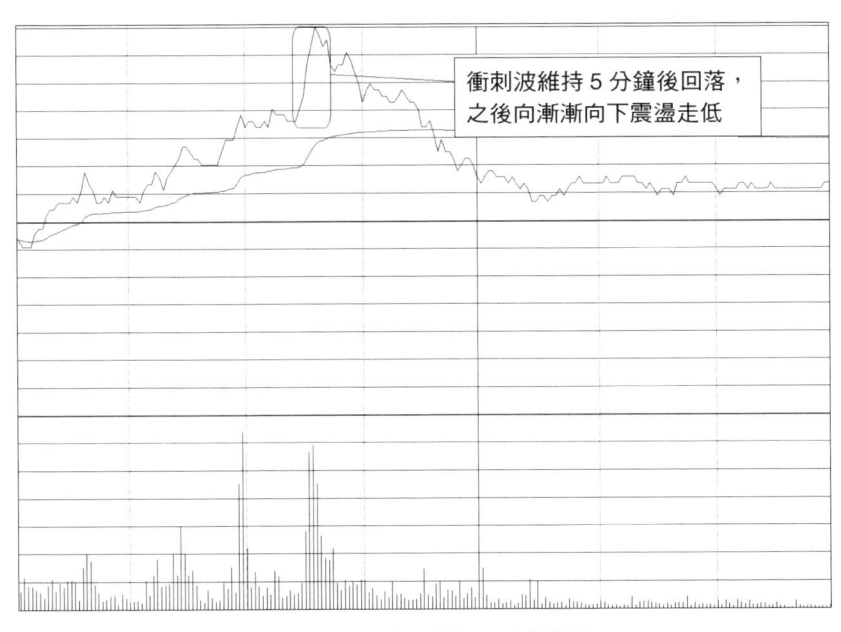

衝刺波維持 5 分鐘後回落，之後向漸漸向下震盪走低

▲ 圖 5-14　中國電信分時走勢圖

1. 主力行為

(1)主力誘多：主力放量急速拉升個股，給人的感覺就是股價要大漲，既讓盤中的散戶繼續看好，又讓場外的散戶追漲入場，所以有主力誘多因素。特別是在當天的分時走勢中誘多行為更為明顯，因為完成衝刺波之後（漲停除外），很少有個股再次走出更為強勢的拉升行情。此外，如果在一個盤整區中，有時候也是主力的試盤行為。

圖 5-15 中，華林證券 2022 年 11 月 17 日開盤後長時間維持盤整走勢，10:40 左右開始出現一波強勢拉升，然後稍作停頓處理。10:49 開始急速衝刺，盤面氣勢非常強，加之此時股價距離漲停價格已經不遠，讓人感到該股會漲停，從而引發不少散戶追漲買入。可是股價很快回落盤整，午後雖有拉高動作，但未能突破早盤的高點。很顯然早盤的衝刺就是主力的誘多行為，應果斷賣出。

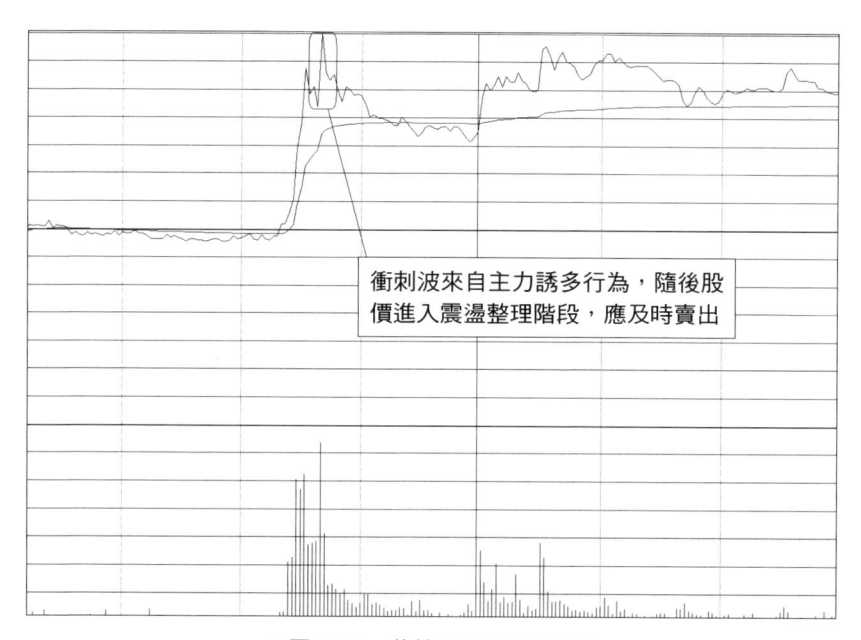

衝刺波來自主力誘多行為，隨後股價進入震盪整理階段，應及時賣出

▲ 圖 5-15　華林證券分時走勢圖

圖5-16中，立方數科2023年2月10日開盤後先是做短暫整理，然後展開一波強勢拉升行情。小幅回落整理後從9:47開始出現急速衝刺，顯然這是分時最後的衝高動作，也是主力的誘多行為。此時應及時果斷賣出，更不應該視為買入訊號，隨後股價震盪盤跌。

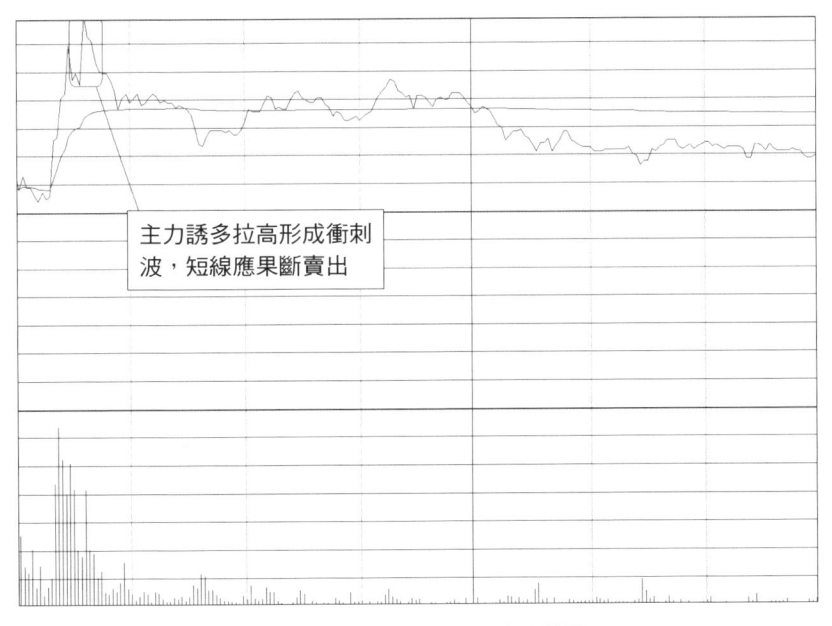

主力誘多拉高形成衝刺波，短線應果斷賣出

▲ 圖5-16 立方數科分時走勢圖

圖5-17中，天茂集團2023年2月10日開盤後先是出現一波拉升，然後進行震盪整理，9:58放量向上突破平台，上攻勢頭極為猛烈，形成衝刺波走勢。從表面上來看拉升氣勢強盛，其實這是盤中的一次衝高動作，或者是主力的試盤行為不會持續太久，不應作為買入訊號看待。

(2) 主力誘空：在一個本已脆弱的分時盤面中，加上主力刻意向下打壓，會導致空頭氣勢進一步加劇，從而引發浮動籌碼的賣出，這就是主力誘空所帶來的效果。

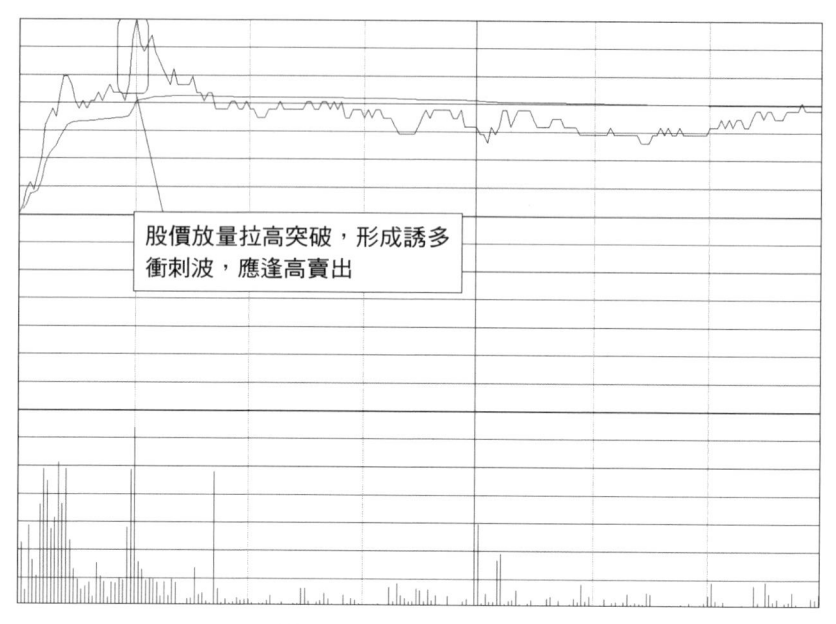

▲ 圖 5-17　天茂集團分時走勢圖

圖 5-18 中，國際醫學 2022 年 4 月 27 日股價小幅開低後逐波下探，盤面脆弱回升無力，空頭氛圍較濃。10:33 開始主力再次向下打壓，出現放量加速下跌走勢，引發短線浮動籌碼的湧出。主力完成誘空後，股價止跌回升。

2. 慣性加速

(1) 慣性衝高：在趨勢行情中往往是有慣性的，當股價緩緩向上推升時，最後大多在瘋狂中結束，也就是說加速衝高後見頂。這也吻合「股市在猶豫中上漲，在狂熱中結束」這句話。

圖 5-19 中慧辰股份 2023 年 2 月 8 日，股價小幅開低後長時間維持盤下弱勢盤整。午後股價翻紅後緩緩向上攀高，最後出現跳躍式上漲，速度之快、量能之大，明顯是衝刺波走勢。這時如果股價不能一鼓作氣強

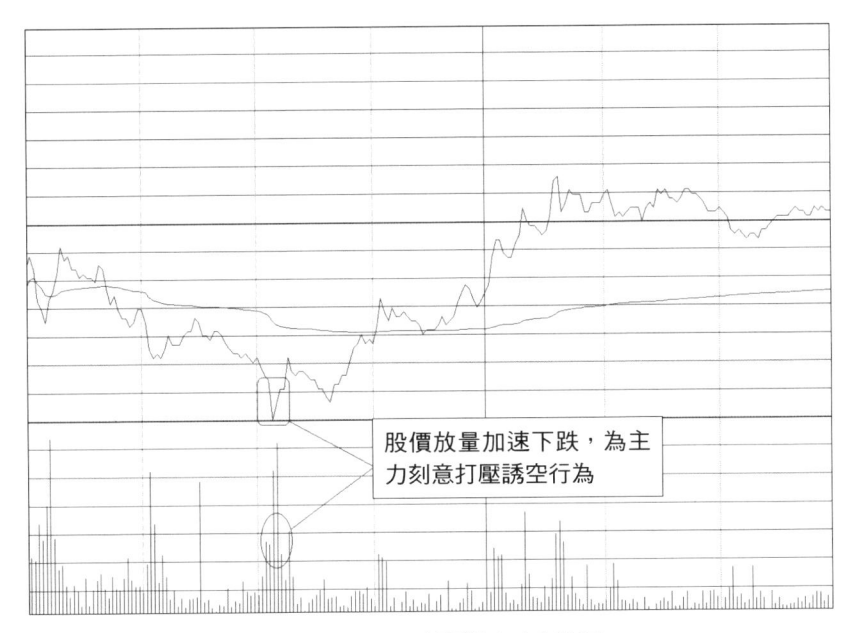

第 5 章 搭上最後主升段衝刺波，狂賺 30%──實戰分析 18 個案例

股價放量加速下跌，為主力刻意打壓誘空行為

▲ 圖 5-18 國際醫學分時走勢圖

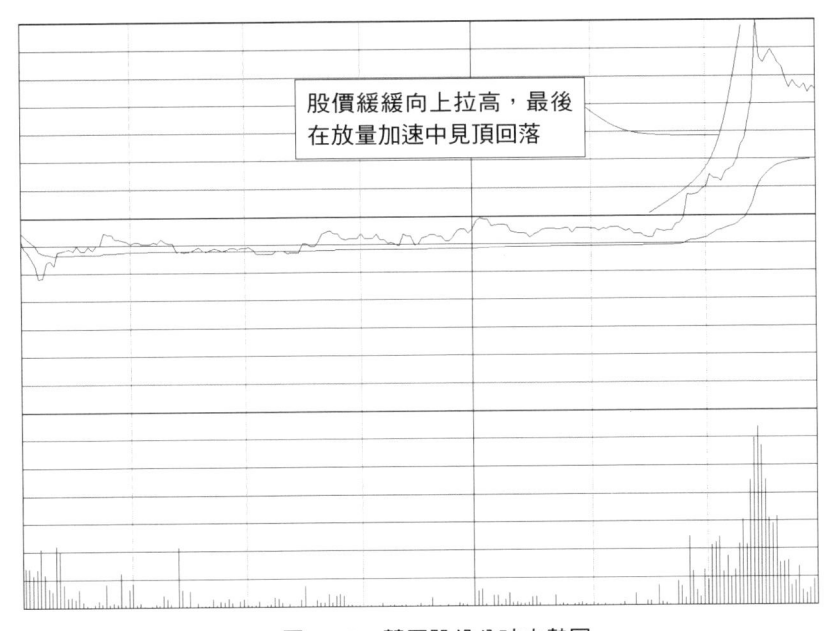

股價緩緩向上拉高，最後在放量加速中見頂回落

▲ 圖 5-19 慧辰股份分時走勢圖

勢上板封盤，那麼當天股價幾乎不可能漲停了，應逢高及時賣出。

圖5-20中，東華科技2022年8月18日小幅開低後出現寬幅震盪，然後股價漸漸向上走高，10:20出現慣性衝高動作，形成衝刺波走勢，衝刺結束後股價震盪走低。該股10月20日和11月24日這兩天的走勢，也是先緩升、後加速，最後股價短線見頂回落。

(2) 慣性下跌：在弱勢分時盤面中，也很容易出現下跌衝刺波，背後邏輯既有主力打壓行為，也有市場的慣性下跌影響。

圖5-21中，炬華科技2022年10月25日股價小幅開低後緩緩走低，重心不斷下移，回升有氣無力，盤面氣勢較弱。11:12開始出現加速跳水，盤面有跌停板的意思，可是正當大家感到恐慌的時候，股價卻止跌了。投資人在實戰中遇到這種盤面時，可以在主力打壓跳水時敢於入場做多，此時短線獲利機率較大。

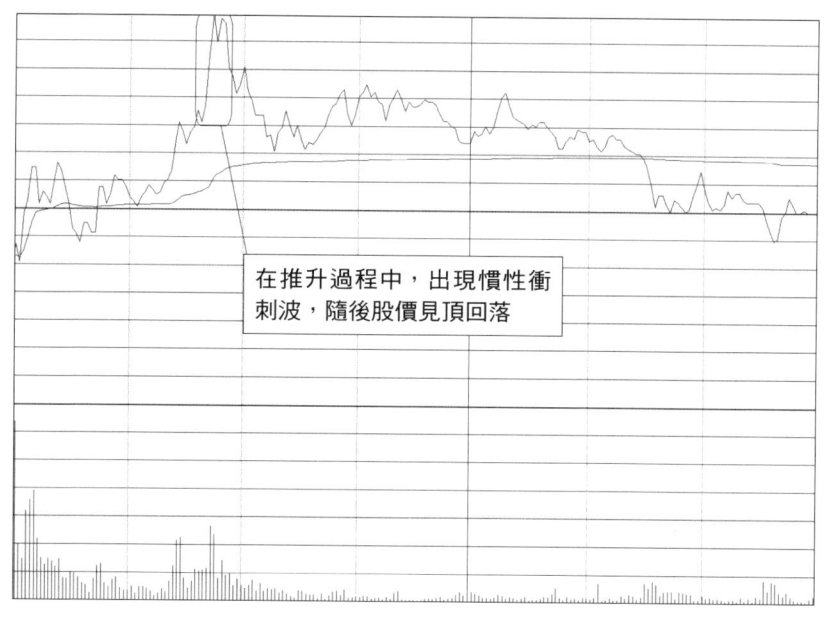

▲ 圖5-20　東華科技 (002140) 分時走勢圖

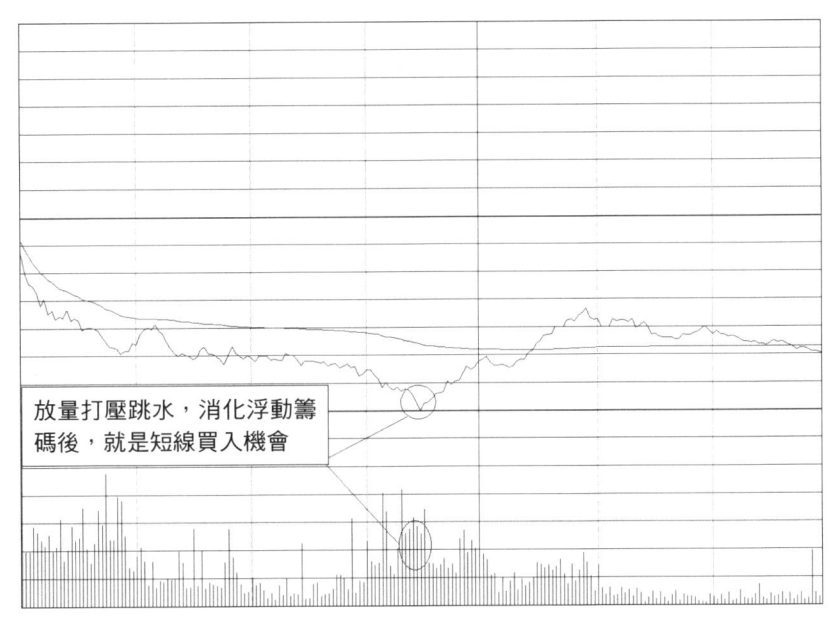

第 5 章　搭上最後主升段衝刺波，狂賺 30%──實戰分析 18 個案例

放量打壓跳水，消化浮動籌
碼後，就是短線買入機會

▲ 圖 5-21　炬華科技分時走勢圖

3. 市場跟風

市場有龍頭股，就有跟風股。當熱點板塊中的龍頭股走強時，必然帶動板塊中其他個股的跟風上漲，特別是日內龍頭股漲停的那一瞬間，其他股的跟風現象更為突出，此時跟風股很容易出現衝刺波。同樣，龍頭股出現跳水時也會帶動跟風股下跌。

圖 5-22 為天佑德酒 2023 年 2 月 13 日的分時圖，它就屬於跟風性質的，這時入場需要謹慎。當天，威龍股份開盤不久就漲停，然後老白乾酒也漲停，從而帶動整個釀酒板塊集體走強。10:29 天佑德酒向上突破，出現放量加速衝刺波，結合當時盤面分析，該股屬於跟風性質，這時候想買入的話就要小心了。

239

如何運用簡易波浪理論 **抓到漲停板**

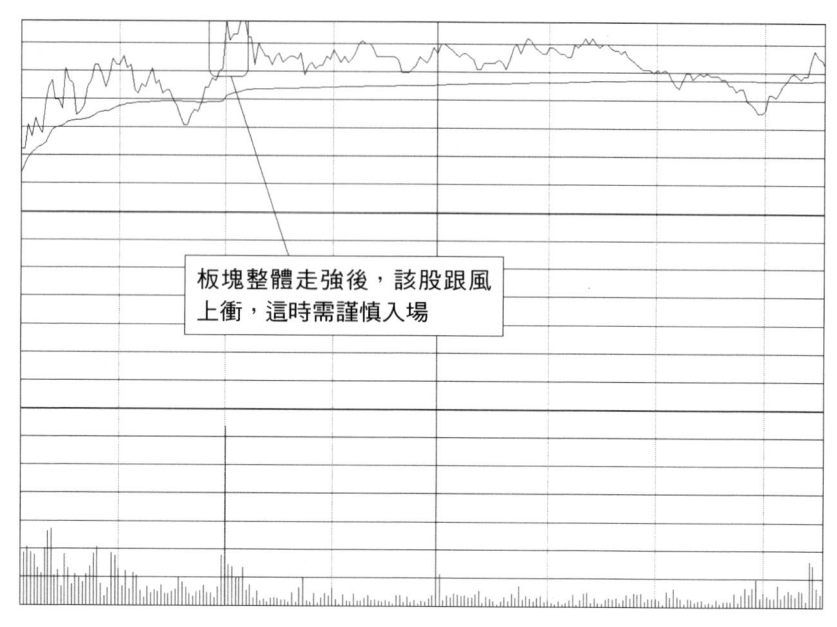

板塊整體走強後,該股跟風上衝,這時需謹慎入場

▲ 圖 5-22 天佑德酒分時走勢圖

5-2

【實戰分析】主升段賣出的12個案例

在一天的分時走勢中，許多個股會出現衝刺波現象，只是衝刺波的力度、幅度大小不同。大的衝刺波很好認識，也很好掌握，而小的衝刺波就難以認識和掌握。為了便於大家理解，這裡結合實例剖析。

一、衝刺高點賣出

實戰中最好的賣出時機，是在衝刺波結束時及時賣出，但這種操作方法的難點在於，有時候賣出之後股價繼續上漲，陷入尷尬境地。那麼如何克服這種缺陷呢？需要結合日K線分析。

圖5-23中，康達新材2022年10月26日開盤後股價逐波上漲，然後呈現平台蓄勢整理。經過整理後股價向上突破，然後稍作停頓，10:24開始出現急劇拉升，形成衝刺波走勢。那麼，主力能否一氣呵成，將股價拉至漲停呢？結合當時日K線結構分析，該股並不具備拉升條件，漲停封盤的機率非常小，這時應在衝刺波的高點迅速賣出。

圖5-24中，國盛金控2022年1月26日開盤後出現放量拉升，完成第一波拉升後，股價回落到當日均價線附近時獲得支撐而回升，10:51

如何運用簡易波浪理論 **抓到漲停板**

出現衝刺波，但股價不漲停，就應該迅速賣出

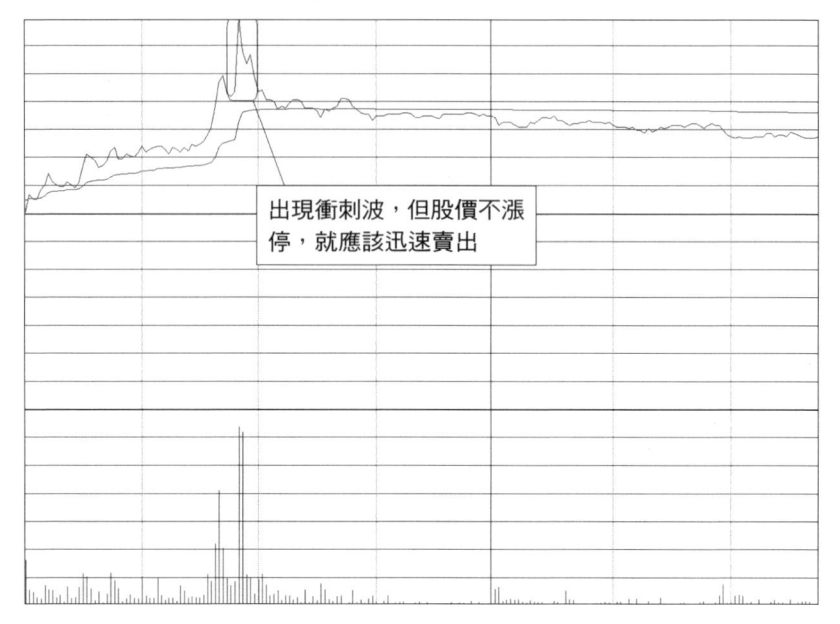

▲ 圖 5-23 康達新材分時走勢圖

開始加速拉升，形成衝刺波走勢，1分鐘後結束拉升賣點出現。雖然此後股價還創出新高，但拉升力度已經明顯減弱，同樣是一個賣點。

圖5-25中，信雅達2023年2月6日股價小幅開低後很快翻紅，並緩緩向上推升，重心不斷上移，下午2:05開始出現衝刺波，2分鐘衝刺結束。結合日K線分析，股價漲停的可能性不大，因此是一個賣點。這種單波式急拉的盤面，如果主力不能一次性封板的話，就很難漲停了，這時應考慮賣出觀望，更不能在此位置買入。

二、再次衝高無力

實戰中主力完成衝刺波拉升後，有時候還有再次衝高的動力，這時雖然不是好的入場機會，但沒有出場的投資人可以暫時持股觀望。但當

第 5 章　搭上最後主升段衝刺波，狂賺 30%──實戰分析 18 個案例

衝刺波高點是一個較好的賣點，雖然此後仍將創新高，但拉升力度明顯減弱

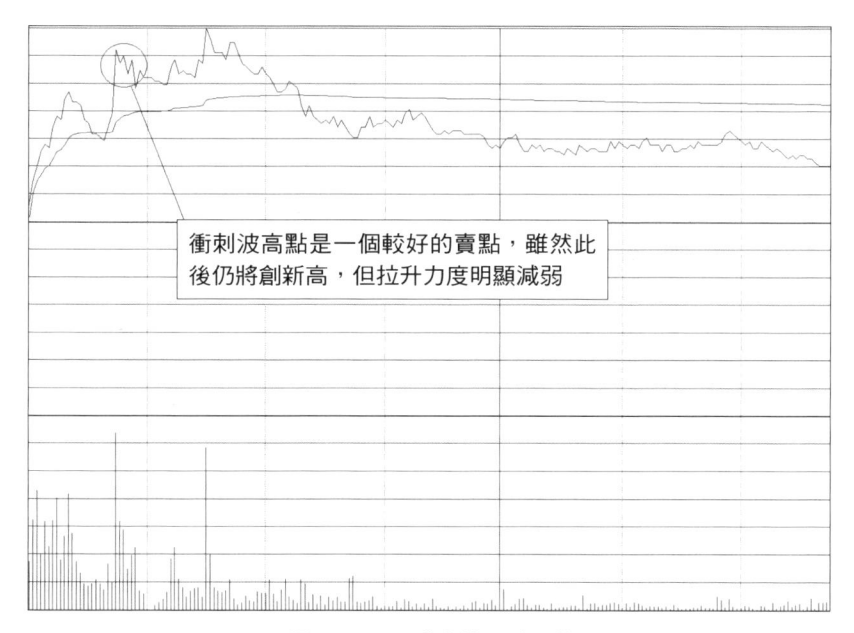

▲ 圖 5-24　國盛金控分時走勢圖

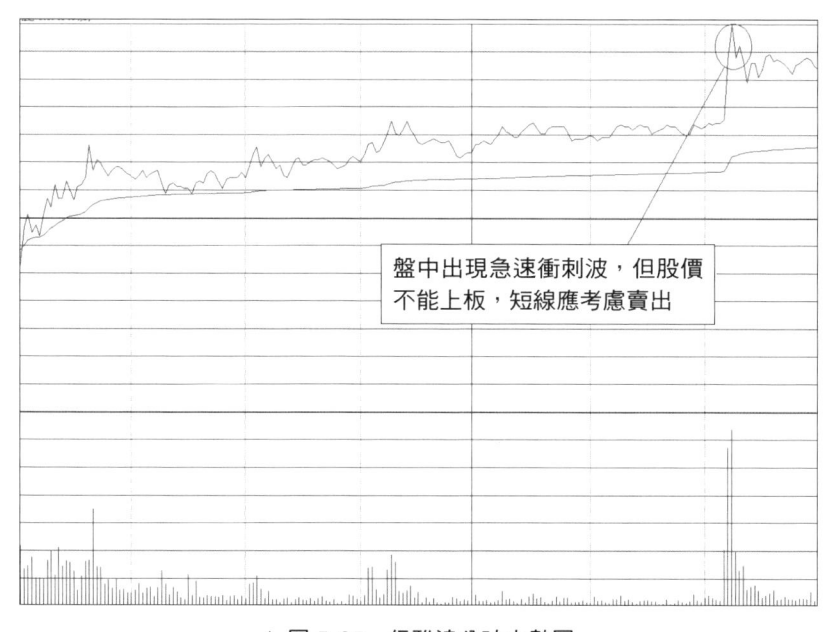

盤中出現急速衝刺波，但股價不能上板，短線應考慮賣出

▲ 圖 5-25　信雅達分時走勢圖

股價再次衝高的時候，如果缺乏突破拉升動力的話就要有警覺，這往往又是一個短線賣出的機會。

圖5-26中，康達新材2022年11月22日開盤後先出現一波小幅拉升，經過短暫停頓後，緊接著大幅拉升形成衝刺波走勢。衝刺結束後，股價回落整理，這時持股者可以等等。經過半個小時的整理後股價再次回升，但無法形成突破走勢，說明上方壓力非常大，這時短線應果斷離場觀望，等待回落重新考慮是否入場。

圖5-27中，二三四五該股在2023年1月12日，股價小幅開高後緩緩向上推升，短暫的回落整理後9:40開始出現衝刺波，2分鐘後停止衝刺，股價小幅回落。不久，股價再次回升到衝刺波的高點附近，但盤面氣勢不強，成交量不大，很難出現強勢拉升行情，這時應果斷賣出。

圖5-28中，沙鋼股份2023年1月30日開盤後先是一波小幅拉升，

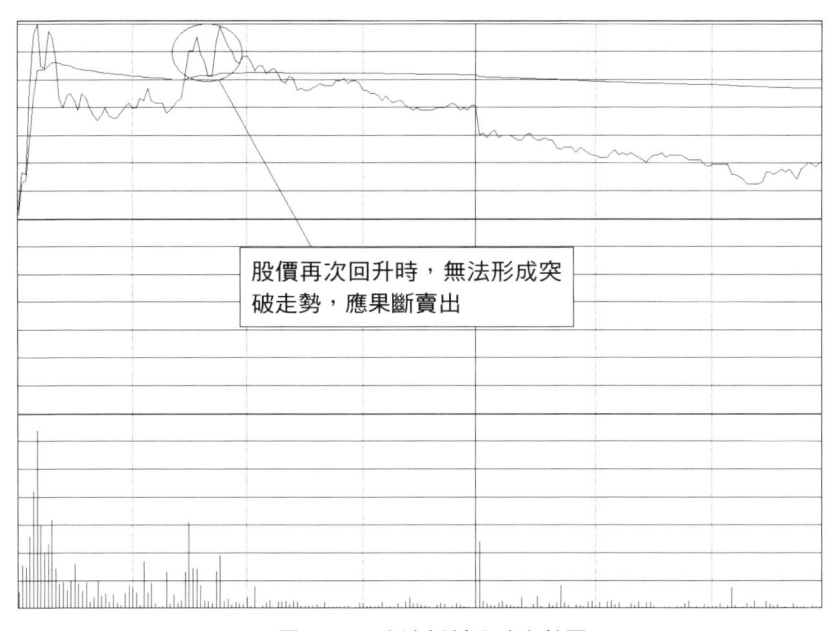

▲ 圖5-26　康達新材分時走勢圖

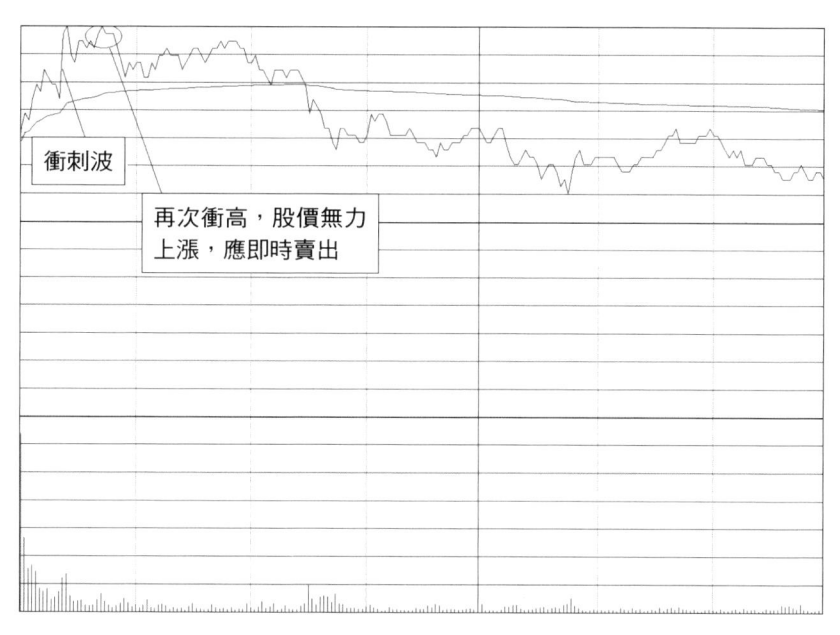

第 5 章　搭上最後主升段衝刺波，狂賺 30%──實戰分析 18 個案例

衝刺波

再次衝高，股價無力上漲，應即時賣出

▲ 圖 5-27　二三四五分時走勢圖

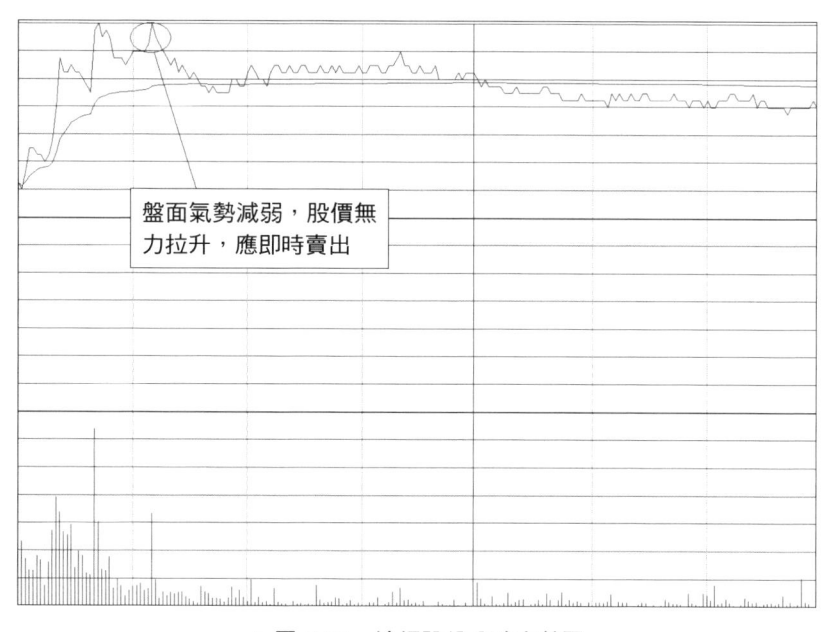

盤面氣勢減弱，股價無力拉升，應即時賣出

▲ 圖 5-28　沙鋼股份分時走勢圖

245

經小整理後迎來一波大幅拉升，再次修復整理後。9:49開始出現急速拉升，形成衝刺波走勢。之後股價回落整理，又再次出現回升。但股價再次回升時無論盤面氣勢還是成交量，很明顯都已經減弱，在此情形下想要走出一波大行情，顯然失去技術上的優勢，因此是一個短線賣出機會。

三、回落到起漲點

實戰中很多時候並不能精確判斷行情是否還會繼續上漲，如果衝刺波結束後，股價重新回落到衝刺波的起漲點附近，意味著盤面氣勢已經減弱，主力無持續做多意願，股價很難再次出現強勢拉升，這時也是一個較好的賣出時機。而且，由於衝刺波的持續時間比較短，對於反應遲鈍或者沒有及時看盤的投資人來說，往往很容易錯過高位最佳賣出時機，這時應果斷離場。

圖5-29中，全通教育2022年12月27日開盤後先作短暫整理，然後以小波段形式向上拉高。9:56開始出現加速衝刺波，2分鐘後衝刺結束，股價迅速回落到衝刺波的起漲點，並繼續下行。很顯然主力已經放棄拉升，盤面氣勢已經減弱，再次拉升的難度增大。這時投資人應逢高及時果斷賣出，之後股價震盪走低。

圖5-30中，王力安防2022年11月14日開盤後快速放量衝高，經過短暫修復整理後，9:35開始產生衝刺波，2分鐘後股價快速回落到起漲點附近，說明主力放棄做多意願，這時應及時賣出。之後，盤中股價再次回升到該位置附近時，明顯遇到強大阻力，這裡也是一個賣點。

圖5-31中，園林股份2022年9月23日開盤後維持弱勢整理，9:29突然直線拉升，股價急速上漲5%以上。稍作停頓後9:03出現衝刺波，2分鐘後股價回落到原處，這時就是一個非常好的短線賣點。

第 5 章　搭上最後主升段衝刺波，狂賺 30%──實戰分析 18 個案例

衝刺波

衝刺波結束後，股價迅速回到衝刺波的起漲點附近，應逢高即時賣出

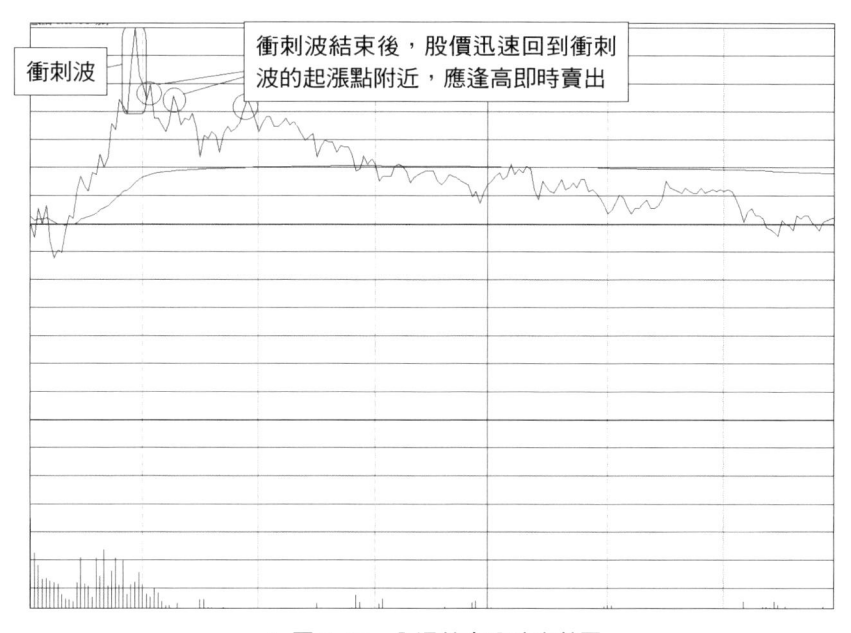

▲ 圖 5-29　全通教育分時走勢圖

衝刺波

一股價快速回落到衝刺波的起漲點，應逢高賣出

股價盤中再次回升到衝刺波的起漲點位置時，遇阻回落，也是一個較好的賣點

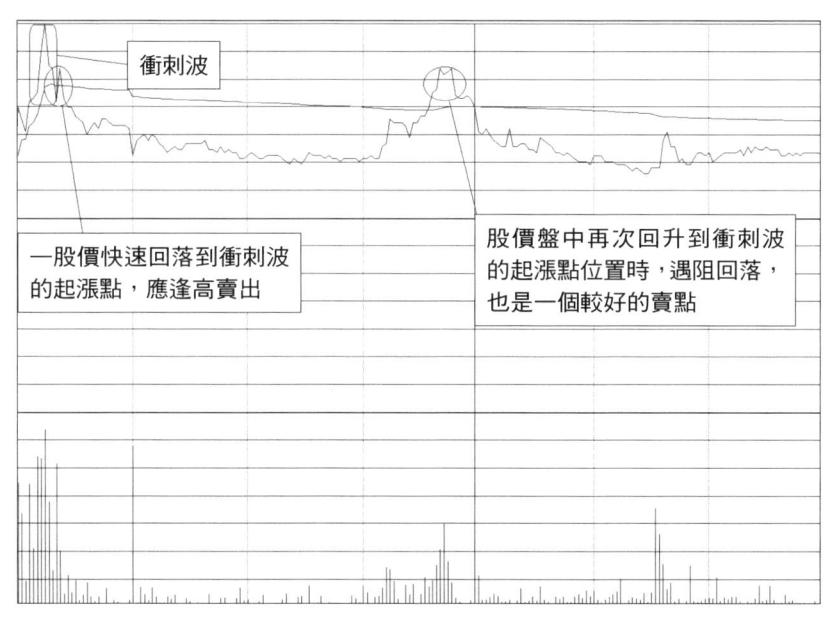

▲ 圖 5-30　王力安防分時走勢圖

247

股價回落到衝刺波的起漲點，
這時應即時賣出

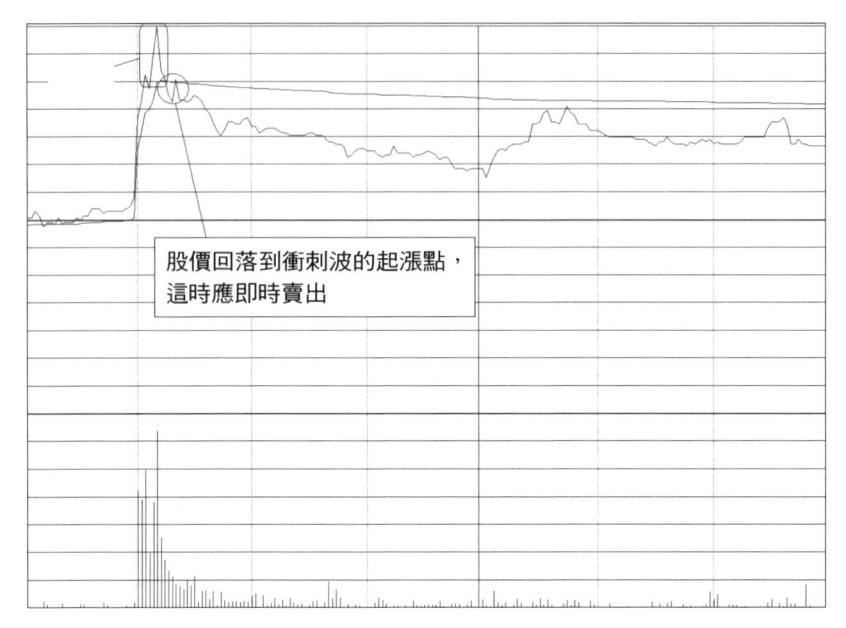

▲ 圖 5-31　園林股份分時走勢圖

四、後量不及前量

　　股價上漲需要成交量的放大，這一點投資人已形成共識。如果股價在前面的推升過程中，已經出現明顯放量，而後面的衝刺波沒有繼續放量甚至出現縮量狀態，也就是後量低於前量，表明入場資金不積極，衝刺波行情不會持續太久，出現這種情形時應在衝刺波高點及時賣出。

　　圖5-32中，翔港科技2022年11月15日股價小幅開低後逐波走高，10:00出現衝刺波，股價創出盤中新高，有氣勢、有力度，但成交量不及前一波的量能大，說明主力做多意願不強，這時應及時賣出。其實，該股真正的衝刺波是前一波，盤面符合衝刺波的特徵，後面的拉高只是由於當時的大盤指數強勢上漲所帶動。

　　圖5-33中，學大教育2023年1月31日，開高後強勢震盪整理，9:42

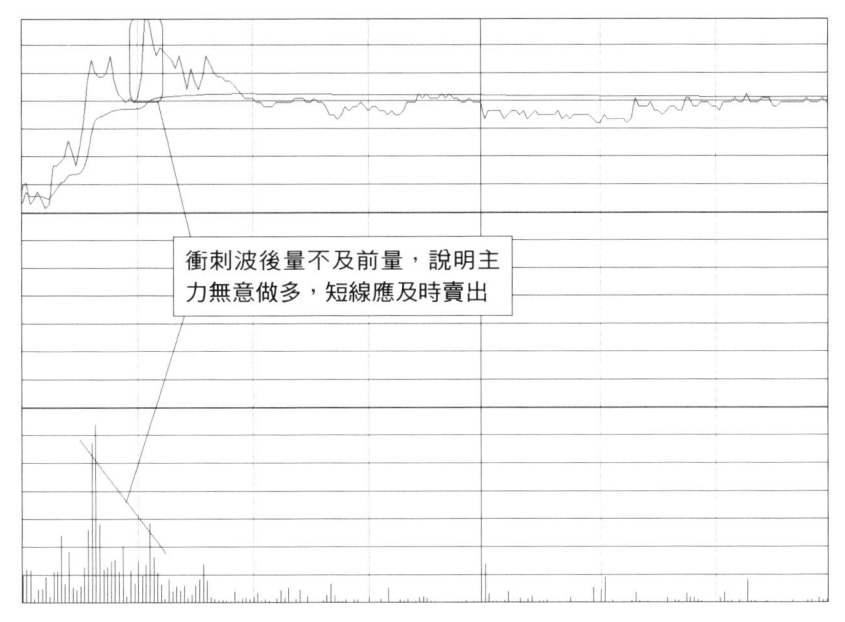

第 5 章　搭上最後主升段衝刺波，狂賺 30%──實戰分析 18 個案例

衝刺波後量不及前量，說明主力無意做多，短線應及時賣出

▲ 圖 5-32　翔港科技分時走勢圖

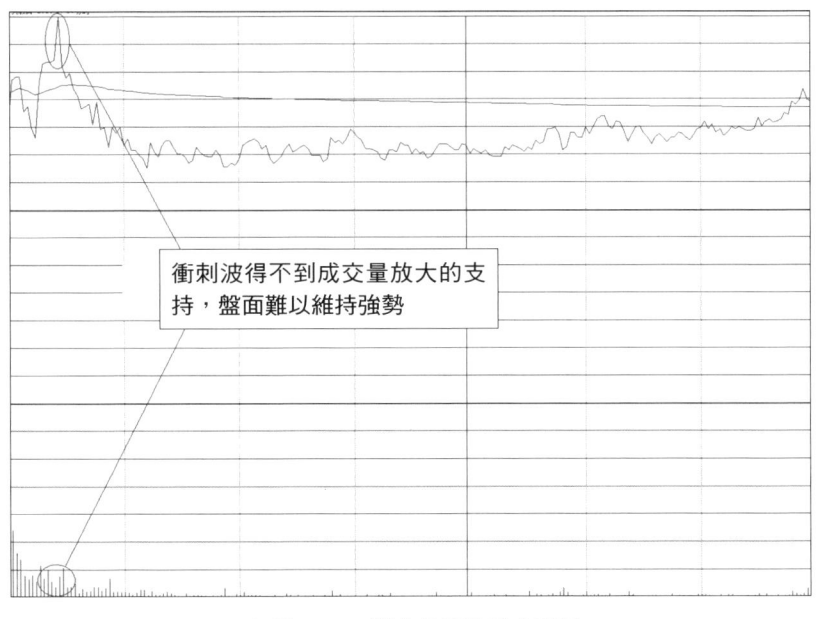

衝刺波得不到成交量放大的支持，盤面難以維持強勢

▲ 圖 5-33　學大教育分時走勢圖

出現衝刺波，1分鐘後股價尖頂回落，直到收盤也沒有再現拉升動作。其實可以很直觀地看到，成交量沒有放大，主力無意做多，這時應逢高及時賣出。

圖5-34中，高鴻股份2023年2月7日，盤中兩次出現衝刺波現象，但均因成交量不及前一波的量能而未能走得更遠，午後股價漸漸走弱。可見無量拉升應有所警惕，說明市場跟風資金不積極，投資人逢高出場為佳。

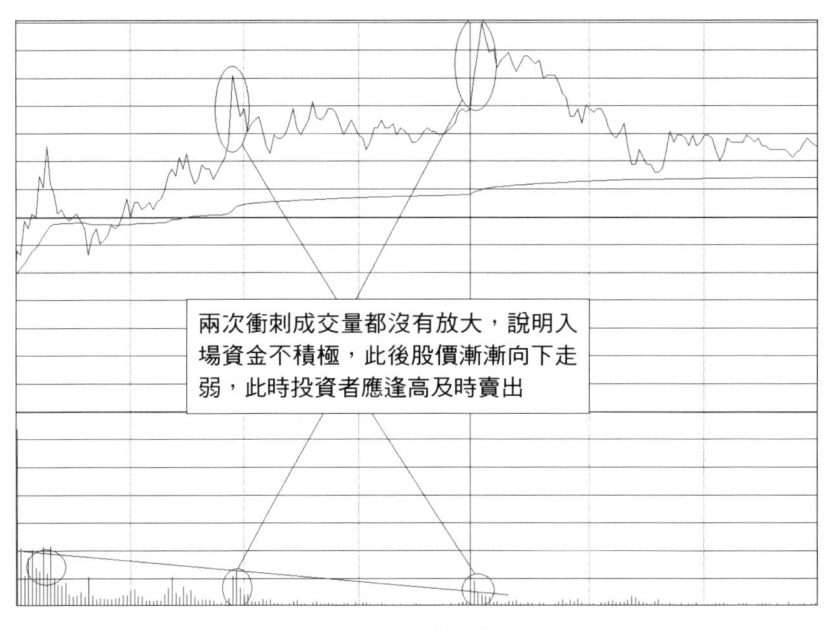

> 兩次衝刺成交量都沒有放大，說明入場資金不積極，此後股價漸漸向下走弱，此時投資者應逢高及時賣出

▲ 圖5-34　高鴻股份分時走勢圖

5-3 【實戰分析】主跌段買入的 6 個案例

股市盤面技術型態基本是對稱的，有漲必有跌，有上升衝刺波也就會有對應的下跌衝刺波（也稱為下跌打壓波或下跌加速波）。出現上升衝刺波如果股價不漲停或上升乏力，就可以考慮短線賣出。

相反地，出現下跌衝刺波如果股價不跌停或打壓結束，就可以考慮短線買入。下跌衝刺波大多是主力打壓所致，通常為短線最後一跌，釋放短線浮動籌碼後，市場將迎來一段回升行情，是短線買入機會。

一、放量加速打壓

股價放量下跌是令人十分恐懼的，通常仍有慣性下跌的動能，但下跌總是有盡頭的。特別是跌勢末期，如果出現「放量＋加速」下跌，往往是短線買入的好機會。這種現象通常反映主力最後向下「踹一腳」將下跌勢頭發揮到極致，之後股價出現止跌回升走勢，因此成為短線買入機會。實戰中要同時具備「放量＋加速」兩個條件。

需要注意的是，這裡的下跌「放量」，是指加速下跌的瞬間出現同步放量，與後面止跌上漲時的放量要有所區別。也就是說股價止跌回升

時，量能會超過下跌時「放量」。這一點與上升衝刺波中的放量不同，漲勢中放量後的回檔往往呈縮量狀態。

圖5-35中，川大智勝2023年2月8日小幅開高後向下回落震盪。股價重心下移，盤面氣勢非常弱，主力沒有做多熱情，10:03出現「放量＋加速」下跌。股價創出整理新低，似乎要展開新一波大跌走勢，不免讓人擔憂和恐慌，這時有的投資人做出停損舉動。可是股價很快就止跌，成為當日分時走勢的最低點，午後股價放量強勢漲停。

因此遇到「放量＋加速」下跌衝刺波時，是短線一個較好的買入時機，該股在2月1日的分時走勢中，也出現同樣訊號。

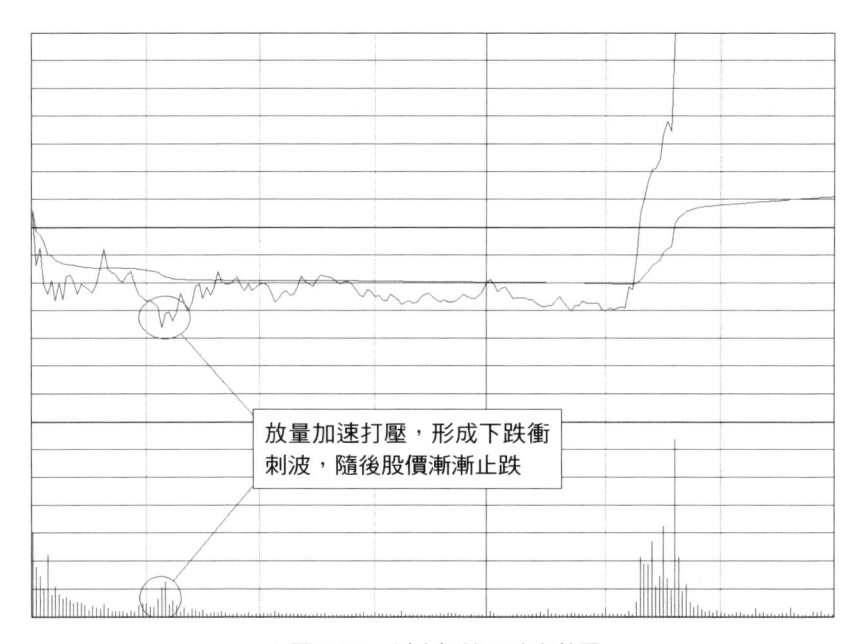

▲ 圖5-35　川大智勝分時走勢圖

圖5-36中，永興材料2022年6月1日開盤後出現一輪下跌，稍作停頓後，出現新一輪放量加速下跌，似乎股價要大跌，從而引發市場幾

[主力「放量＋加速」打壓，形成下跌衝刺波，為短線較好的買點，隨後股價止跌回升]

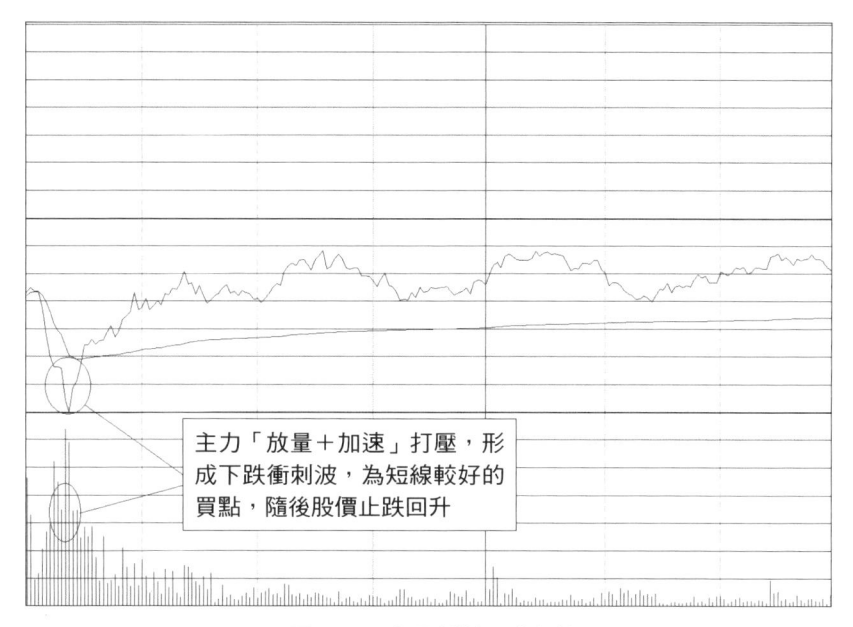

▲ 圖 5-36　永興材料分時走勢圖

許恐慌。其實這是下跌衝刺波走勢，主力借助下跌之勢向下再「踹一腳」，釋放短線獲利籌碼後，股價止跌回升，是一個好的買入機會。

二、緩跌加速跳水

在分時走勢中股價重心緩緩下移、盤面氣勢較弱，回升沒有力度，投資人普遍失去信心。在此情形下主力順勢向下打壓，加重盤面的恐慌氛圍，讓散戶感到股價回升無望而賣出。當這些短線浮動籌碼出場後主力達到目的，股價也很快止跌了，因此是短線較好的買點。

圖 5-37 中，上海洗霸 2022 年 11 月 2 日股價小幅開高後向下回落，然後經過盤整區的震盪整理後，再次下跌創出新低。9:53 開始放量加速下跌，形成下跌衝刺波走勢，似乎要展開大跌行情。可是經過主力的打

253

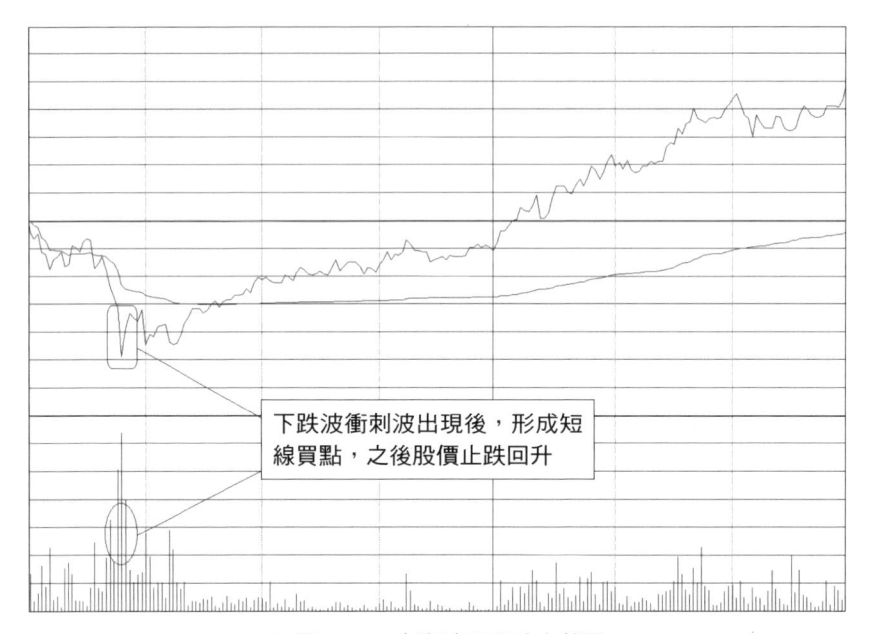

如何運用簡易波浪理論 抓到漲停板

下跌波衝刺波出現後，形成短線買點，之後股價止跌回升

▲ 圖 5-37　上海洗霸分時走勢圖

壓後，釋放了大量的短線浮動籌碼，這時就是一個好買點。很快地，股價止跌回升，從下跌5%回升到上漲8%收盤，短線獲利空間較大。

圖5-38中，常熟銀行2022年3月9日，開盤後先走出一波向上推高行情不久止漲回落，股價逐波下跌不斷創出整理新低，盤面非常弱勢。1:45開始放量加速下跌，空頭氣勢更盛，引發短線浮動籌碼的賣出，其實這時就是一個買點。2分鐘後股價止跌回升，次日股價續漲，短線獲利空間較大。

三、打壓不創新低

股價經過主力的刻意打壓後，短線浮動籌碼得到較好釋放，殺跌動能大大減弱。這時候雖然盤面氣勢較弱，但只要後續沒有再創新低的能

第 5 章　搭上最後主升段衝刺波，狂賺 30%——實戰分析 18 個案例

股價放量加速下跌，產生下跌
衝刺波，短線可以考慮買入

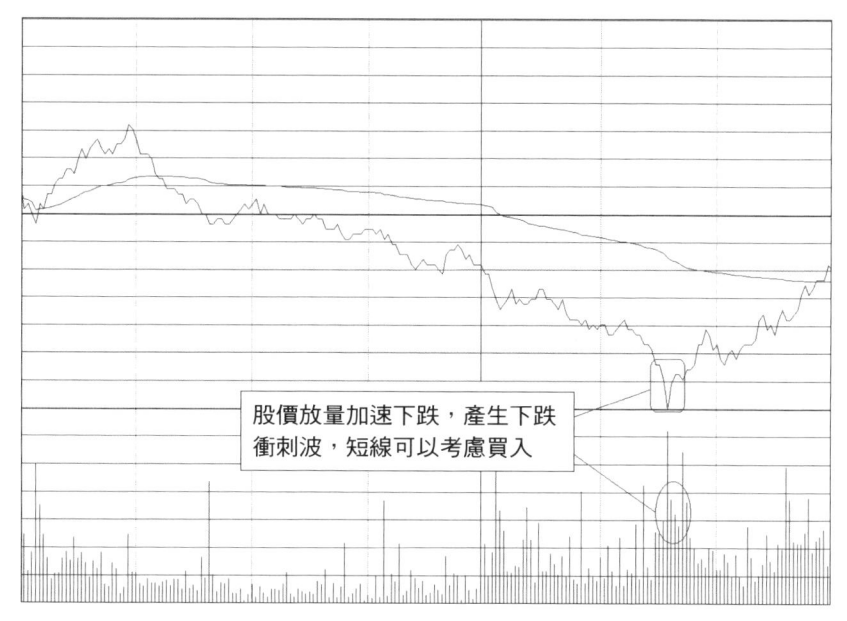

▲ 圖 5-38　常熟銀行分時走勢圖

力，就可以考慮短線買入。

　　圖 5-39 中，百達精工 2022 年 4 月 26 日，開盤後一直在前一天的收盤價下方運行，午後重心漸漸下移，弱勢盤面進一步顯現。2:15 放量加速下跌空頭氣勢猛烈，但沒久就就止跌，在之後的震盪中未創出新低，說明下方有強大的技術支撐，可以在震盪低點買入。在尾盤競價階段，主力掃貨拉升。有時候「放量＋加速」衝刺波形成後，股價仍有小幅的慣性下跌，只要下跌力度不大也是難得的買入機會。

　　圖 5-40 中，激智科技 2022 年 10 月 12 日股價小幅開低後持續走弱，9:50 開始「放量＋加速」下跌，產生下跌衝刺波走勢，稍作停頓後再次下跌，股價似乎奔向跌停板。其實這是最後的誘空動作，也是一個較好的入場機會，隨後股價止跌回升。午後，股價再次回落到早盤的低點附近，遇到技術支撐而出現強勢回升，當天以紅盤報收。

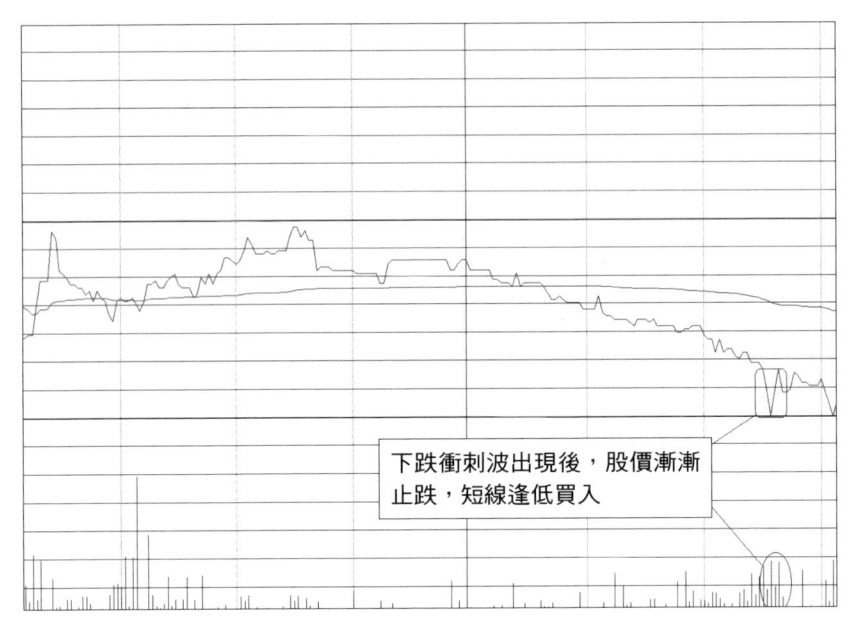

如何運用簡易波浪理論 **抓到漲停板**

下跌衝刺波出現後，股價漸漸止跌，短線逢低買入

▲ 圖 5-39 百達精工分時走勢圖

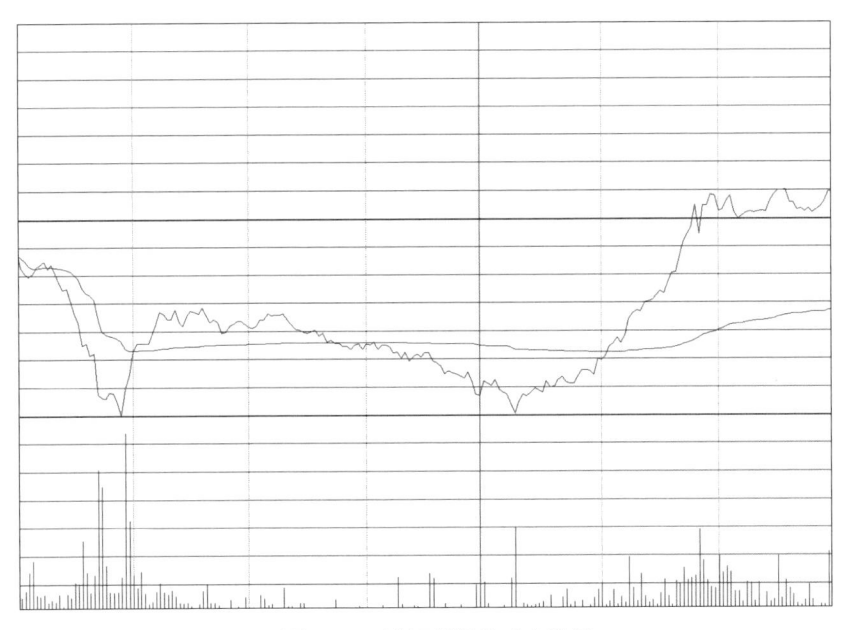

▲ 圖 5-40 激智科技分時走勢圖

第 **6** 章

小心邪惡的第五波（漲停鎖不住），是逢高賣出的關鍵

6-1 不漲停的 3 種經典分時

在日前 A 股市場中，每天都看到不少的個股漲停，漲停的股票總是吸引無數人眼球。殊不知每天也有不少漲停失敗的個股，或封盤被炸，或衝板失敗，或主力根本沒有漲停意願。由於交易軟體並沒有列出漲停失敗的個股，因此也沒有那麼顯眼，只有入場者才能體會到深受其套牢的苦惱，其他人並不知道被套的歷程。

其實真正造成虧損的，就是在漲停失敗的個股當中，少則虧損三五點，多則虧損十幾個點，甚至更多。且對於持倉者來說，如果不掌握漲停失敗的技術要點，就是錯過一次逢高離場的機會。所以，本章所講的內容非常重要，值得認真細讀和領會。

一、一大波加速不上板

下面先要明確一下什麼是「大波」，大波是指具有極強攻擊性的大波段快速拉升走勢，有速度快、角度陡、量能大、氣勢盛的特點，主力行為非常明顯。許多漲停個股分時中有大波加速拉升跡象，即使一些根本不會漲停的個股中，也有這種盤面訊號。

第 6 章　小心邪惡的第五波（漲停鎖不住），是逢高賣出的關鍵

通常加速的持續時間往往較短暫，大多在一兩分鐘內完成，很少超過 5 分鐘。一旦分時中出現加速時，意味著這是當天最後一波拉升行為，要麼就直接衝向漲停並果斷封盤（打板），要麼後續回落整理當天不再拉升（減倉或出場）。

說到大波加速，實戰中也有長波加速和短波加速之分，長波加速幅度大好辨別；短波加速幅度小、時間短（不超過 1 分鐘），易被忽視。無論長波加速還是短波加速，都是當天分時中的小高點，都非常重要。

「一大波加速不上板」是指，股價開盤不久或震盪整理一段時間，然後漸漸走強，股價向上走高，最後出現大波段加速拉升，但股價沒有拉至漲停就停止拉升，此後直到收盤也沒有出現第二次衝板走勢。如果某檔股票出現大波段加速拉升後股價還沒有成功漲停，該股當天就不會漲停了，當天盤中也很少會出現第二次拉升，且次日大機率出現整理。

所以，在實戰中遇到「一大波加速不上板」情形時，不要主觀判斷股價還會漲停，盲目入場容易造成被套，而且對於持倉者來說，大波加速拉升結束就是一次減倉或出場的機會。

實戰技術要點：大波—加速—不上板。圖 6-1 為美景能源 2022 年 5 月 24 日的走勢，開盤後呈現震盪整理走勢，10 點過後出現一大波拉升走勢，然後出現放量加速，股價上漲 9% 以上。但一大波加速拉升後，股價並沒有成功上板封盤，這就說明該股當天很難漲停，也很難出現再次拉升。所以，這時投資人就不要有打板的念頭，且持倉者可以進行減倉操作。在實戰中出現大波加速不上板後，就已經告訴市場當天不會漲停，所以不要對當天的行情有更高的期望。

圖 6-2 該股開盤後股價緩緩向上推高，接著加速拉升，具有速度快、角度陡、量能大、氣勢盛的特點。但股價只是摸了一下漲停板，沒有形成封盤態勢，很快出現回落，之後全天呈現弱勢震盪走勢。遇到這種盤面走勢，不要對當天的行情有更高的期望，短線應以賣出為主。

如何運用簡易波浪理論 **抓到漲停板**

【加速不上板】

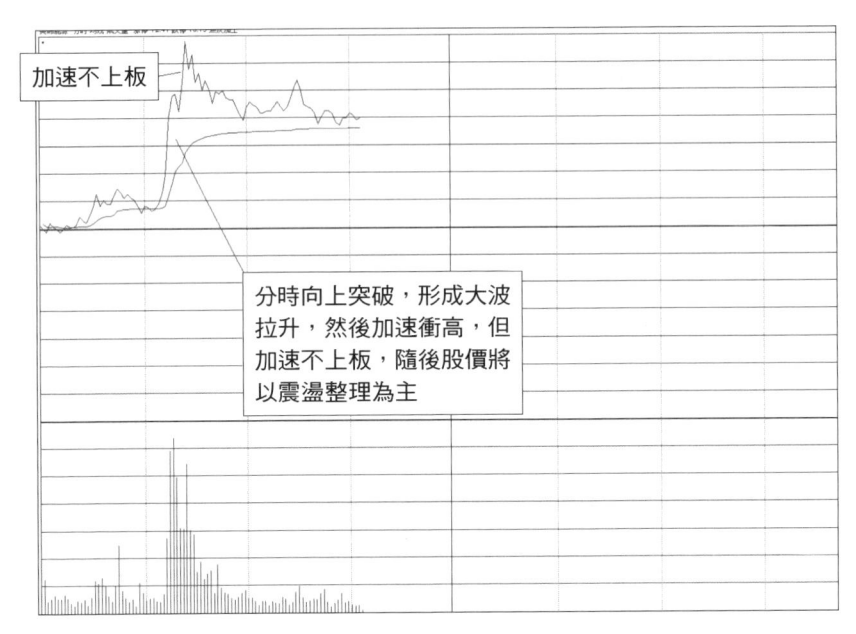

分時向上突破，形成大波拉升，然後加速衝高，但加速不上板，隨後股價將以震盪整理為主

▲ 圖 6-1　美景能源分時走勢圖

【加速不上板】

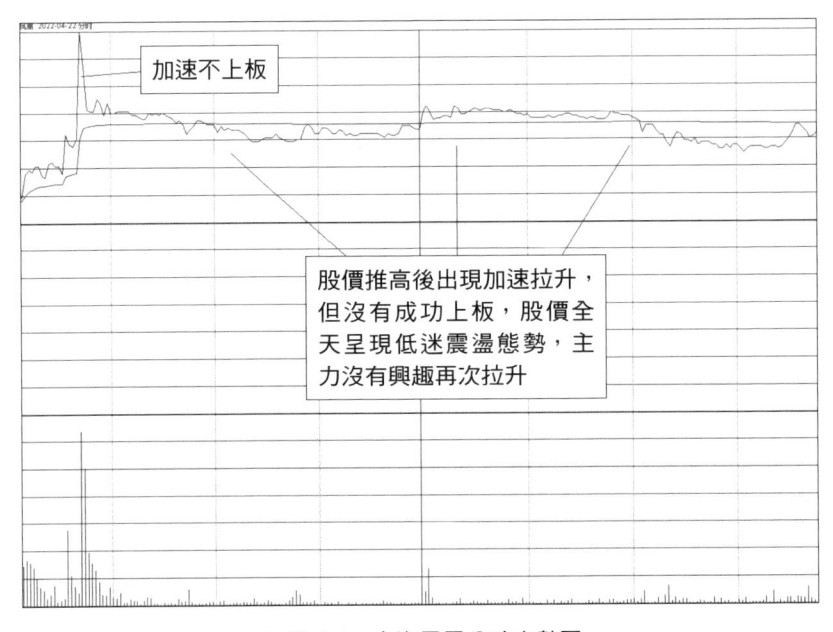

股價推高後出現加速拉升，但沒有成功上板，股價全天呈現低迷震盪態勢，主力沒有興趣再次拉升

▲ 圖 6-2　上海鳳凰分時走勢圖

第 6 章 小心邪惡的第五波（漲停鎖不住），是逢高賣出的關鍵

　　出現大波加速不上板走勢後，分時中就形成一個明顯的高點，在當天後面的震盪過程中，往往難以突破該高點的壓力，因此後面盤中每一次回升都是短線減倉的機會。

　　圖 6-3 為交運股份 2022 年 3 月 3 日的走勢，整個上午呈現弱勢震盪，午後向上強勢拉高到 4% 以上然後加速拉升。但是加速不上板，這時就可以判斷該股當天沒有漲停希望了，而且盤中所形成的高點，對後面股價回升構成不小的壓力，所以後面每一次回升都是逢高賣出的機會。

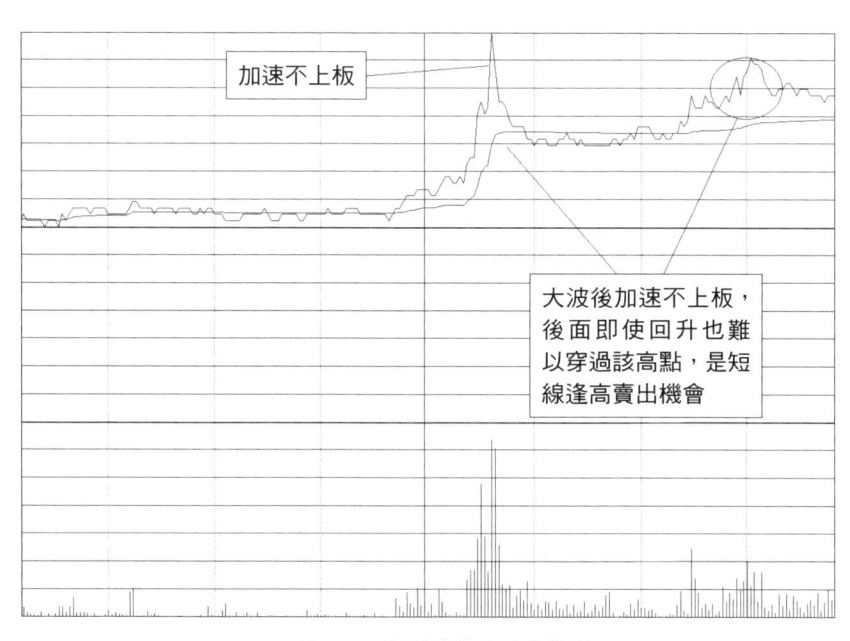

▲ 圖 6-3　交運股份分時走勢圖

二、兩大波加速不上板

　　在分時走勢圖中，兩波加速不上板與二波漲停相似，區別在於前者沒有漲停而後者漲停。股價經過第一大波拉高後，主力開始消化浮動籌

碼，盤面進入震盪整理，然後該股展開第二波大幅拉升走勢，大有封漲停板之勢。可是，第二大波加速後股價並沒有成功上板，之後維持盤整格局直到收盤。這種盤面也說明，主力沒有漲停意願，當天該股不再有亮麗表現，且次日大機率以整理為主，因此應觀望或賣出。

這種盤面的特徵：通常第二波的漲幅大於第一波的漲幅；第二波的上漲氣勢也強於第一波的上漲氣勢；第二波的成交量也往往大於第一波的成交量。整體而言，第二波有衝擊漲停板的顯著特點，能夠激起強烈的市場跟風欲望。只是結果出乎散戶想像，沒有成功漲停。

實戰技術要點：第一大波—整理—第二大波加速—不上板。圖6-4為華紡股份2022年5月11日的走勢，開盤後出現一波拉升，然後出現修復性整理，接著進行第二波拉升，股價衝到9%以上，似乎奔向漲停板，此時吸引不少短線打板者跟風介入。可是第二波加速後不上板，之後維

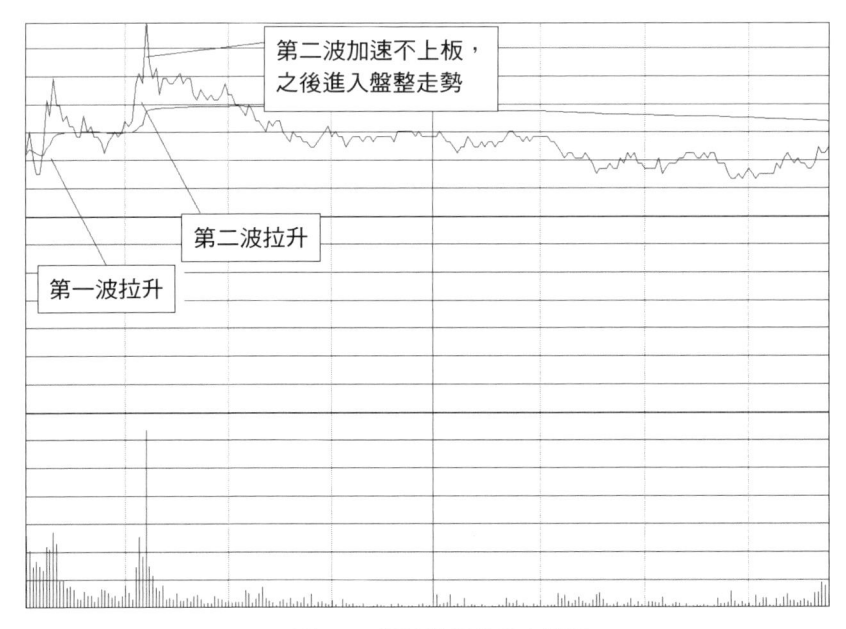

▲ 圖6-4　華紡股份分時走勢圖

第 6 章　小心邪惡的第五波（漲停鎖不住），是逢高賣出的關鍵

持盤整直到收盤，當天追高者幾乎全部被套。次日出現重複走勢，之後股價深幅回落。

圖 6-5 為重慶建工 2022 年 5 月 27 日的走勢。開盤後先作整理，然後出現一波緩慢的拉升，經過短暫的蓄勢整理後，出現第二波放量加速拉升，股價似乎要漲停。但是股價沒有成功上板，這時可以判斷當天股價不再漲停了，後續將以盤整為主，短線應逢高賣出。

關於兩波的盤面認識，除了第二波的漲幅、氣勢、量能大於第一波外，還要注意以下兩點：一是從第一波到第二波的整理時間，一般情況下不超過半個小時，時間過長會削弱上漲氣勢；二是兩波之間的整理幅度，股價不能回落到第一波的起漲點，或回收前一波的大部分漲幅，如果回落太深會增加第二波的拉升難度。

圖 6-6 為嘉友國際 2022 年 4 月 13 日的走勢，股價小幅開高後穩步向

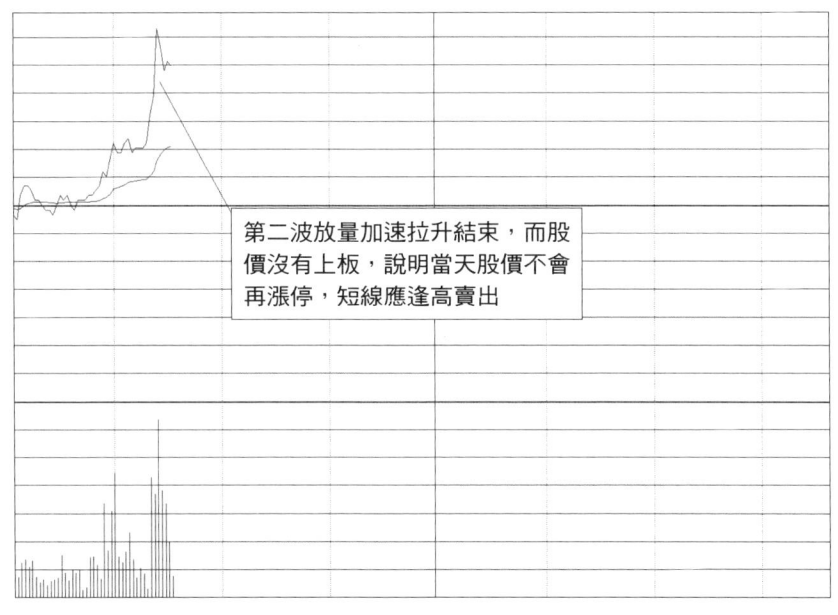

▲ 圖 6-5　重慶建工分時走勢圖

上推高,形成第一波拉高行情,隨後進行長時間的橫盤震盪整理,午後出現新一波放量拉升走勢,但股價沒有拉至漲停。這種非常明顯的拉升動作,如果不能一鼓作氣成功上板,一旦停止拉升,就很難出現更加有力的拉升,所以當天漲停的機率極低。

很顯然,該股從第一波到第二波整理,時間長達1個半小時,大大削弱第二波的上攻氣勢,很難一鼓作氣地拉至漲停,導致拉升失敗。

圖6-7為均瑤健康2022年5月27日的走勢,一個上午盤面維持整理,午後出現一波小幅拉升,經過回檔後展開第二波放量拉升走勢,但股價沒有一次性上板,預示當天股價很難漲停。其中一個重要的原因就是股價回檔幅度太深,幾乎回收第一波的全部漲幅,這樣第二波直接拉漲停就很難了。

圖6-8為摩恩電氣2022年5月26日的走勢,經過長時間震盪整理

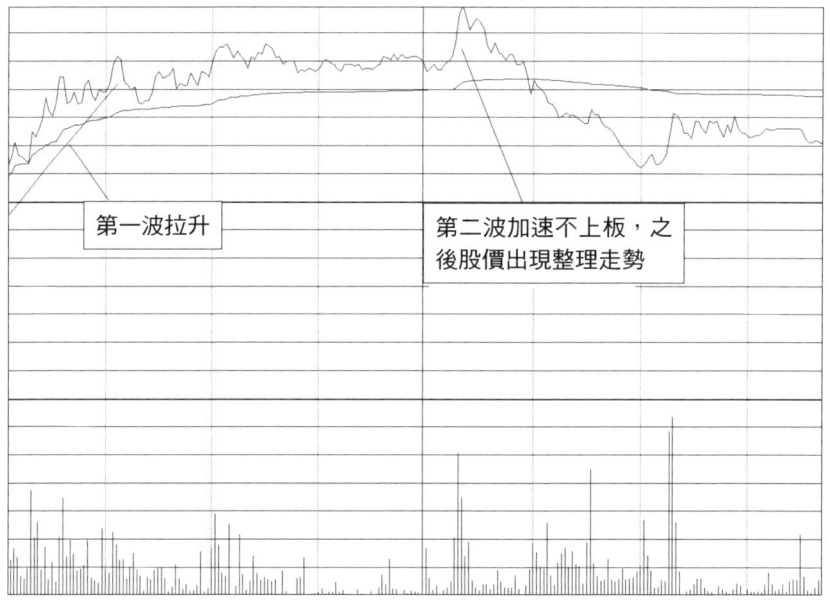

▲ 圖6-6 嘉友國際分時走勢圖

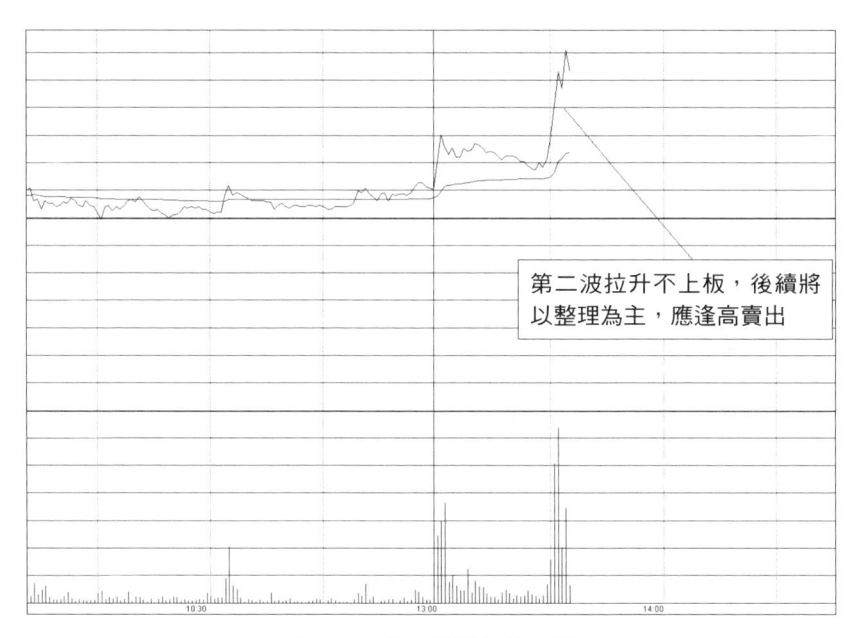

第 6 章　小心邪惡的第五波（漲停鎖不住），是逢高賣出的關鍵

第二波拉升不上板，後續將以整理為主，應逢高賣出

▲ 圖 6-7　均瑤健康分時走勢圖

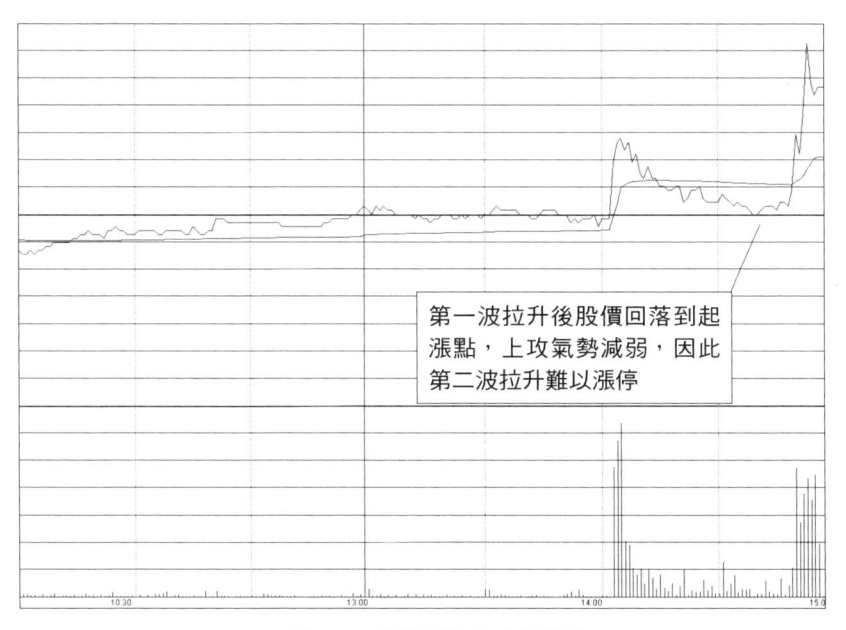

第一波拉升後股價回落到起漲點，上攻氣勢減弱，因此第二波拉升難以漲停

▲ 圖 6-8　摩恩電氣分時走勢圖

265

後，午後出現一波強勢拉升行情。但隨後的修復性整理使股價回落到起漲點附近，上攻氣勢大減弱，增加第二波的拉升難度，股價很難上板。

三、三大波加速不上板

這種分時型態的盤面特徵：前面兩波為小波，第三波為大波。漲幅、氣勢、量能都以第三波為最。

一般情況下，出現第三大波放量拉升時的漲停機率較大，封板後開板機率較小。但是，如果第三波加速股價仍不能漲停，則當日主力基本上不會再次對漲停發起衝擊，後續將以震盪整理為主，此時應及時減倉，場外資金不宜入場。

圖6-9為大中礦業2021年12月7日的走勢，開盤後經過一段時間的

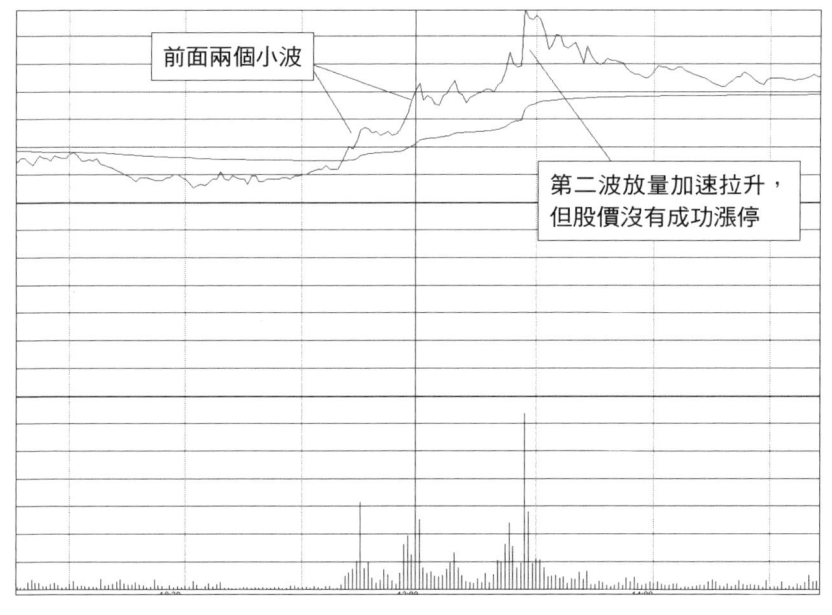

▲ 圖6-9 大中礦業分時走勢圖

第 6 章 小心邪惡的第五波（漲停鎖不住），是逢高賣出的關鍵

震盪整理後，股價出現兩小波拉升，但盤面氣勢、力度並不十分強盛。經過短暫的蓄勢後出現第三波拉升，13:26 開始出現明顯的放量加速拉升，大有奔向漲停板之勢。但是漲停沒有一氣呵成，接著出現震盪，直到尾盤沒有拉升動作。

圖 6-10 為通達動力 2022 年 3 月 18 日的走勢，開盤後維持弱勢窄幅震盪，隨後出現兩波小幅推升行情，經過短暫的修復性整理後，展開第三波放量加速拉升走勢。通常這是最後一波衝刺行情，如果不能一鼓作氣上板，則可以立即判斷當天股價不會漲停。這種盤面由於分波段運行，節奏較慢、耗時較長，所以常在尾盤出現第三波拉升走勢。

圖 6-11 為上海三毛 2022 年 5 月 26 日的走勢，經過一個上午的盤整後，直到下午才出現三波拉升。前兩波並沒有顯著的盤面特點，第三波出現放量加速拉升，可惜摸板不封盤。這時如果打板風險較大，該股走

第三波放量加速不上板，說明當天股價難以漲停

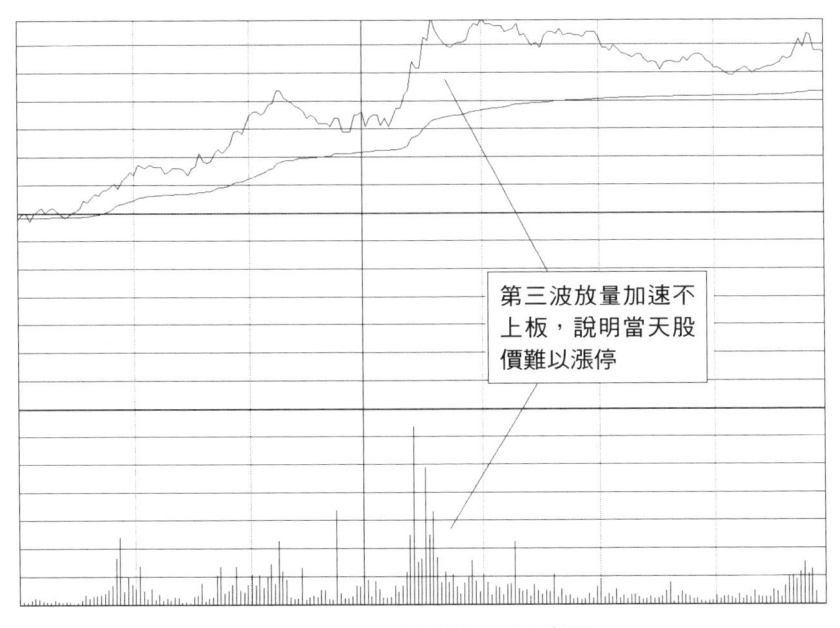

▲ 圖 6-10 通達動力分時走勢圖

267

如何運用簡易波浪理論 **抓到漲停板**

勢次日以整理為主的機率很高。

在三波拉升盤面中，由於拉升次數較多，而每個波段幅度較小，很多時候沒有清晰的波形，我們應掌握住一個原則，就是最後出現一個大波為判斷依據，不考慮前面有幾個小波，圖形如「疊羅漢」型態。如果出現大波放量加速拉升，說明這是最後的衝刺動作，是否漲停在此一拉。若不直接漲停，後續將以整理為主，此時應逢高賣出。

圖 6-12 為愛嬰室 2022 年 2 月 14 日的走勢，股價開低後逐波走高，拉了若干個小波，最後出現放量大波拉升，但沒有成功上板，說明當天的拉升已經結束。

圖 6-13 為四川金頂 2022 年 5 月 10 日的走勢，小幅開低後不久，出現三小波拉升，第四波放量加速拉升，盤面產生衝板視覺，但止步於 8% 上方，停止拉升後整個下午表現普通。

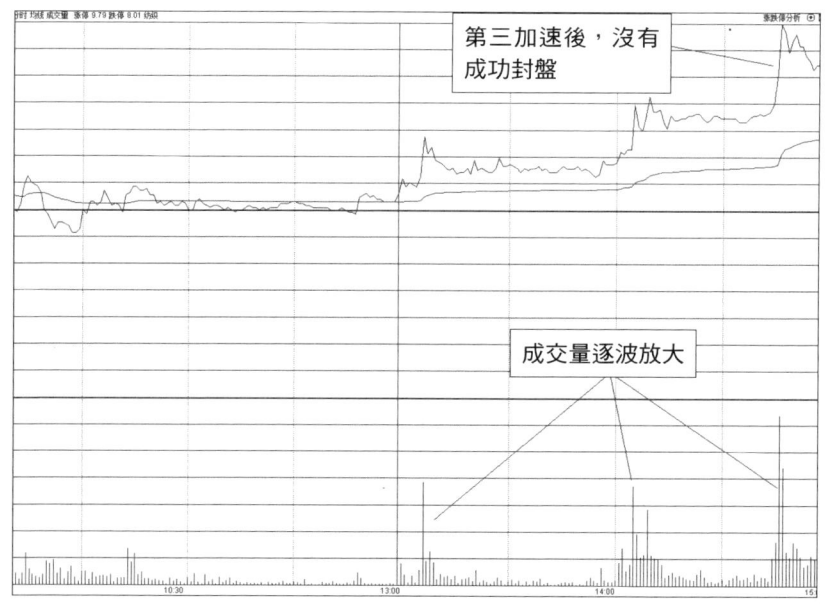

▲ 圖 6-11　上海三毛分時走勢圖

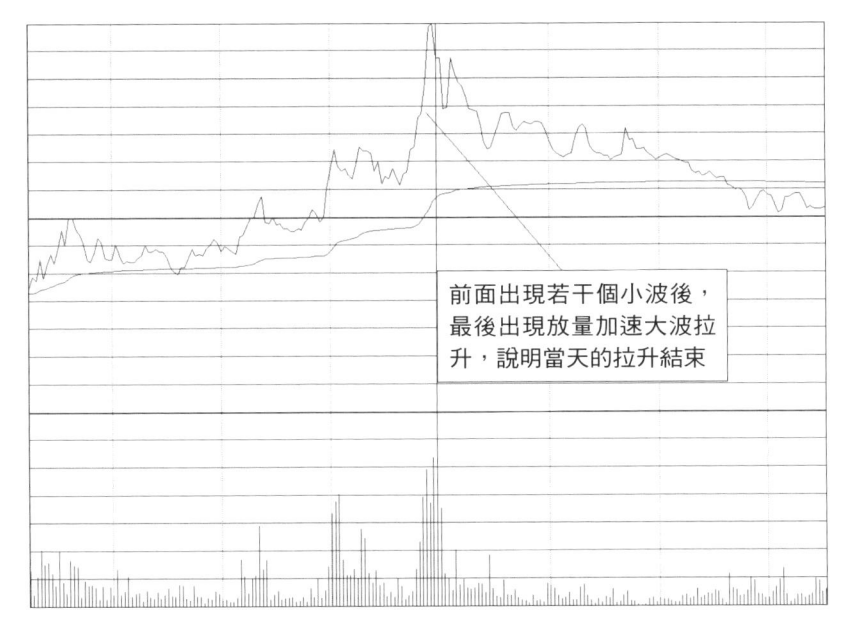

第 6 章　小心邪惡的第五波（漲停鎖不住），是逢高賣出的關鍵

前面出現若干個小波後，最後出現放量加速大波拉升，說明當天的拉升結束

▲ 圖 6-12　愛嬰室分時走勢圖

前面三小波長，第四波放量，加速拉升，但沒有成功漲停

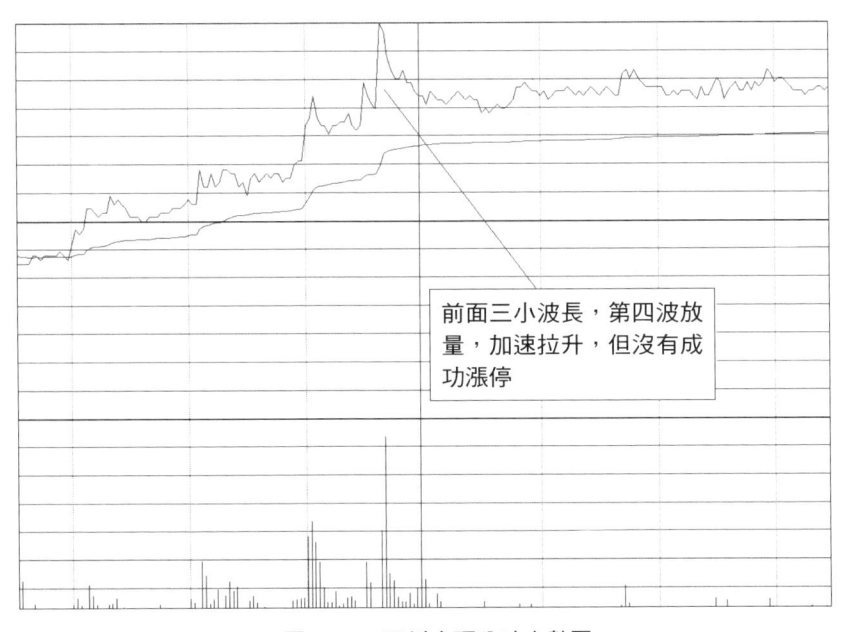

▲ 圖 6-13　四川金頂分時走勢圖

6-2 不封盤的 2 種經典分時

在短線打板操作中，風險最大的就是遇到股價漲停開板不回封或摸板不漲停的走勢，介入這樣的個股想要獲利那就難了。投資人如何迴避這個風險？對策是必須掌握盤面的本質。無論是開板不回封還是摸板不漲停，通常在以下幾種情形下發生：一是在弱勢盤整中出現的脈衝拉高；二是在下跌趨勢中出現的回測反彈；三是在高位震盪中出現的誘多出貨；四是尾盤主力偷襲拉高行為。

一、摸板不封盤

實戰中股價快速拉升觸摸到漲停板後立即掉頭下跌，或拉升到漲停板附近（離漲停價只差一二分錢）後迅速向下回落，這種被稱為摸板不漲停的盤面是最坑人的，也是很常見的主力操盤手法。不少短線打板者看到這種盤面，以為股價會漲停而貿然追漲買入，結果瞬間套牢。

股價拉這麼高又不漲停，這是為什麼呢？有幾種可能：

(1) 讓散戶感覺該股不強勢，使持股不堅定的投資人賣出。這是由於主力手中籌碼還不多，以此來獲得更多的籌碼，為後市行情做準備。

(2)如果封住漲停板，會吸引更多投資人注意，主力還不想讓其他投資人關注到該股。

(3)主力試盤行為，上方的賣壓確實比較大，主力難以封漲停板，只好回落整理。

對於一般散戶來說，不管主力什麼目的，只要讀懂盤面語言就能掌握重點，結合以下實例分析會更清楚。

圖6-14中，依依股份上市後逐波震盪走低，盤面十分脆弱，每一次反彈都遇到重大的賣壓，股價重心不斷下移。2022年4月7日開盤後直線拉升，兩分鐘摸板，看似漲停有戲但沒有封盤，立即掉頭大幅回落，當天小漲3.06%收盤，此後股價繼續走弱。

很明顯該股在弱勢下跌中，30日均線持續下壓，量能萎縮，前期盤整區很難超越，無論漲停與否都只是一次反彈走勢，上漲力度、幅度都

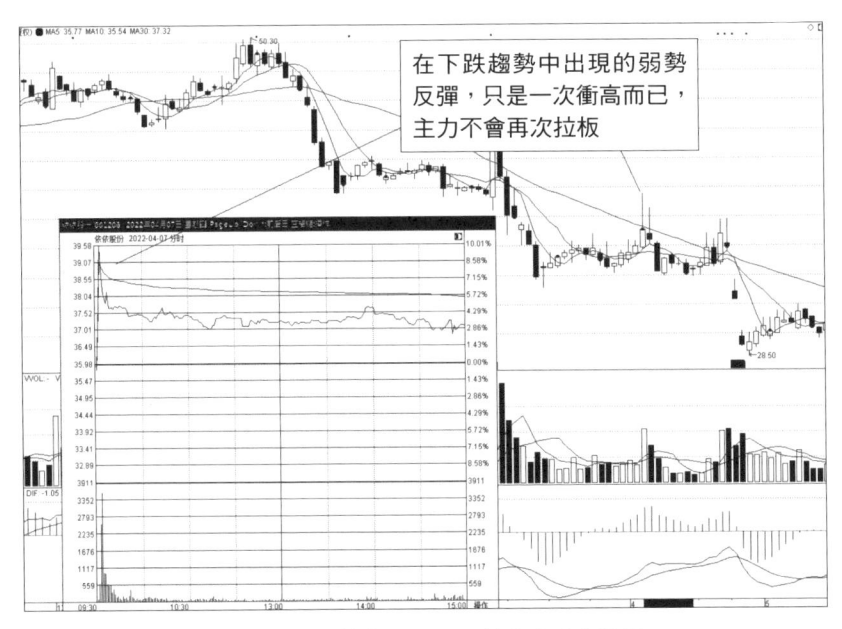

▲ 圖6-14 依依股份日K線和分時走勢圖

不會大。這種盤面如果不是一次性封盤，就意味不會再出現漲停。

圖6-15中，上海鳳凰的技術面與前例相似，也處在下跌趨勢。2022年4月22日開盤後出現一波小幅拉高，然後經過短暫的整理，展開第二波放量加速拉升走勢，股價觸及漲停板後立即大幅回落。盤面明白告訴大家：今天股價不會漲停了。

圖6-16中，錢江水利在盤整區中兩次衝板不漲停，2022年5月6日尾盤大幅拉升，觸板後快速回落，次日再次大拉到9%後回落整理，兩次漲停失敗，表明盤整區牽制較大。經過回落蓄勢整理後，5月24日開啟連板行情。

圖6-17為申達股份出現在前期整理盤整區附近的漲停失敗型態，2022年5月25日開盤後，股價大幅拉高到9%以上，但掉頭後快速回落到4%以下，表明前期盤整區壓力較大，股價幾乎不可能再次漲停。

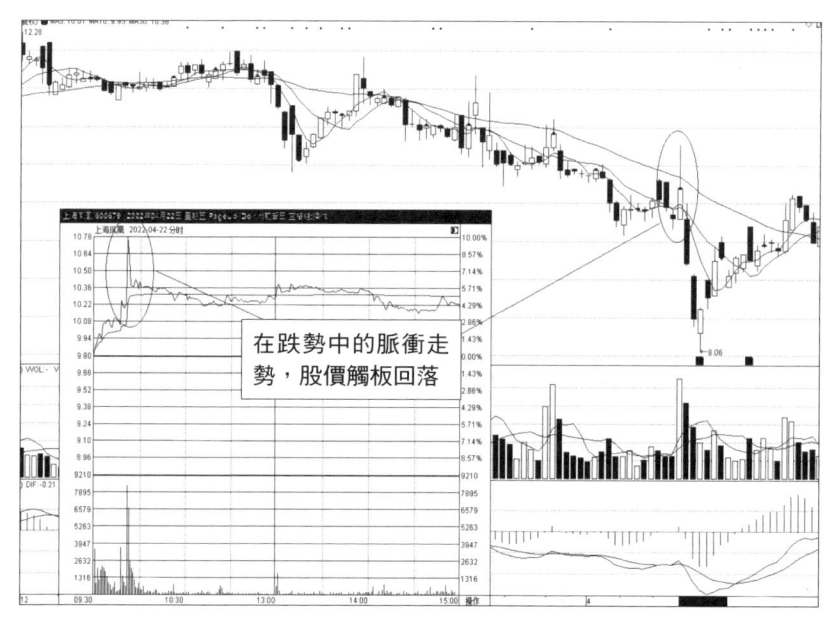

▲ 圖6-15　上海鳳凰日K線和分時走勢圖

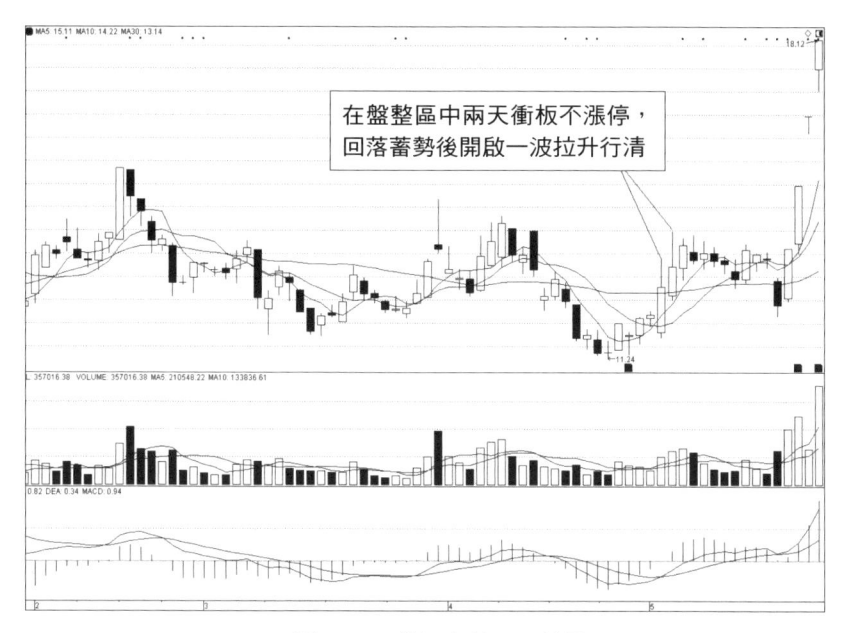

第 6 章　小心邪惡的第五波（漲停鎖不住），是逢高賣出的關鍵

在盤整區中兩天衝板不漲停，
回落蓄勢後開啟一波拉升行清

▲ 圖 6-16　錢江水利日 K 線圖

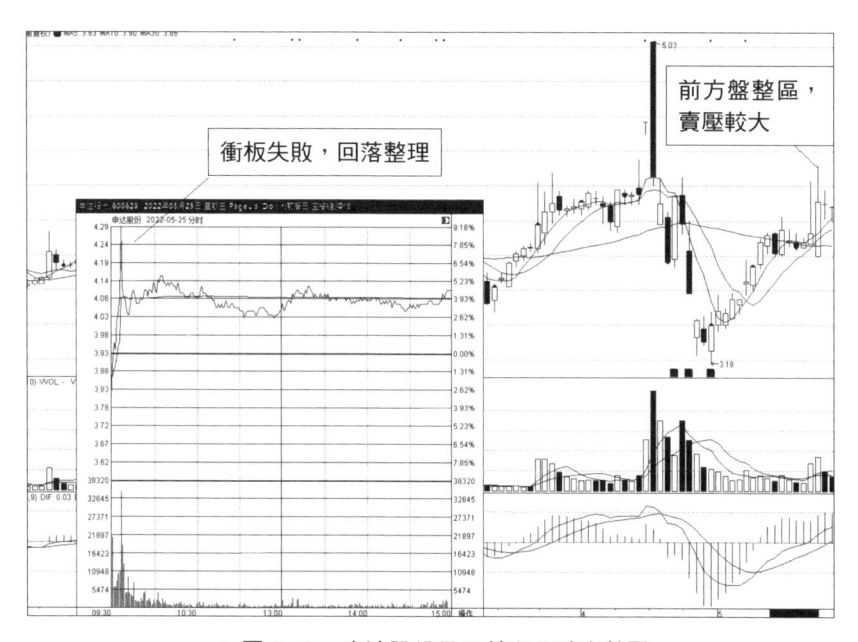

衝板失敗，回落整理

前方盤整區，
賣壓較大

▲ 圖 6-17　申達股份日 K 線和分時走勢圖

273

圖6-18中，天安新材在不同位置出現兩次漲停失敗，2022年3月25日受盤整區本身制約沒能形成突破性漲停，開盤後不久股價大幅拉升，觸板後快速回落，之後股價的盤整區間為3%~4%。5月25日，股價直線拉漲停，但封盤5分鐘後開板回落到4%以下震盪，直到收盤都沒有新的拉升動作。

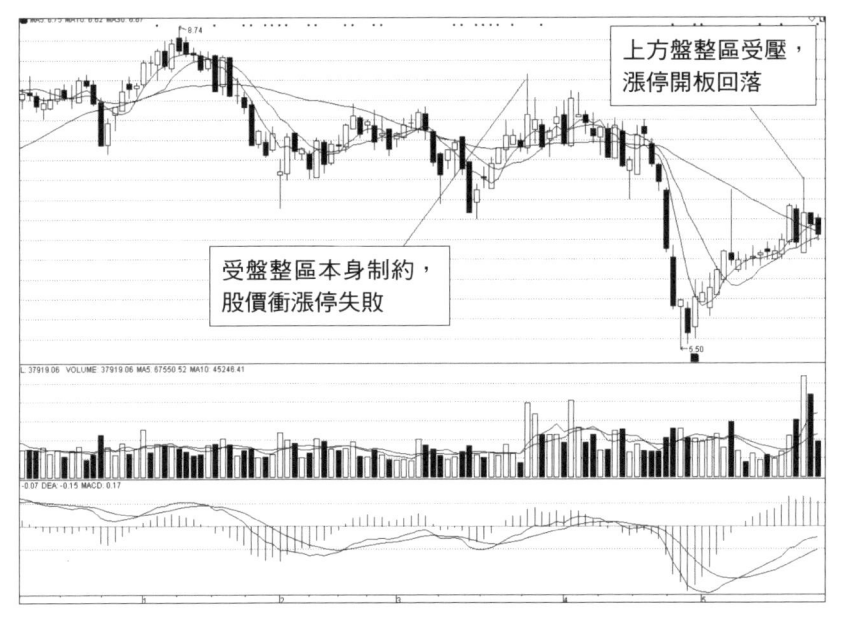

▲ 圖6-18　天安新材日K線圖

二、開板不回封

股價漲停後開板甚至反覆開板，是很常見的盤面現象。有的個股漲停開板後還能回封，後面走出非常強勢的行情；而有的個股漲停後一旦開板，就再也不回封了，甚至出現大幅回落，讓打板者當天套牢。

這裡研究的是後一種盤面現象，這種漲停板一旦開板，十有八九不

第 6 章　小心邪惡的第五波（漲停鎖不住），是逢高賣出的關鍵

回封。為什麼開板不回封？經由對以下幾個實例的分析，投資人就會明白分時盤面語言。

圖 6-19 為大中礦業 2022 年 4 月 15 日的走勢，股價兩大波上板，漲停後封板超過 1 個小時，封盤非常穩定看不出異常，可是開板後竟然不回封，當天打板者被套，讓散戶無法理解。

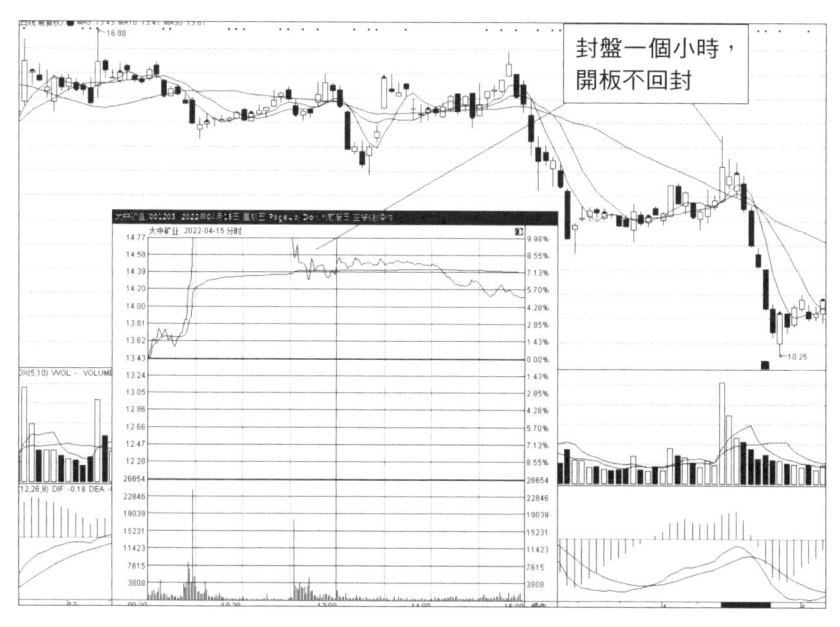

▲ 圖 6-19　大中礦業日 K 線和分時走勢圖

從日 K 線可以發現，一是該股處於跌勢中，屬於反彈走勢；二是 30 日均線下行，不支持股價上漲；三是上方盤整區有壓力，主力沒有做多意願。這種漲停要麼一次性封死不動，一旦開板就很難回封了。遇到這種盤面不要輕易做回封，持倉者可以逢高賣出。

圖 6-20 中，金科股份見頂後逐波走低，重心不斷下移，2022 年 5 月 19 日尾盤迅速拉漲停，但封盤不到 10 分鐘開板，收盤前沒有回封，之後

275

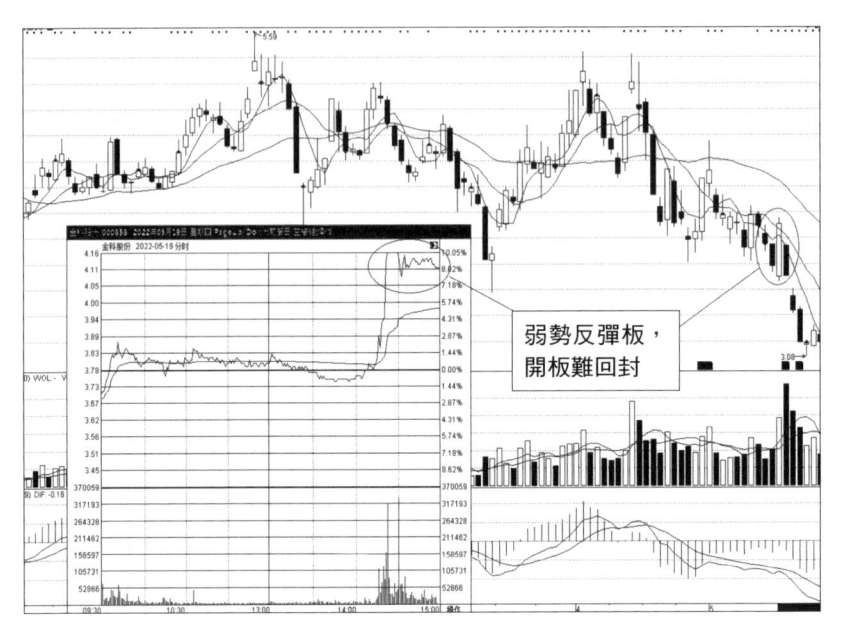

如何運用簡易波浪理論 抓到漲停板

▲ 圖 6-20　金科股份日 K 線和分時走勢圖

幾日股價繼續下跌。實戰中反彈板不能打開，一旦開板應賣出。

圖 6-21 為岩石股份 2022 年 5 月 25 日的走勢，股價長時間呈現弱勢盤整，盤面無量、無勢、無形，缺乏主力關照。在這種情況下，一旦漲停開板，有很高的機率不再回封，所以打板不打弱勢板。

圖 6-22 為鳳凰光學 2022 年 5 月 25 日的走勢，不難發現，這個盤面出現在股價大幅上漲的高位盤整區，30 日均線高位走平，做多動能明顯降低，且前方盤整區構成重大壓力。試想一下，在這樣的位置和技術背景下，後市股價能漲多高？聰明的投資人心中已有答案。所以漲停開板後就很難回封，應及時賣出。

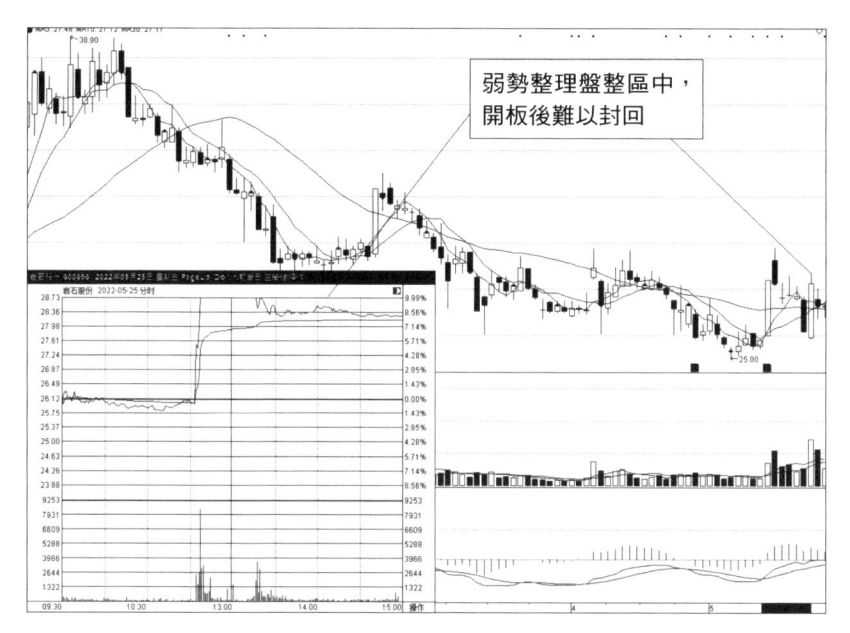

第 6 章　小心邪惡的第五波（漲停鎖不住），是逢高賣出的關鍵

弱勢整理盤整區中，開板後難以封回

▲ 圖 6-21　岩石股份日 K 線和分時走勢圖

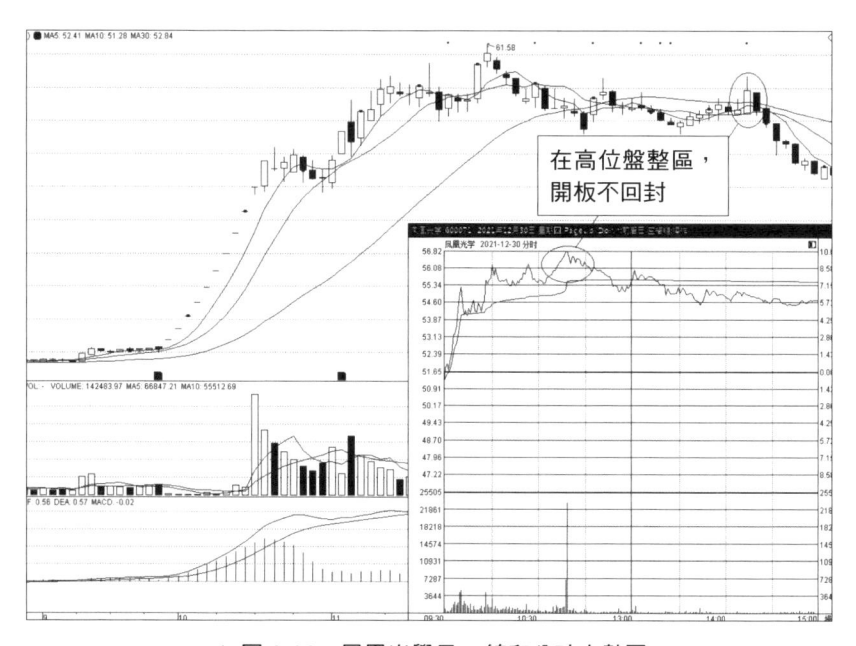

在高位盤整區，開板不回封

▲ 圖 6-22　鳳凰光學日 K 線和分時走勢圖

277

三、不漲停的原因

無論摸板不封盤還是開板不回封，有以下幾方面原因：

⑴ 主力不強：主力資金不雄厚沒有能力封住漲停，市場跟風又不積極，這種情況往往直到收盤也不能回封漲停。

⑵ 大量賣盤：主力資金雄厚，當天動用大資金封住漲停，但突然出現大量賣盤，漲停被迫打開。主力發現漲停打開只好重新又調入資金，再次封住漲停。如果最終收盤仍是大單封住漲停，應該屬於這種類型。

⑶ 漲停出貨：主力想出貨，先把股價拉到漲停板吸引大家的眼球，讓大家紛紛打板買入。這時主力趁機把籌碼賣出，漲停總是封不住，而且成交量比較大。

⑷ 主力洗盤：洗盤的目的是洗掉獲利盤，減輕股價繼續拉升的賣壓。主力故意讓股價打開漲停，場內獲利的散戶一看漲停打開，覺得股票要跌了，紛紛賣出籌碼。這時場外想買入的散戶，一看漲停打開就追漲做回封板，而主力則坐山觀虎鬥，讓散戶互相交換籌碼。新進來的散戶還沒賺錢，不會輕易賣出股票，這樣就被主力鎖倉了，主力再往上拉就非常省力，這種盤面叫「開閘放水」。

⑸ 主力試盤：主力拉升股價衝擊漲停，目的是試跟風盤和上方賣壓程度，一般都是瞬間衝擊漲停接著迅速打開，最後不再封住漲停。

⑹ 場內分歧：有時候股價漲停後盤中也會出現分歧，或突降利空，主力放棄做多。比如，大盤或板塊出現大跳水引發市場賣壓，主力被迫選擇開板回落。

⑺ 開板吸籌：主力低位買不到更多的籌碼，就用大單打開漲停，讓散戶產生恐慌，紛紛交出自己的籌碼。

以上這些可以慢慢去領悟，炒股最重要的是掌握實戰經驗與技巧，才能對走勢做出準確判斷，散戶在沒有把握的情況下，不要貿然打板。

6-3 主力操控下，個股不漲停的背後邏輯

股價為什麼不能漲停？從主力意圖角度來說，無非就是兩種情形：一種是被動的，主力本想拉漲停，但遭到賣盤的重大賣壓，被動選擇回落；另一種是主動的，主力本身沒有拉漲停的意願，拉高後主動選擇回落，只是散戶一廂情願地認為主力會漲停而貿然打板，結果被套牢。

股價不漲停的背後邏輯十分複雜，概括起來有以下幾個方面：

一、加速無力

股價經過前面一波或幾波的小幅拉升後，主力發動大波段攻勢，但由於各種因素影響大波加速無力，最終股價無法漲停。

圖6-23為格力地產2022年5月27日的走勢，股價經過兩波小幅拉高後，午後1:39開始放量加速，似乎奔向漲停板。但從分時盤面看持續性不夠、力度不足，很快停止拉升，預示當天股價難以上板。

圖6-24為浙商證券2022年5月26日的走勢，開盤後呈現弱勢整理，臨近上午收盤時出現一波強勢拉升，午盤稍作整理後再次展開新一波拉升走勢。但股價上拉到近7%時停止拉升步伐，這種分時預示當天

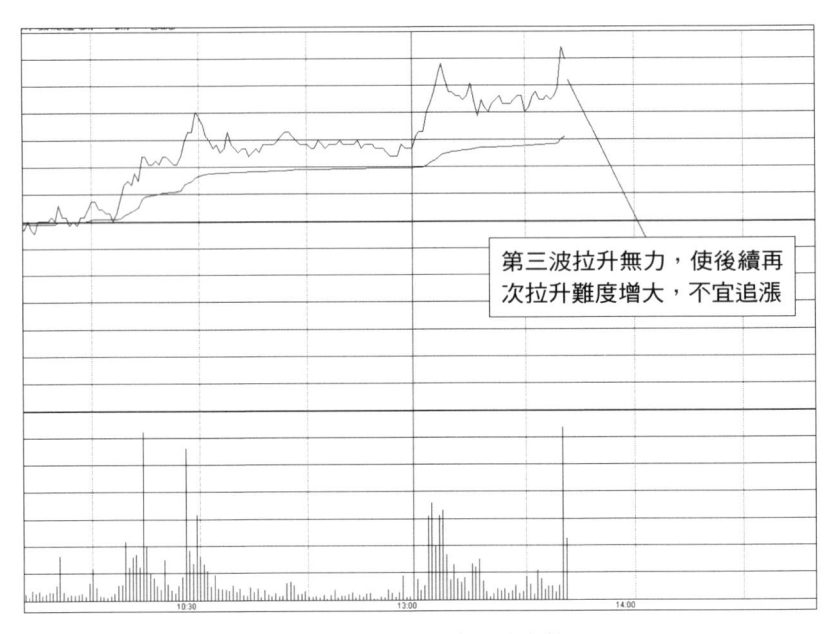

如何運用簡易波浪理論 **抓到漲停板**

第三波拉升無力，使後續再次拉升難度增大，不宜追漲

▲ 圖 6-23　格力地產分時走勢圖

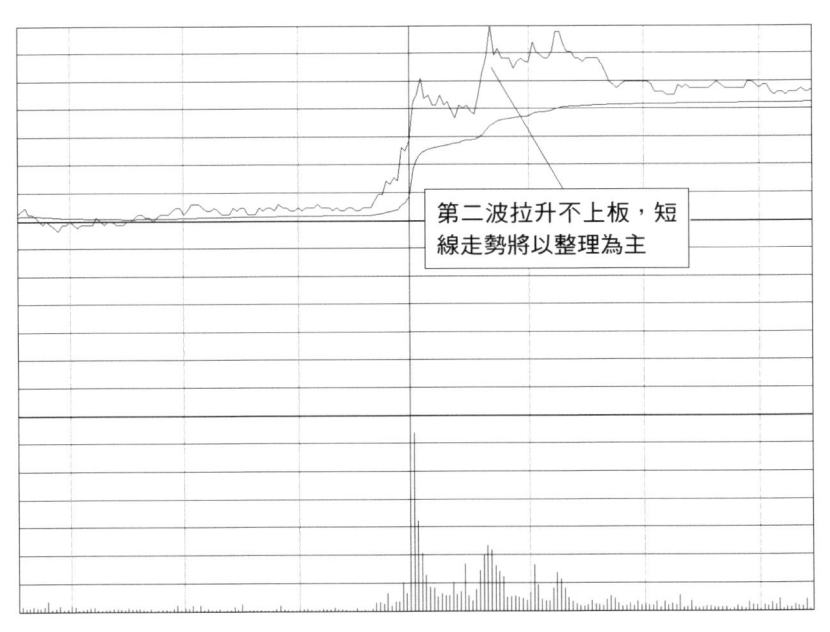

第二波拉升不上板，短線走勢將以整理為主

▲ 圖 6-24　浙商證券分時走勢圖

股價不會再拉升，後續將以震盪整理為主。很顯然第二波加速拉升時力度不足，上漲氣勢及成交量沒有第一波大，顯示主力力不從心。

圖6-25為中泰股份2021年11月26日的走勢，股價小幅開低後出現兩波小幅拉升，在第三大波拉升中明顯感到氣勢不足，成交量沒有前一波大，表明市場跟風資金欠積極，這種情況下股價很難漲停。

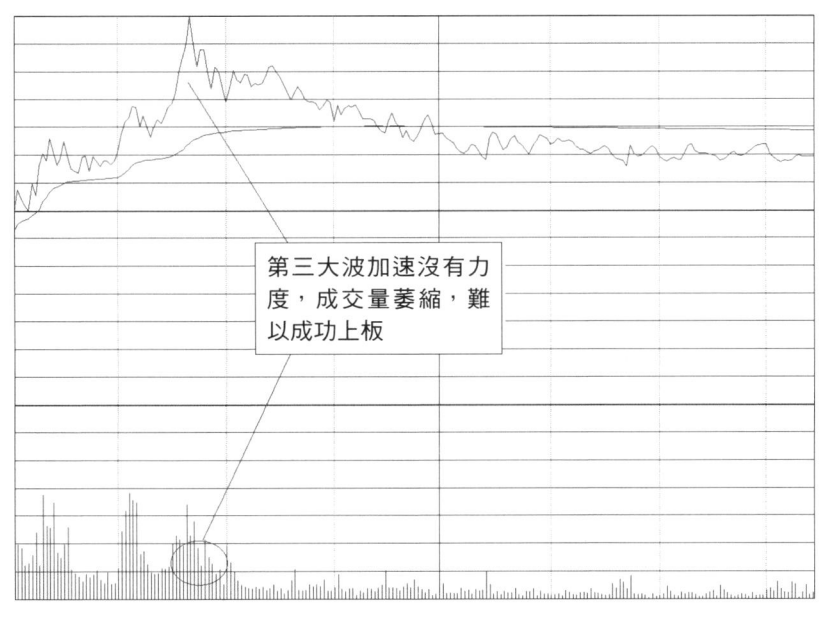

第三大波加速沒有力度，成交量萎縮，難以成功上板

▲ 圖6-25　中泰股份分時走勢圖

二、突然放量

股價長時間處於弱勢震盪，成交量十分低迷，盤面運行沉悶，缺乏人氣關照，股價上漲沒有動力。某一天突然大幅放量，股價拔地而起，漲停氣勢十足，可是拉升戛然而止，股價沒有成功上板。這種分時盤面的邏輯是什麼？一是放量突然，無法引起市場廣泛關注，缺乏流動性；

如何運用簡易波浪理論 抓到漲停板

二是拉升條件不具備，技術上沒有拉升基礎，缺乏上漲氣勢。

圖6-26中，泰爾股份反彈結束後股價持續走弱，成交量大幅萎縮，盤面交投清淡幾乎無人光顧。2022年5月26日盤中突然放量拉升，4分鐘直線拉漲停，但封盤3分鐘後開板，之後維持震盪走勢，沒有再次衝板，僅漲4.52%收盤。

從日K線中可以發現，該股長時間低迷運行，人氣不足、盤面很弱，不具備上漲條件。這時的拉升只是一個底部止跌訊號或主力試盤行為，一旦開板就很難回封，投資人不應打板買入。

圖6-27中，四川金頂在長時間的盤整震盪過程中，成交量持續萎縮，盤面活躍度下降，難以吸引外部資金入場。2021年7月6日，開盤後三波拉升股價觸及漲停，看起來盤面氣勢強盛但持續性不夠。如果不能一氣呵成封盤，就會迎來賣盤打壓。

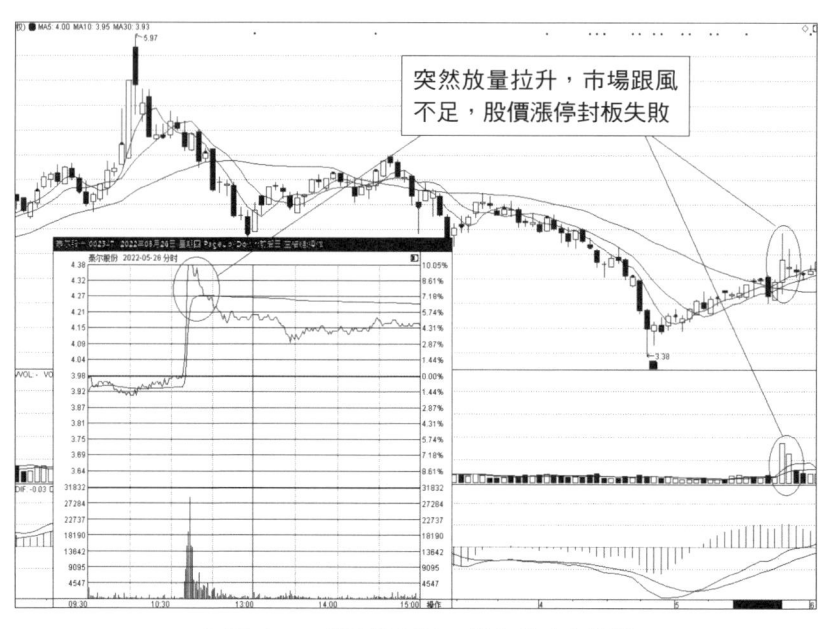

▲ 圖6-26 泰爾股份日K線和分時走勢圖

第 6 章　小心邪惡的第五波（漲停鎖不住），是逢高賣出的關鍵

盤中突然放量，
股價衝板失敗

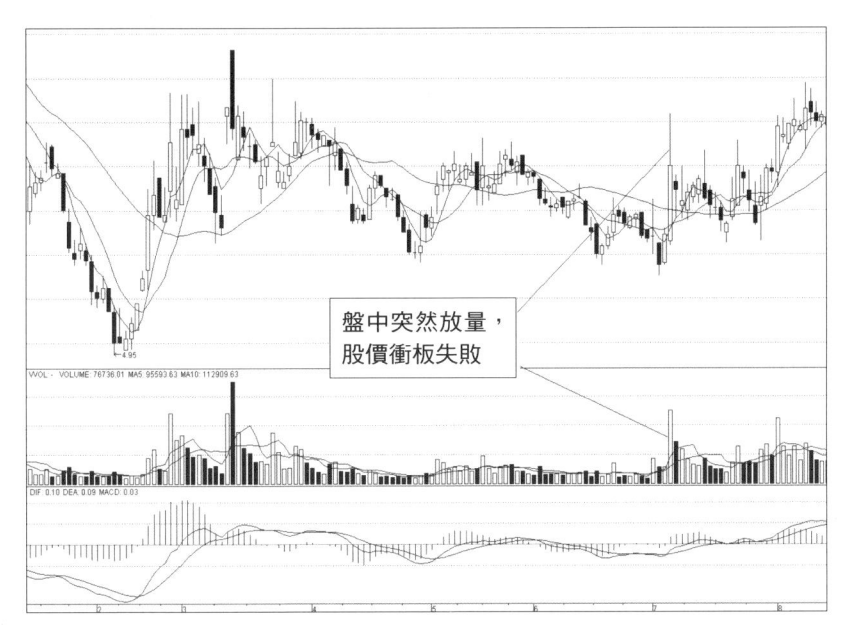

▲ 圖 6-27　四川金頂日 K 線圖

　　圖 6-28 中，日發精機見頂後逐波向下盤跌，盤面十分疲弱，要想成功反彈實屬不易。2022 年 3 月 3 日和 5 月 26 日，出現兩次突然放量拉漲停失敗的走勢，由此可以得知這種弱勢板的風險很大。

三、量能不足

　　股價上漲必須得到成交量的放大支持，尤其股價漲停更需要成交量的積極配合（一字板、加速秒板除外），如果無量漲停很容易被賣盤打開。在主力誘多出貨的情況下，有時候可能會出現無量漲停，但隨著主力出貨的順利實施，尾盤往往開板跳水。
　　這裡所指的量能不足，除日線級別的縮量上漲外，更重要的是分時走勢中的後量不及前量的盤面情形。

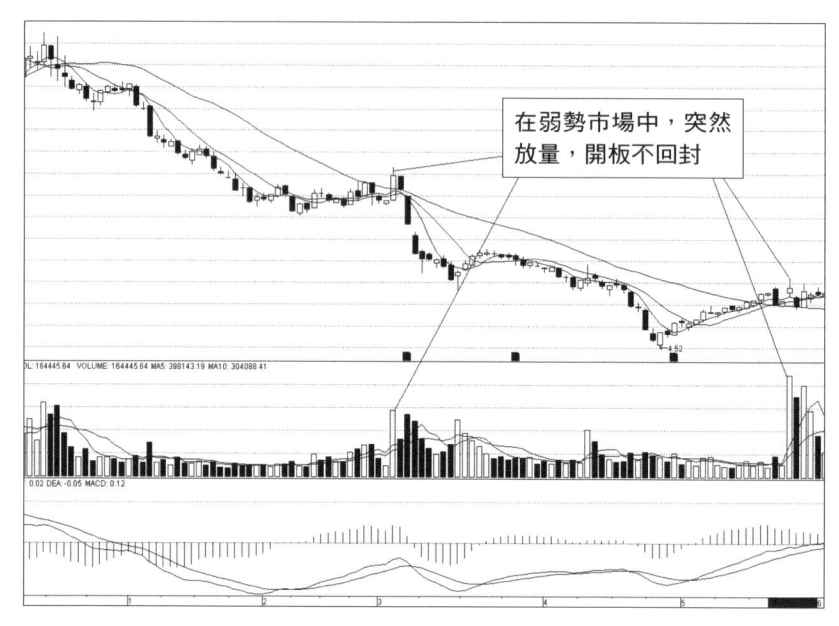

▲ 圖6-28 日發精機日K線

在弱勢市場中，突然放量，開板不回封

圖6-29中，二六三2023年1月6日第二波拉升時明顯跟風欠積極，成交量沒有前一波的量能大，後量不及前量，說明市場跟風不積極，主力做多意願不強。在這種情況下想要漲停就難了，除非大盤、板塊當天走勢特別強勢，才能勉強漲停，但次日仍有開低的可能。

圖6-30為大豪科技2023年3月2日的分時走勢，主力完成第一波拉高後，出現縮量整理是正常的盤面表現，但關鍵在於第二波拉升成交量跟不上，而且上漲幅度也沒有第一波大，這就有問題了。很明顯，市場跟風欠積極，上漲乏力，在這種情況下想要漲停就難了。結合日K線分析，分時盤面出現在股價見頂回落之後的反彈回測走勢之中，表明主力想利用反彈拉高出貨，所以此時不能跟風入場。

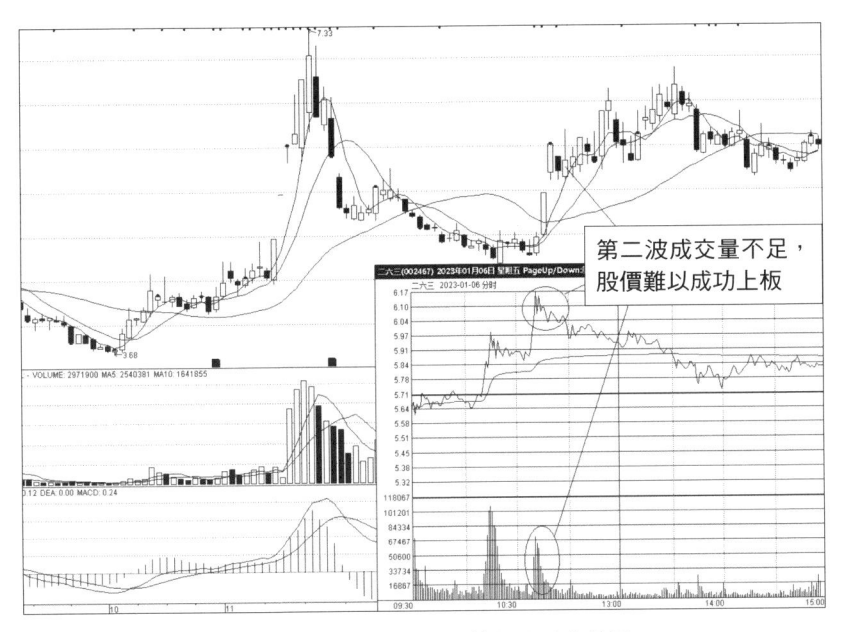

第 6 章　小心邪惡的第五波（漲停鎖不住），是逢高賣出的關鍵

▲ 圖 6-29　二六三日 K 線和分時走勢圖

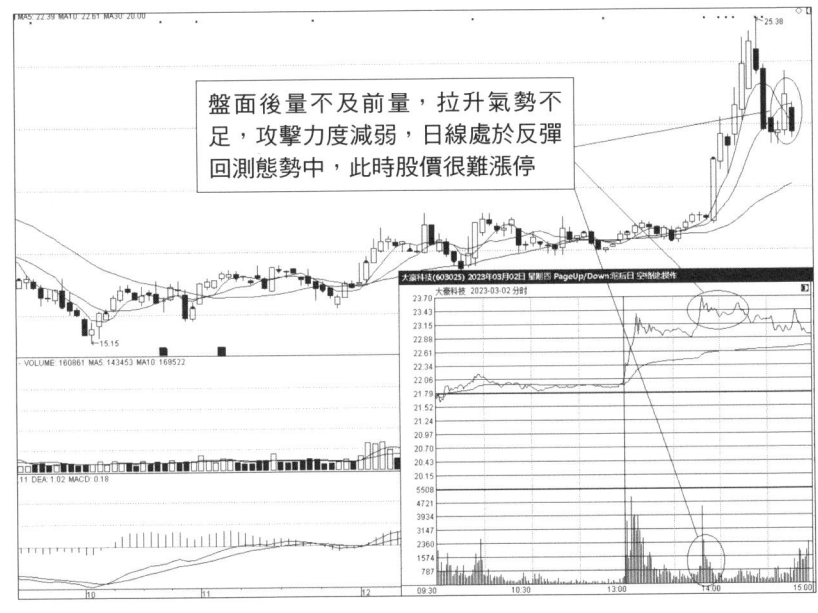

▲ 圖 6-30　大豪科技日 K 線和分時走勢圖

285

四、跟風效應

在龍頭股的帶動下，市場總會有一批聯動跟風股出現，正因為是跟風性質，所以其力度往往不強，持續性不夠，一旦失去後續力量的支持，股價就很難漲停。

圖6-31中，龐大集團汽車板塊2022年5月在中通客車總龍頭的帶動下，板塊整體紛紛走強。市場出現一批跟風強勢股，但龐大集團的表現明顯落後同板塊的其他個股，5月13日和25日兩次拉漲停結果都沒有成功封盤。為什麼該股漲停失敗？一是跟風性質；二是盤面弱勢；三是股本偏大；四是基本面欠佳。這些因素決定了上漲高度和力度，以及封漲停的可信度。

2022年上半年煤炭板塊創新高，板塊個股紛紛走強，但也有一些個

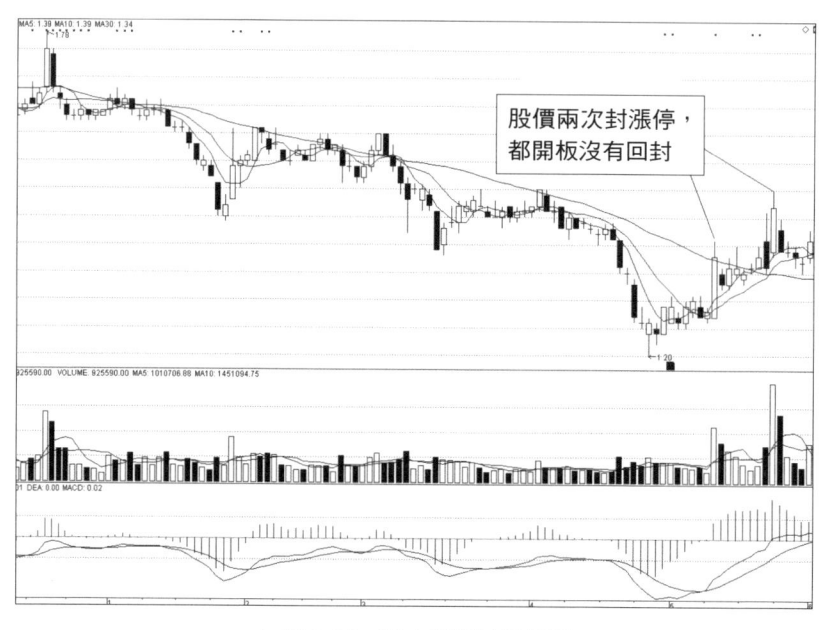

▲ 圖6-31　龐大集團日K線圖

第 6 章　小心邪惡的第五波（漲停鎖不住），是逢高賣出的關鍵

股的表現明顯落後板塊指數，圖6-32的鄭州煤電就是如此。4月15日漲停後兩次回封失敗，就是因為市場跟風意願不強所致。

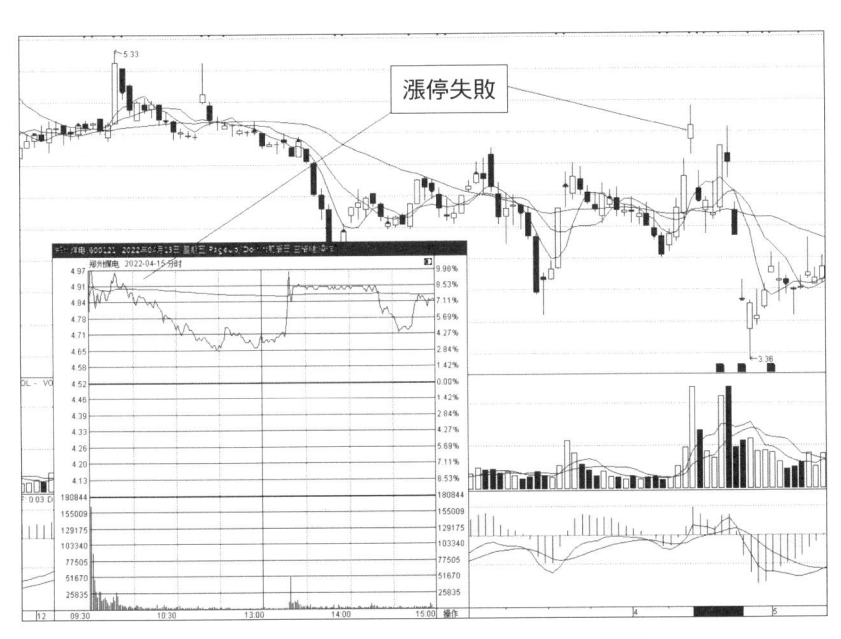

▲ 圖 6-32　鄭州煤電日 K 線和分時走勢圖

五、誘多出貨

股價拉漲停是最好的出貨手法，實戰中常看到有的個股強勢漲停或衝板，吸引大批短線散戶入場接單，然後掉頭向下走低，將打板者全線套牢。很多時候股價能不能成功漲停，關鍵要看股價所處的具體位置，如果在高位主力出貨階段，那漲停就有誘多意圖。

圖6-33中，建研院2022年第一季度業績出現虧損，主力不敢輕易大幅拉升，所以股價漲幅不大，但高賣低買行為明顯。2022年3月22日，在二進三位置上，股價漲停後封盤5分鐘開板，然後一路震盪走低，以下

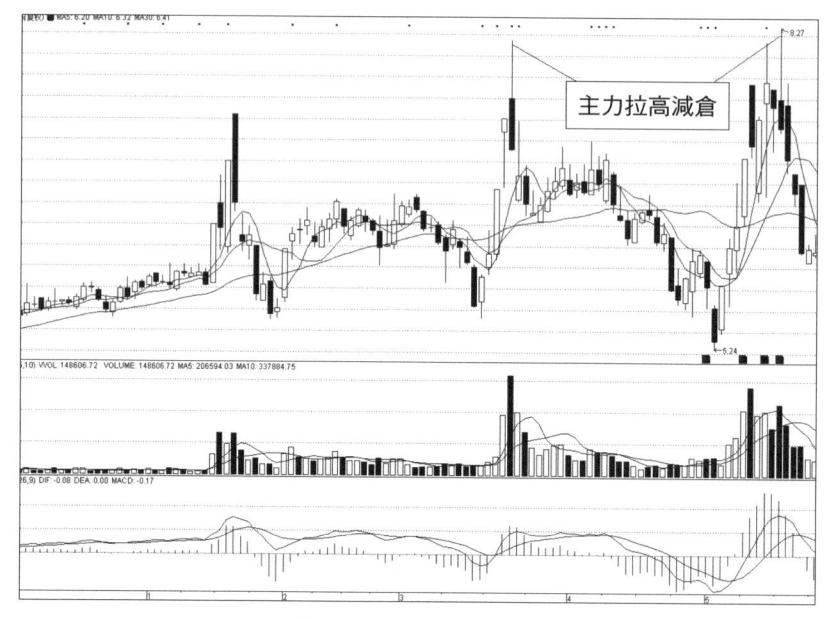

如何運用簡易波浪理論 抓到漲停板

▲ 圖 6-33 建研院日 K 線圖

跌 4.05% 收盤。5 月 19 日開盤後上衝 8% 以上，然後滯漲回落，最終以下跌 2.66% 收盤。在兩次分時走勢中都有主力減倉行為。

圖 6-34 中可以看到，中設股份連拉 5 個漲停後，在高位震盪整理。2022 年 5 月 30 日開高 6.17% 後，股價強勢漲停，但漲停後反覆開板震盪，盤面嚴重爛板，主力暗中出貨。午後大幅下跌最終以跌停收盤，形成天地板型態。

六、測試盤面

股價真正進入拉升之前，主力對盤面壓力和市場跟風情況做測試，是必要的操盤手法，這樣就很容易出現衝高回落，股價摸板不漲停的情形。投資人這個時候打板的風險也是很高的，有的個股測試後很快走

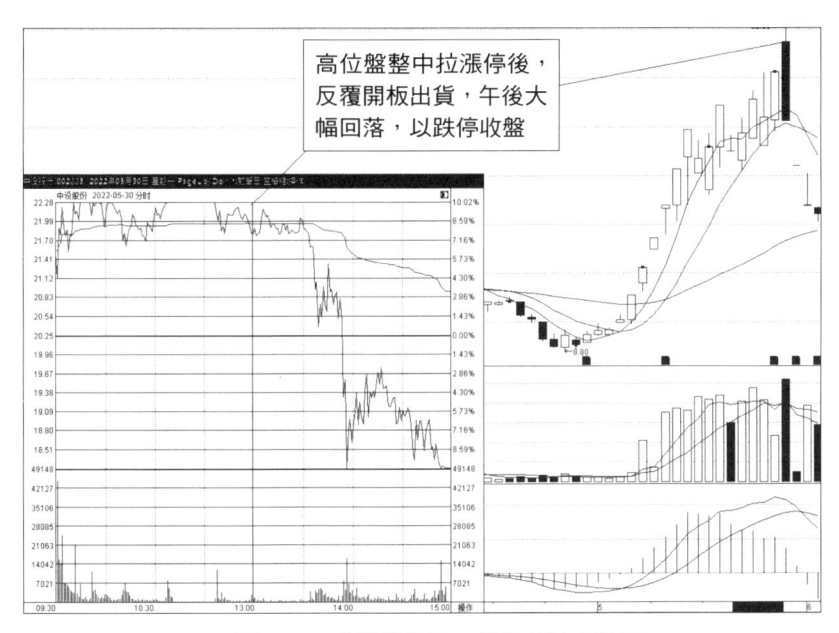

第 6 章　小心邪惡的第五波（漲停鎖不住），是逢高賣出的關鍵

▲ 圖 6-34　中設股份日 K 線和分時走勢圖

強，而有的個股卻需要較長時間整理，甚至最終走弱。

圖 6-35 中，百川能源 2021 年 8 月 3 日，開盤後出現「大波段加速不上板」走勢，股價放量加速摸板回落，之後維持震盪走勢。從日 K 線來看，這顯然是主力對前期盤整區壓力的一種測試動作，然後股價回落，經過短期的蓄勢整理後開始走強。

圖 6-36 中，三祥新材經過長時間整理後止跌，股價漸漸回升到前期盤整區附近，2022 年 5 月 23 日開盤後快速拉升，然後小幅回落整理，接著展開第二波拉升走勢。但股價到達前一波高點附近時受阻，直到收盤沒有新的拉升，明顯是主力對前期盤整區壓力的測試。從分時盤面也可以看出，兩次拉升不能成功漲停，基本上可以確定當天股價不會漲停了。

289

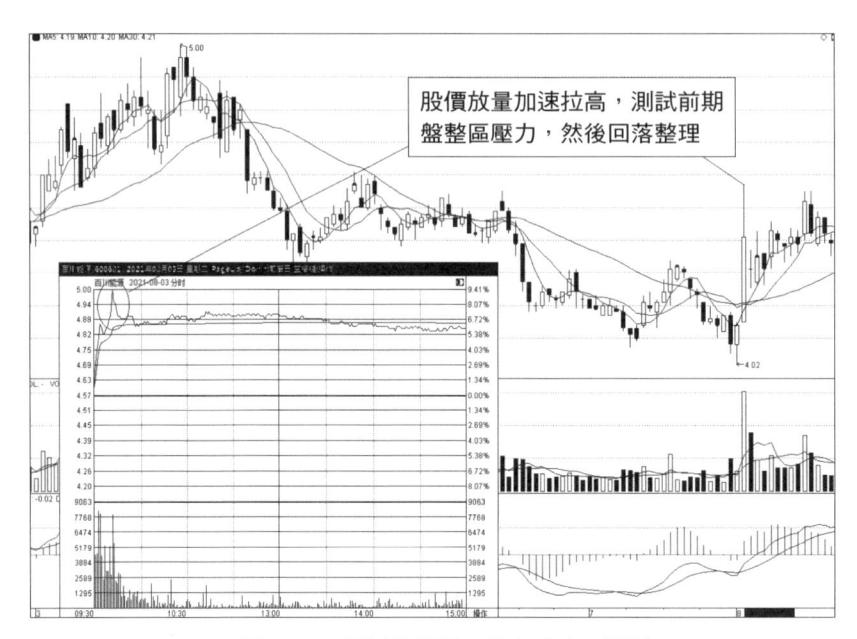

如何運用簡易波浪理論 **抓到漲停板**

▲ 圖 6-35　百川能源日 K 線和分時走勢圖

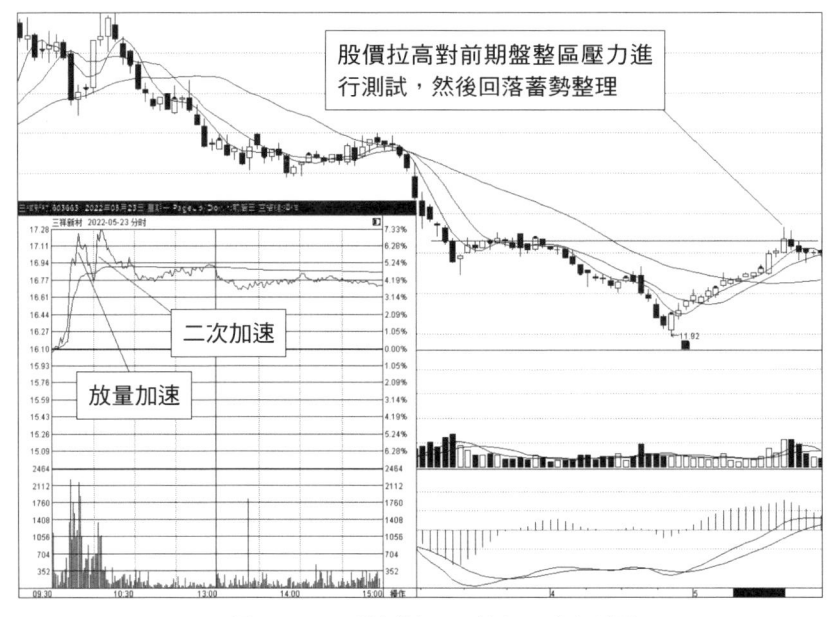

▲ 圖 6-36　三祥新材日 K 線和分時走勢圖

七、盤整區脈衝

盤整走勢中股價跌宕起伏，多空來回拉鋸，盤面走勢多變，常出現脈衝走勢，這階段所產生的衝擊波大多沒有持續性和穩定性，衝高回落、下探回升比較常見。所以，當前市場是否處於多空膠著狀態，對分析股價是否成功漲停有重要的參考意義。

兩極位置的盤整區最敏感，即高位盤整區和低位盤整區，高位有主力誘多出貨動作，低位盤面偏弱買盤欠佳。所以這兩個位置最容易出現漲停開板或拉高不漲停，而在上升中繼中有開板洗盤回封的可能，當然下降趨勢漲停失敗的機率也大。

圖 6-37 為上海亞虹 2022 年 4 月 19 日的走勢。開盤後長時間在盤下運行，13:30 過後突然放量向上強勢拉起，拉升到 4% 以上後快速換手，

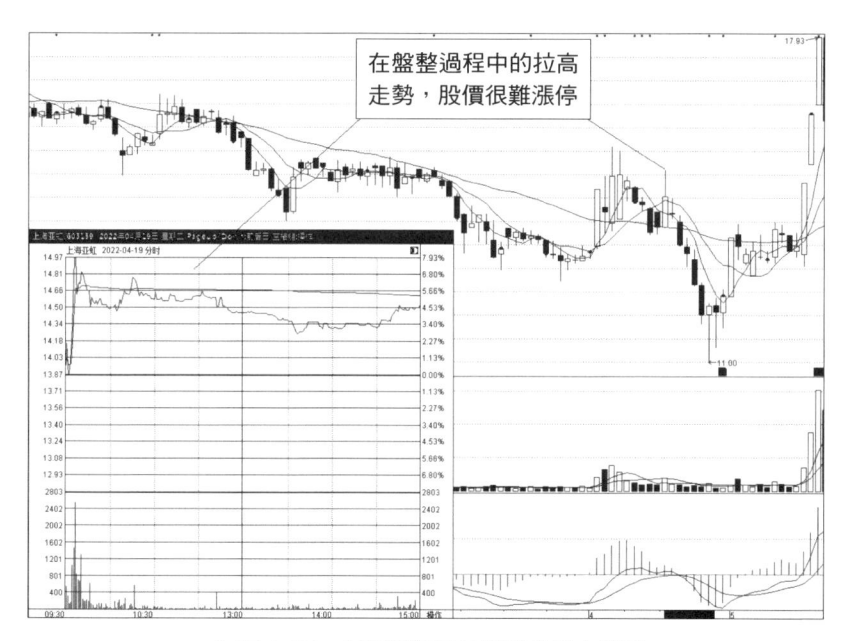

▲ 圖 6-37　上海亞虹日 K 線和分時走勢圖

然後展開加速拉升走勢，盤面符合速度快、角度陡、量能大、氣勢盛的特點，股價迅速上板，但封盤不到1分鐘就開板回落。該股盤面比前面兩個實例強一些，這種盤面一旦開板，十之八九不會回封，因為日K線還在盤整區中，只是一次脈衝行為。

圖6-38中，登雲股份反彈結束後回落整理，形成一個盤整區，2022年3月25日開盤後快速拉漲停，但封盤不到5分鐘就被巨大賣單打開，此後再也沒有衝板動作。在日K線中，股價處於整理盤整區中，且有上方盤整區壓力，這時候漲停一旦開板，十之八九不會再次回封。

圖6-39中，國新文化2021年12月14日經過一段時間盤整後，股價突然向上拔地而起，成交量大幅放大，看起來有向上突破的感覺，也引起打板者的興趣。可是該股分時大幅度拉升時沒有成功漲停，屬於「放量加速不上板」型態，表明當天股價不再漲停。

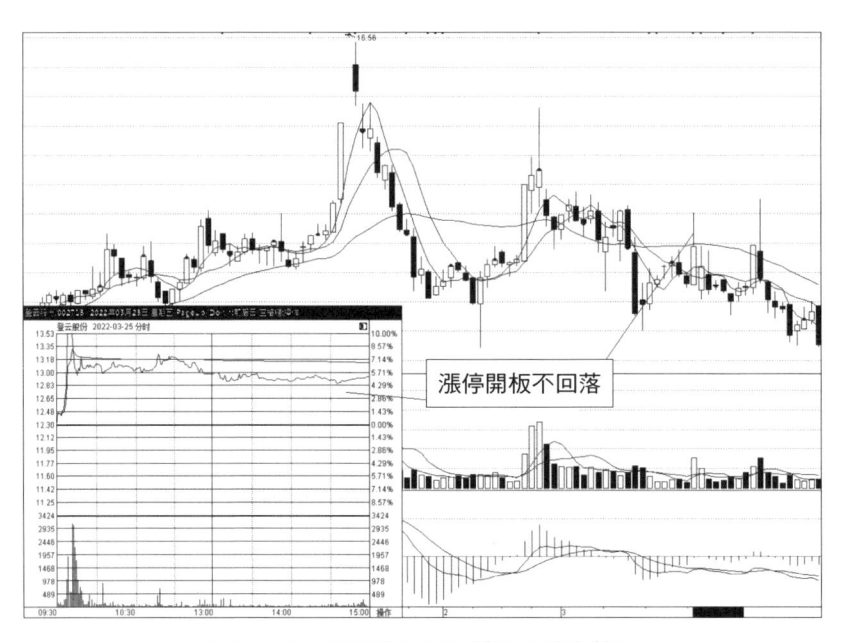

▲ 圖6-38　登雲股份日K線和分時走勢圖

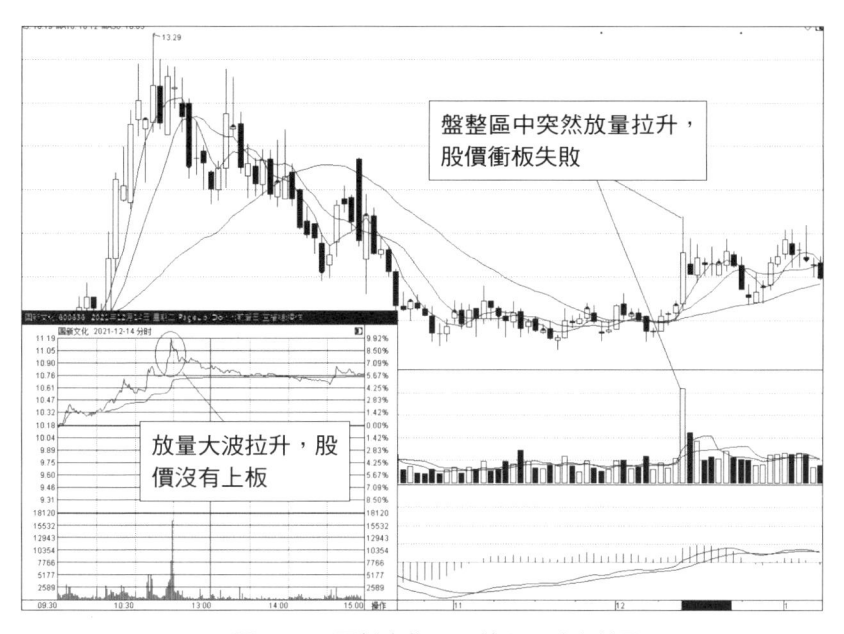

第 6 章　小心邪惡的第五波（漲停鎖不住），是逢高賣出的關鍵

▲ 圖 6-39　國新文化日 K 線和分時走勢圖

圖 6-40 中，福建金森 2022 年 5 月 26 日午後盤面出現兩波拉升走勢，但股價沒有成功上板。結合日 K 線分析，股價回落得到初步止跌後出現盤整走勢，這時候股價上竄下跳，沒有明顯的趨向性，一旦衝高回落就很難漲停。

八、弱勢反彈

上漲有回檔，下跌有反彈，這是股市的正常波動現象。在反彈階段也常出現漲停走勢，但反彈走勢持續性往往不強，尤其是衝擊漲停板很容易失敗，這時打板風險很高。

圖 6-41 為摩恩電氣 2022 年 4 月 1 日的走勢，第一波拉升後出現短期修復性整理，在第二波放量加速拉升時不能成功上板，說明該股當天不

293

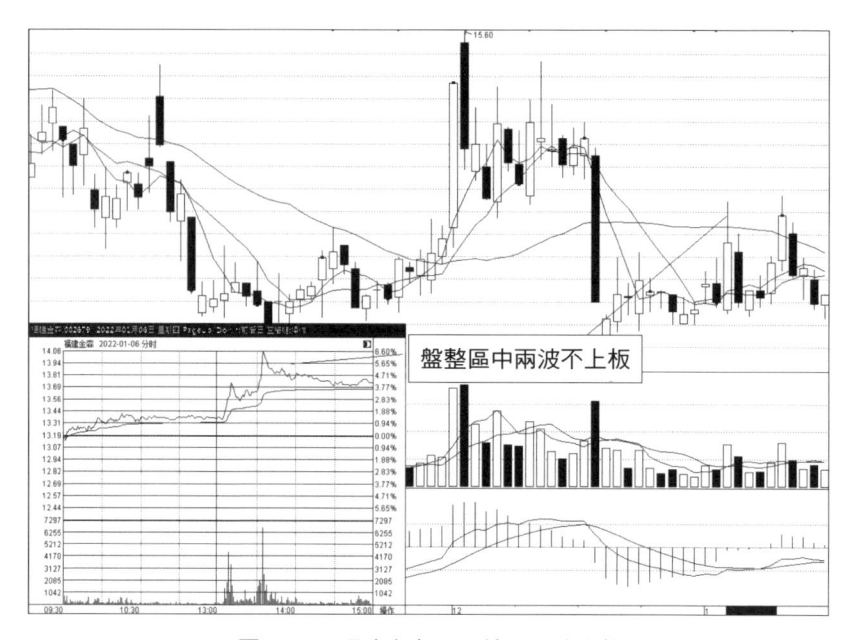

▲ 圖 6-40　福建金森日 K 線和分時走勢圖

再上板，應以高賣為主。很明顯該股日 K 線處下降趨勢中，股價只是反彈走勢，如果不能一次性封漲停，就意味著當天股價不再上板。

圖 6-42 中，東風汽車股價見頂後向下走弱，盤面人氣渙散，成交量萎縮。2021 年 11 月 26 日出現反彈走勢，分時中在第三波發起放量加速拉升，但股價摸板不封盤，掉頭回落走低，漲停失敗。此後，在 2022 年 2 月 16 日出現同樣的分時盤面。所以在弱勢反彈過程中，儘量不要打板買入，因為一旦漲停開板或衝高回落，就很難再次回封或衝高。

九、尾盤偷襲

在實戰中，尾盤拉板、開板是常見的，它隱藏著主力各自的目的，後續走勢也千差萬別。當然，尾盤千姿百態的拉升更需要謹慎。

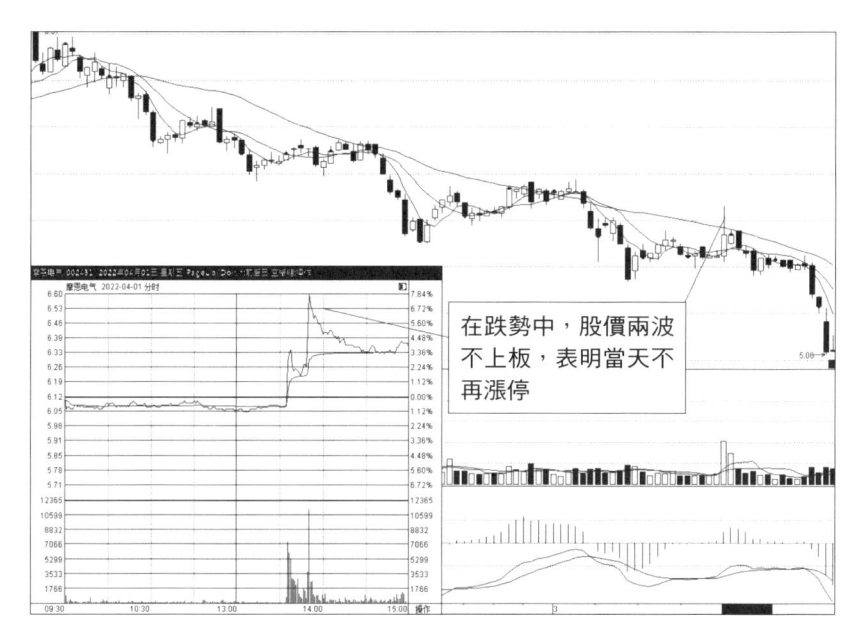

第 6 章　小心邪惡的第五波（漲停鎖不住），是逢高賣出的關鍵

在跌勢中，股價兩波不上板，表明當天不再漲停

▲ 圖 6-41　摩恩電氣日 K 線和分時走勢圖

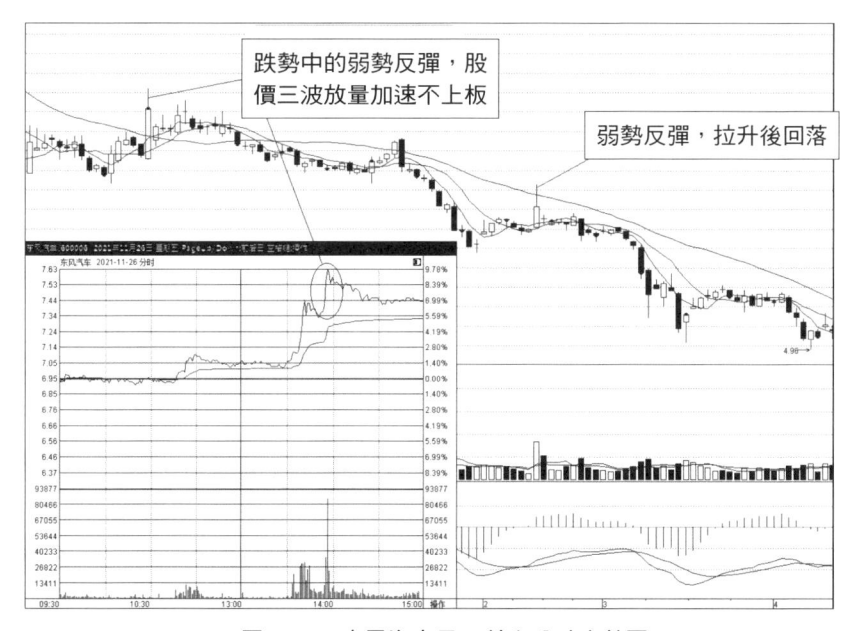

跌勢中的弱勢反彈，股價三波放量加速不上板

弱勢反彈，拉升後回落

▲ 圖 6-42　東風汽車日 K 線和分時走勢圖

如何運用簡易波浪理論 抓到漲停板

圖6-43為金科股份2022年5月19日的走勢，開盤後一直維持盤局狀態。午後尾盤強勢拉起，2:20放量加速漲停，但封盤7分鐘後開板，直到收盤沒有回封。結合日K線分析，趨勢處於盤跌之中，股價重心下移，均線系統空頭排列，上方壓力重重。這種情況下如果打開漲停會引來巨大賣盤，就很難漲停回封。所以此時不要做回封板，更不應該貿然買入。

圖6-44該股在尾盤15分鐘放量加速拉升，但摸板不封盤，誘多意圖明顯。次日股價大幅開低，盤中跌停，直接將打板者套牢。股價處於漲勢高位，前方幾次衝高回落，已對股價上漲構成巨大壓力。這種情況下很容易出現漲停失敗，特別是尾盤更具欺騙性，買入更需謹慎。

圖6-45為特一藥業2021年12月9日的走勢，開盤後股價緩緩向上推高，在尾盤10多分鐘裡出現放量加速拉升，但股價在接近漲停價時，立即掉頭回落。結合日K線分析，屬於洗盤結束止跌訊號，並不代表股價馬上拉升，這時候短線打板也需要謹慎。

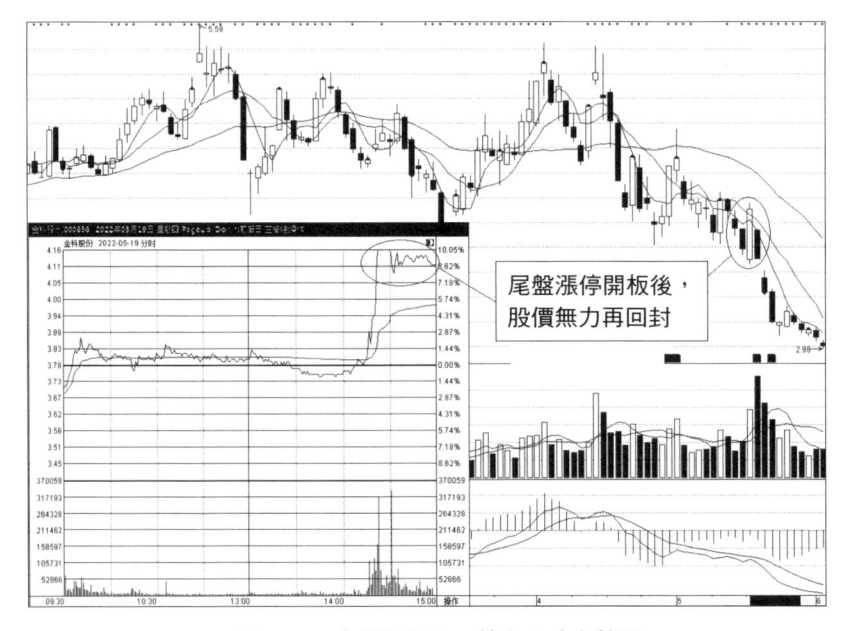

▲ 圖6-43　金科股份日K線和分時走勢圖

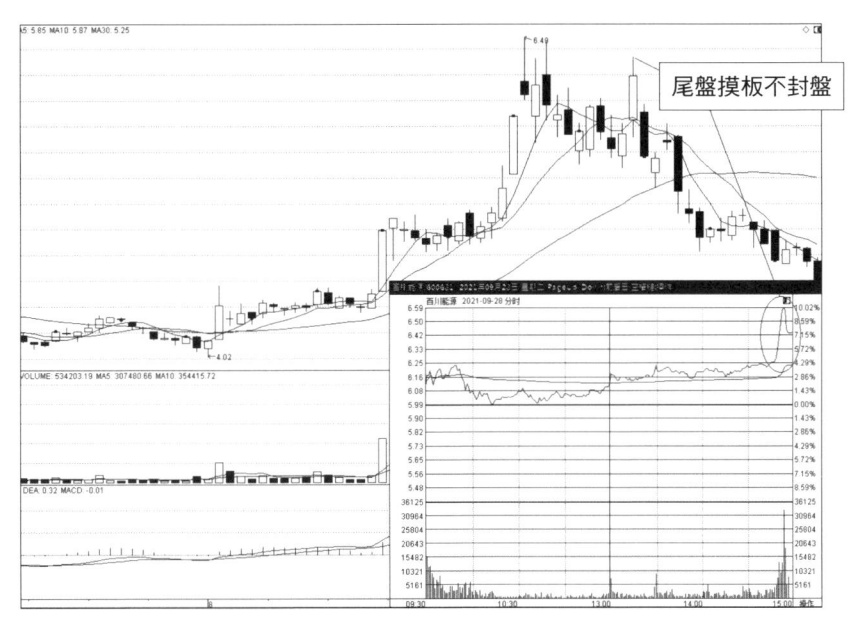

第 6 章　小心邪惡的第五波（漲停鎖不住），是逢高賣出的關鍵

▲ 圖 6-44　百川能源日 K 線和分時走勢圖

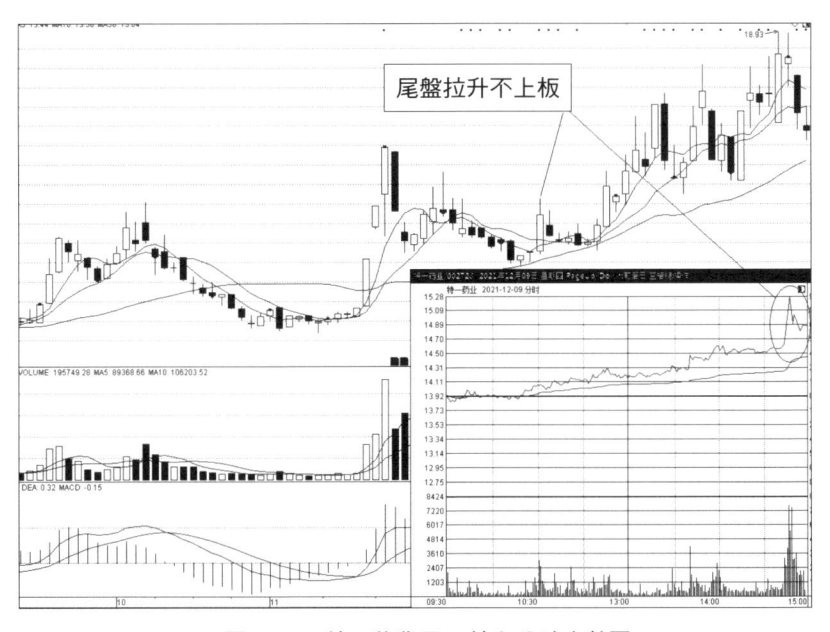

▲ 圖 6-45　特一藥業日 K 線和分時走勢圖

297

6-4 散戶必看！漲停失敗盤面識別法

一、分時經典語言

只要細心觀察分時盤面走勢，「不漲停」的分時盤面有一個共同的經典動作，那就是「放量＋加速」盤面。當分時出現這個現象後，要麼就成功漲停封板，要麼就不再拉升漲停，涇渭分明，答案明瞭。

這裡的「放量」是指分時中成交量急劇放大，大手筆買單出現，遠遠超過當天前面的量。而所謂「加速」是指開盤後在即時分時走勢中所出現的最為兇猛的一段拉升行為。有速度快、角度陡、量能大、氣勢盛的特點，但持續時間很短，大多在3分鐘以內完成。

股價在漲停之前，分時中大多有瞬間放量的加速過程，如同足球場上的臨門一腳，成功與否分秒見曉。如果加速後股價還不能上板，基本上可以確認當天股價不能漲停了，說明漲停「臨門一腳」失敗。所以，判斷股價有沒有漲停希望，分析加速這個細節十分重要，一口氣上不來就會「歇氣」。

當然，有的個股漲停之前沒有出現「加速」現象，但這不是本章所研究的技術內容，以下經由實例圖解，來進一步認識分時盤面特徵。

第 6 章 小心邪惡的第五波（漲停鎖不住），是逢高賣出的關鍵

圖 6-46 為山西焦化 2022 年 4 月 7 日的走勢，當天股價開低後小幅拉升，然後呈現震盪整理。10:22~10:24 出現強勢拉升，停留 1 分鐘後，10:25~10:26 放量加速，意味著這是最後的衝刺，能否漲停在此一衝。可惜沒有成功漲停，雖然之後仍有小幅衝高，但力度已經大大減弱。

圖 6-47 為維遠股份 2022 年 2 月 22 日的走勢，完成第一波拉升後作了短暫的蓄勢整理，然後展開第二波放量加速拉升走勢，而第二波拉升的盤面特徵比第一波強得多。如果第二波不能夠成功漲停，那麼基本上可以確定當天股價不會漲停，這樣投資人操作思路就非常清晰。

圖 6-48 為海特高新 2022 年 3 月 24 日的走勢，午後完成第一波拉升後，股價繼續緩慢向上推高，之後出現放量加速拉升，盤面符合速度快、角度陡、量能大、氣勢盛的特點，但股價沒有成功漲停。在這種情況下都不能漲停，當天股價還能漲停嗎？想必大家心裡已經有明確的答案。

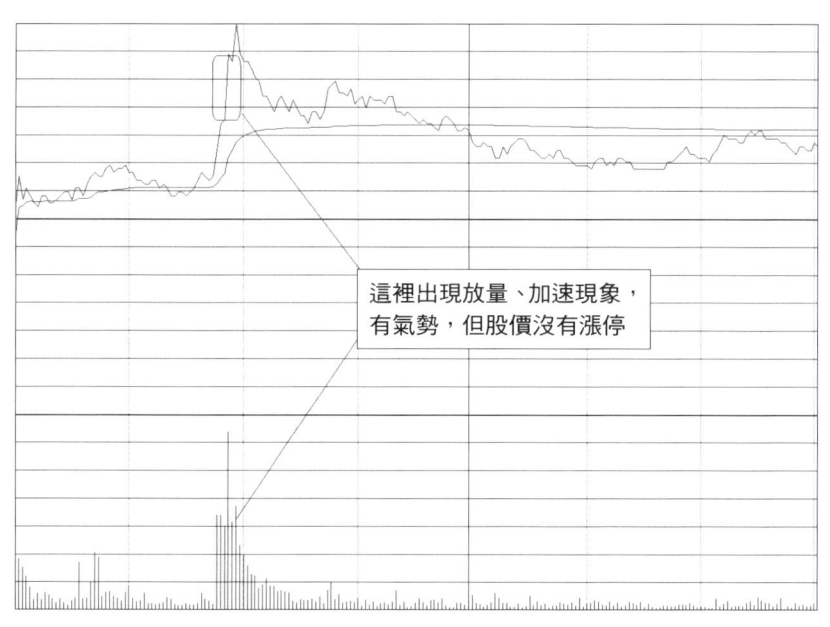

▲ 圖 6-46　山西焦化分時走勢圖

速度快、能量大、氣勢盛，
但沒有漲停

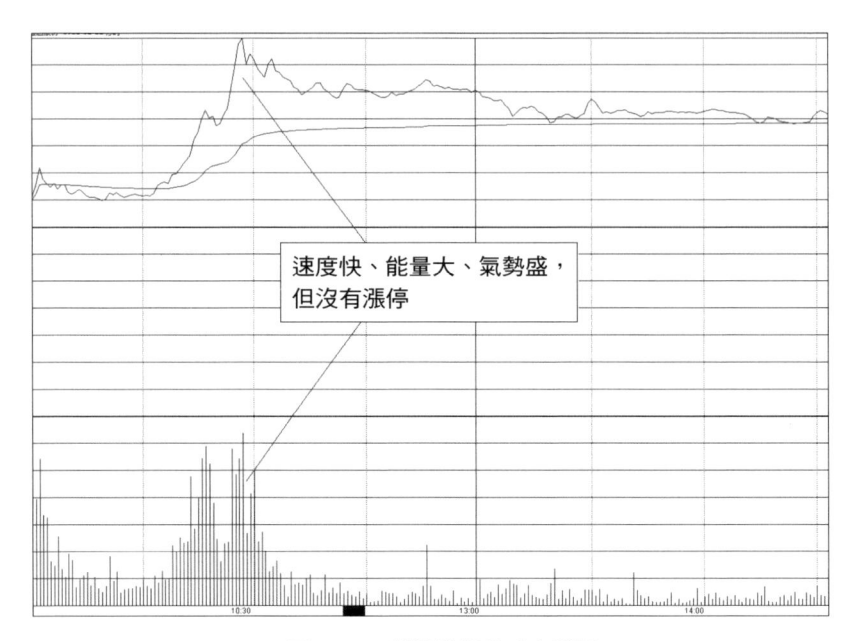

▲ 圖 6-47　維遠股份分時走勢圖

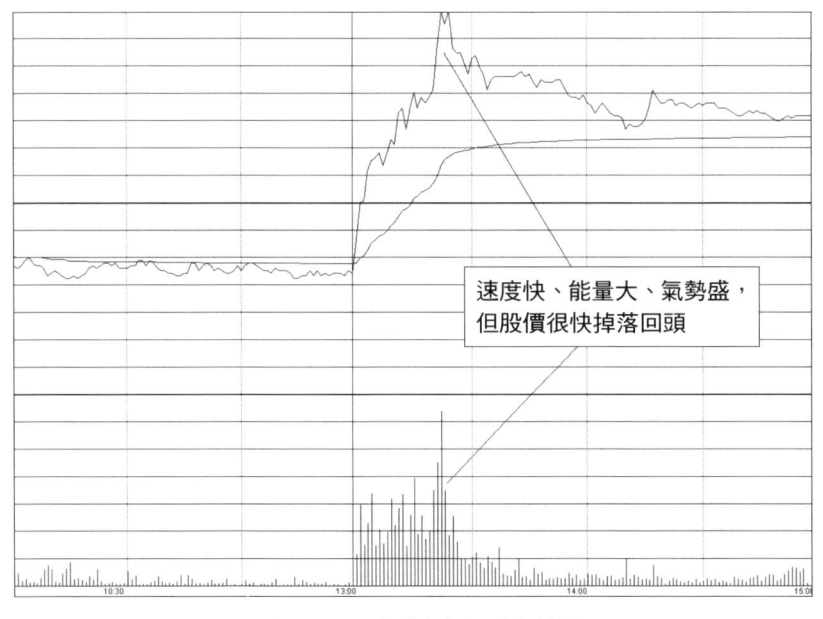

速度快、能量大、氣勢盛，
但股價很快掉落回頭

▲ 圖 6-48　海特高新分時走勢圖

第 6 章　小心邪惡的第五波（漲停鎖不住），是逢高賣出的關鍵

圖 6-49 為凱恩股份 2021 年 12 月 2 日的走勢，開盤後股價緩緩走高，早盤出現一波小幅拉升，然後繼續盤整。午後出現一波放量加速拉升，盤面符合速度快、角度陡、量能大、氣勢盛的特點，但股價沒有成功漲停，這時就可以判斷當天股價不會漲停，短線應以賣出為主。

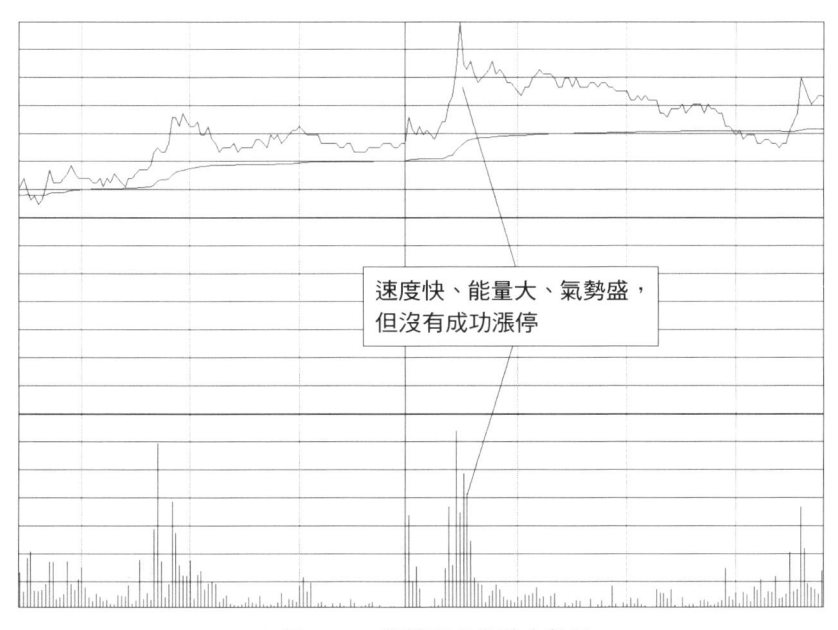

▲ 圖 6-49　凱恩股份分時走勢圖

二、日線識別訣竅

股價漲停後開板不回封非常多見，判斷這類個股需要結合日 K 線分析，上面講到的盤整區脈衝、測試盤面、弱勢反彈、誘多出貨等就屬於這種情形。這類個股開板後往往很難回封，所以要從日 K 線中找到原因，然後採取相應的操作策略。

圖 6-50 為皮阿諾 2022 年 5 月 26 日的走勢，開盤不久股價很快就漲

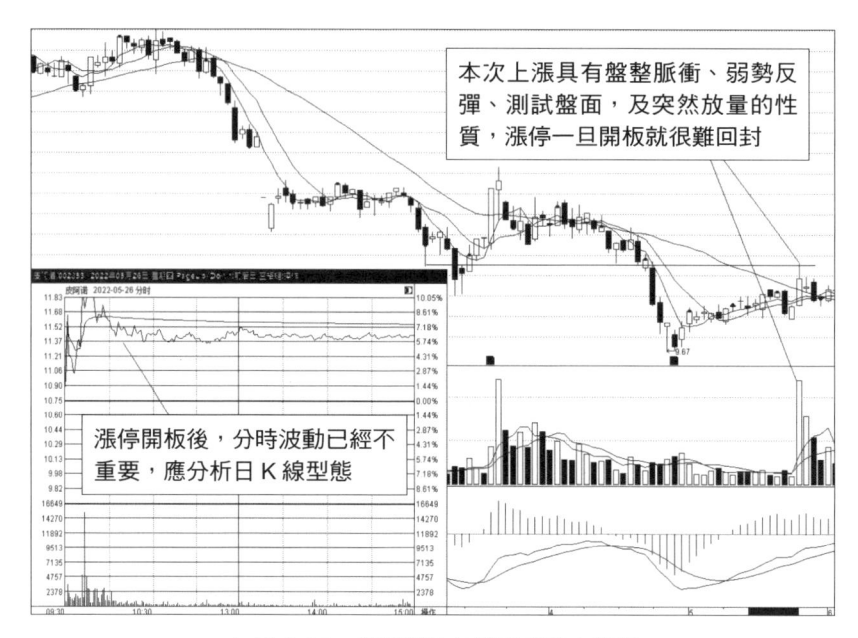

▲ 圖 6-50　皮阿諾日 K 線和分時走勢圖

停，但封盤時間不長，開板後維持盤整直到收盤。從日 K 線分析，該股展開盤整區脈衝走勢，盤面非常弱，上方壓力大，突然放量拉升難以維持，一旦漲停開板就很容易成為失敗型態。

　　圖 6-51 為美麗生態 2022 年 2 月 16 日的走勢，開盤後一個大波拉漲停，看起來氣勢十分強盛，但封板不到 2 分鐘就開板大幅回落，之後維持盤整走勢。從日 K 線分析，該股的上漲屬於反彈性質，突然出現的脈衝走勢，在前期盤整區面臨的壓力很大，這種情況下開板後主力就不會輕易回封，投資人不要貿然做回封板。

　　經由上述實例分析，投資人已經能掌握看盤的訣竅，如何從分時盤面識別股價當天能不能漲停，以及漲停開板後能不能回封，這對短線打板者十分重要。所以，想提高操作成功率，應該從分時盤面和日 K 線盤面兩方面進行分析。

第 6 章　小心邪惡的第五波（漲停鎖不住），是逢高賣出的關鍵

　　整體的原則為，股價當天能否漲停看分時盤面和日 K 線盤面，而漲停開板後能否回封看日 K 線型態，此時分時盤面已經不那麼重要了。

前期盤整區壓力

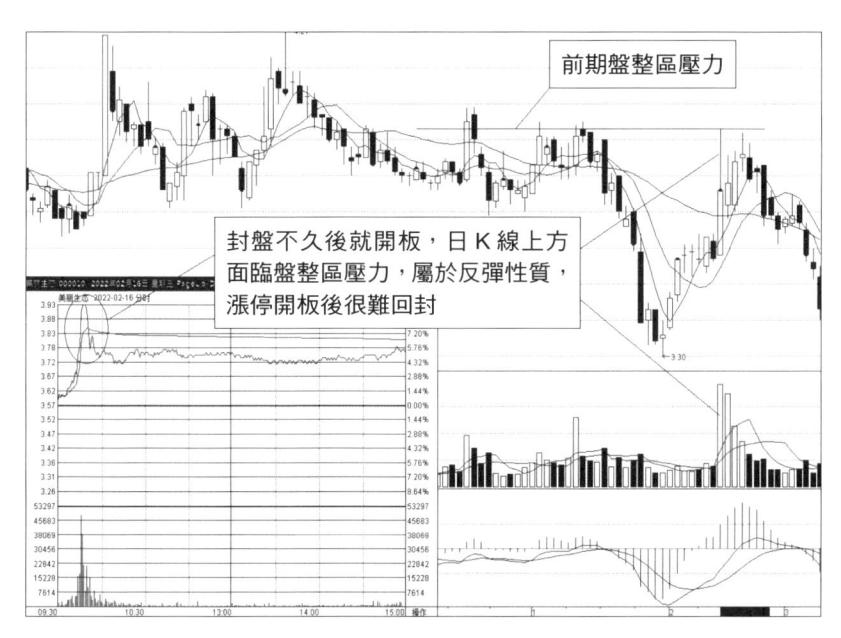

封盤不久後就開板，日 K 線上方面臨盤整區壓力，屬於反彈性質，漲停開板後很難回封

▲ 圖 6-51　美麗生態日 K 線和分時走勢圖

國家圖書館出版品預行編目（CIP）資料

如何運用簡易波浪理論 抓到漲停板：從波段規則、滿足點到如何計算一次學會，我要賺飽 30% 才放手！／麻道明、周松著. –
新北市：大樂文化有限公司, 2025.4（優渥叢書Money；086）
304 面；17×23 公分
ISBN 978-626-7422-86-1（平裝）

1.股票投資　2.投資技術　3.投資分析
563.53　　　　　　　　　　　　　　　　　　　　　　　114001630

Money 086

如何運用簡易波浪理論 抓到漲停板

從波段規則、滿足點到如何計算一次學會，
我要賺飽 30% 才放手！

作　　者／麻道明、周松
封面設計／蕭壽佳
內頁排版／王信中
責任編輯／林育如
主　　編／皮海屏
發行專員／張紜蓁
財務經理／陳碧蘭
發行經理／高世權
總編輯、總經理／蔡連壽
出　版　者／大樂文化有限公司
　　　　　　地址：220新北市板橋區文化路一段 268 號 18 樓之一
　　　　　　電話：（02）2258-3656
　　　　　　傳真：（02）2258-3660
詢問購書相關資訊請洽：2258-3656
郵政劃撥帳號／50211045　戶名／大樂文化有限公司

香港發行／豐達出版發行有限公司
地址：香港柴灣永泰道 70 號柴灣工業城 2 期 1805 室
電話：852-2172 6513　傳真：852-2172 4355

法律顧問／第一國際法律事務所余淑杏律師
印　　刷／韋懋實業有限公司

出版日期／2025 年 4 月 14 日
定　　價／380 元（缺頁或損毀的書，請寄回更換）
ＩＳＢＮ／978-626-7422-86-1

版權所有，侵權必究　All rights reserved.
本著作物，由中國經濟出版社獨家授權出版、發行中文繁體字版。
原著簡體字版書名為《漲停盤口：深度解密漲停分時盤口的運行規則》。
非經書面同意，不得以任何形式，任意複製轉載。
繁體中文權利由大樂文化有限公司取得，翻印必究。